郑国栋（1969—2022）

燕园求学

美国访学

行者无疆

光明一寸心

郑国栋 著

郑国栋文集

中西書局

图书在版编目(CIP)数据

光明一寸心 : 郑国栋文集 / 郑国栋著. -- 上海 : 中西书局, 2024. -- ISBN 978-7-5475-2284-4

Ⅰ. C53

中国国家版本馆CIP数据核字第2024LF8348号

GUANGMING YICUNXIN——ZHENGGUODONG WENJI

光明一寸心——郑国栋文集

郑国栋　著
张　远　温海明　整理

责任编辑　孙本初
装帧设计　梁业礼
责任印制　朱人杰

出版发行　上海世纪出版集团
中西書局(www.zxpress.com.cn)
地　　址　上海市闵行区号景路159弄B座(邮政编码: 201101)
印　　刷　上海肖华印务有限公司
开　　本　700毫米×1000毫米　1/16
印　　张　14　　插页　0.75
字　　数　241 000
版　　次　2024年6月第1版　2024年6月第1次印刷
书　　号　ISBN 978-7-5475-2284-4/C · 028
定　　价　80.00元

本书如有质量问题,请与承印厂联系。电话: 021-66012351

作者简介

郑国栋（1969.3—2022.6），山东阳谷人。早年毕业于山东中医学院（今山东中医药大学）中医系（1988年），曾在烟台中医院供职（1993年）。1998—2001年就读于北京大学外国语学院印度语言文学专业，获硕士学位。2001年7月毕业后到中国社会科学院外国文学研究所东方文学研究室工作。2010年12月任副研究员。2010—2016年任中国社会科学院梵文研究中心秘书长。长期从事印度学和佛学研究工作，在梵汉佛经对勘研究方面着力尤勤，为梵文研究中心的资料建设和其他各项工作贡献良多。组织、参与了中心赴印度、尼泊尔、日本、德国等国的访问，与德国海德堡大学东亚艺术系、日本创价大学国际佛教学高等研究所等多个学术机构建立了学术联系，并组织、参与了多次印度学研究者的梵学与佛学国际研讨会。担任国家社会科学基金特别委托项目"梵文研究及人才队伍建设"成果《梵语佛经读本》《梵汉对勘〈入菩提行论〉》《梵汉对勘〈神通游戏〉》《梵汉对勘〈佛所行赞〉》《梵汉对勘〈心经〉〈金刚经〉》等著作的特邀编辑。发表论文《轮回里的变形记——〈金光明经〉流水本生故事的构成》（*Acta Orientalia* Vol. 80，2021年）、《应时与治疗——〈金光明经·除病品〉对"时节"的强调》（《百色学院学报》2019年第6期）、《〈金光明经·流水长者子品〉的梵汉翻译及译法例释》（《东方研究》2002年）、《奔丧龟兹》（《读书》2005年第5期）等。

本书是中国社会科学院外国文学研究所、中国社会科学院梵文研究中心副研究员郑国栋作品集。

“学海泛舟”一节收录作者独著学术论文6篇，“书山有路”收录学术杂文4篇，“西域纪行”收录游记2篇，“香象渡河”收录评论4篇，“尺素寸心”收录书信3封，“他山之石”收录译文4篇。共计23篇。

此外，附录一“光影婆娑——郑国栋摄影作品撷英”收录作者创作的摄影作品，共计13幅。附录二“郑国栋作品编年目录”为作者撰写、翻译和编辑作品的编年总目。

目　录

忆念郑国栋（代序）

王邦维

国栋突然走了。

消息是常蕾在下午5点多通过微信告诉我的，我一下惊住了。昨天中午跟周广荣在微信上谈一些事，周广荣讲，他正跟郑国栋几位在一起。我让广荣转告国栋，我说，他是有病的人，心脏病，尤其要注意。晚上10点多，国栋还在微信上回复我。生死之事，真是无法预料啊！

我马上跟常蕾打电话。电话中常蕾说到这事，哭起来了。

我又跟江芳打电话。江芳告诉了我今天国栋去世前后的情况。她正在伤心之中，我除了安慰她，实在也不能多说什么。

国栋生病，其实有很长一段时间了。2016年，他在西苑医院住院，我去看过他。我去病房的时候，他很诧异。不过那次住院以后，他的病情似乎稳定了下来。社科院的梵文研究中心，前些年组织了好几次会，他都忙里忙外，做了很多事。所有一切，给我的印象，是他身体上虽然有些病，但一时不会有大碍，没想到竟然还是在这个年纪走了。他就五十多一点，怎么说都还是太早了。

国栋到北大来念研究生，是1998年。他怎么报名，怎么参加考试，怎么被录取，其间的细节已经记不清了。只记得他来北大后不久，我们谈话多一些以后，他告诉我他念大学时的一年初夏时来北京的一段经历。说起那段经历，他很有些动容。他说他永远忘不了那年的那些事。他又谈到他从医学院毕业后在烟台中医院工作，开始时做医生，后来给院长做助理，见到各种不公。这些不公的事，其实完全不涉及他个人的利益。他说到这些，不时有些激动。他似乎很想给我解释，他虽然年纪不算小了，为什么仍然想重新读书。

我当时的第一感觉，这是一位有正义感，也有性情的年轻人。我后来看到的他，也的确如此。

国栋念研究生，学习梵文以及与印度有关的历史文化课程。他学习很认真，很努力。他对印度很有兴趣，但他的兴趣，我感觉还要更广泛一些。他求知欲很强，什么都问，什么问题都愿意思考。我觉得这样很好。人对知识的追求，不应该仅限于自己的专业。对世界的了解，对人生的了解，范围更宽一些，不是更好吗？

在北大的时候，我观察到，国栋和人相处，总能与人为善。如果有什么埋怨或者批评，不管是来自老师的还是来自同辈、同学的，他都能虚心地听。即使自己的想法不一样，也很少直接地顶回去，往往还憨厚地笑。

是2005年吧，国栋当时已经在社科院工作，他得到机会，去印度留学。去之前和回来后，他都来见我。他去前很兴奋，打听到印度后应该去哪些地方。回来还是很兴奋，把他照的一些照片给我看，跟我讲他的见闻。这与很多去过印度的人不一样。

我去过印度，而且是多次。我的同事、学生、熟人，很多也都去过印度，或者是短期的访问，或者是留学，或者是旅游，从印度回来，说好说不好的都有，说不好的比说好的似乎还多一些。

这当然也不奇怪。一个人有一个人的看法。一个国家，一个地方，好的和不好的事，实际上都会有，就看你从什么角度去看。国栋是说印度好的。他在印度作过很多旅行。他告诉我，他认为他的旅行是学习，不是旅游。大的城市他当然去过一些，但他还专门挑了一些一般旅游者很少去的地方，旅行时搭乘便车，没有车就步行。住最简陋的旅舍，吃最简单的饭。没有旅舍就借宿在当地的人家。他自己带了一张毯子，有时在人家的门边，裹着毯子，就过一夜。一路行去，他跟他遇见的人尽量多地交谈，交朋友。他觉得只有这样，才能了解一个地方，了解一个地方的人。不仅印度，他还去了巴基斯坦。在巴基斯坦，他也是这样的态度。他到过巴控克什米尔地区。不仅到了斯瓦特（Swat），还一直走到了奇特拉尔（Chitral）和罕萨（Hunza），那里已经属于帕米尔，地处喀喇昆仑山的深处，离中国的边境很近了，虽然有条件有限的公路交通，但偏僻，荒凉，旅行不易，地方颇为神奇，让人联想到一些历史上的传说。

国栋不是那种关在书斋里，只闭门做学问的人。事涉公众的事，如果不对，不公，他往往就会激动甚至激愤。这样的例子很多，其中一件就是关于新疆克孜尔石窟保护的问题。很多人都见到了，也不满，也批评，但不过都是口头说说而已，他就写成一篇文章，标题是《奔丧龟兹》，文章激烈地批评当地文物保护工作中的问题。当初我乍一看到，吃了一惊，什么文章，会用这样的字眼做标题呢？不过文章倒是发表出来了，要是在当地，那肯定不能发出来。

这还只是一个并不太突出的例子，让国栋激动乃至激愤的，大多其实是社会生活中并不少见的事。

我年纪大，过去的几十年里，见过的世间不平，甚至苦难的事多了，也许因此承受力就高一些。我不知道，这样的承受力，是不是已经让自己有些麻木，但国栋这样的表现，总让我不能不感动。因为，至少我认为，一个人，不为自己，而是为其他人，不平，有同情和共情之心，就值得信任，也值得称赞。

国栋在北大念研究生，学习梵文，进而研究佛教的经典。他的硕士论文，研究的是《金光明经》，但他似乎说不上信佛。我的印象，他对生病，对生死似乎看得很开。2016年那次住院以后，每次见到他，或者每次通电话，我都要问一下他身体的情况。他总是说：放心，没什么。他的话是：身体就这样，管它不管它，要有事，还是会有事，有事也没什么了不起。现在他真因为病，一下走了，我们活着的人，怀念他，但在他自己，会是怎么样的呢？这样的一个世界，这样的一个时候！

对于国栋，我还有一个印象，他除了喜欢读一般的书，还喜欢读诗，主要是现代诗。他不止一次地跟我提到过海子。虽然我自己对新诗从来缺乏感觉，了解也很少，但北大毕业的海子我还是知道的。"面朝大海，春暖花开"，人的一生，毕竟都年轻过，都曾经充满理想和诗情。我理解年轻时的国栋，也理解后来年纪虽然渐长，但心态还年轻的国栋。他出生和长大的地方，正好"面朝大海"，那里每年真会有一段"春暖花开"的时候。如果国栋真的在天有灵，我想他依然会记得这句诗，也依然能看到"春暖花开"。

国栋在北大念过书，我们因此有过师生的名义，但在我这里，二十多年来，其实更多的是把他看成朋友，一位难得的朋友。他为人正直、朴实、善良、厚道，始终乐于助人，有仗义之举，无机巧之心。当今之世，这样的朋友，并不是随处都能遇到的。

国栋走了后，他的一群朋友，把他过去写的，包括已经发表和未发表过的文章及各类文字，集合在一起，编成一本书，作为对他的纪念。书的编辑，前后也花了不少的功夫。书的内容，大致体现了国栋一生的为学与为人，尤其是为人。

我几十年的经验，深知为学不易，为人更难，为人往往比为学更重要。为学方面，国栋的研究，眼界宽，思路也宽，很有他自己的特点。与此同时，他作为中国社会科学院梵文研究中心的秘书长，十多年来为中心的建设做了很多工作，有很大的贡献。至于为人，无需我多说，认识和了解他的人对他可以说无不称赞。

国栋走了，不管他走多远，走多久，我想我们都会永远记住他，记住他做过的事，记住他的为人，他的性情，还有他憨厚的笑容。

2022年6月15日初稿，12月7日续写完

学海泛舟

1999年北京大学梵文班合影（右一为作者）

2008年1月17日在黄宝生老师的梵文课上（左一为作者）

《金光明经·流水长者子品》梵汉文本浅探二则[①]

一、《金光明经·流水长者子品》梵汉文本对比浅探：品名、品数与结构

《金光明经》是大乘佛教的重要经典，为尼泊尔“大乘九宝”之一，在大乘教法所被之处，鲜不被诸宗奉为圣典。这部一度广为流传、曾译为多种文字的经典，[②]至今还有两个相对完整的梵语原本存世。[③]《金光明经》有过五次汉译，其中较完整的翻译有三次，两个译本至今尚存。保存着《流水长者子品》的仅有昙无谶译本和义净译本。

本文是在对南条梵本与昙本、净本两个汉译本字字对勘之后，据所能见之事实，试图发现梵本与两个译本以及它们可能的梵语原本之间的先后同异，进而寻索这个故事在流传过程中所发生的变化演进，为探求宗教圣典流变、故事结构与母题的演变进程，添一例证。

（一）品名、品数

jala-vāhanasya matsya-vaineya-parivartas（鱼为流水所度化章）

昙本：金光明经流水长者子品第十六。

---

① 这是作者硕士论文《〈金光明经·流水长者子品〉梵汉对勘及研究》的一部分，论文在王邦维教授的指导下完成。本文所用的梵本是南条文雄（Bunyiu Nanjio）、泉芳璟（Hokei Idzumi）校订的《梵文金光明最胜王经》（文中称“南条梵本”，*The Suvarṇaprabhāsa Sūtra: A Mahāyana Text called "the Golden splendour"*, Kyoto, 1931.）；汉本分别为北凉昙无谶（Dharmarakṣa）译于玄始年间的《金光明经》（《大正藏》卷一六，663号，文中称“昙本”），和唐求法僧义净于武周长安三年（703年）从自己自印度带回的梵本译出的《金光明最胜王经》（《大正藏》卷一六，665号，403–456，文中称“净本”）。

② 《金明馆丛稿二编》，第257页。

③ 其一为南条文雄、泉芳璟校订《梵文金光明最胜王经》，其二为Nobel, J., Suvarṇaprabhāsottamasūtra, Das Goldglanz—sūtra ein sanskrittext des Mahayanabuddhismus, nach den Handchriften und mit hilfe der tibetischen und chinesischen übersetzungen. Lepzig, 1937。

净本：金光明最胜王经长者子流水品第二十五。

南条梵本结尾为 **iti śrī-su-varṇa-prabhāsa-uttama-sūtra-indra-rāje jala-vāhanasya matsya-vaineya-parivartas aṣṭā-daśas**（这就是在吉祥的《金光明最胜王经》中的流水度鱼品，是为第十八品）。二汉本无此。

（二）结构

三本在总体框架上基本一致，可以看出是来自同一个母本。但是，在内容上，却有着值得注意的差别。这种差别主要表现在宣讲教义方面，内容上按昙本、南条梵本、净本的顺序有递增的趋势，其中净本增加的内容较多，发生了一些较为剧烈的变化。而在叙事方面，情节只有些无关大体的差异。

如南条梵本 p.168.6—8 处，昙本、净本都有众生对流水尊重恭敬，“作如是言”的内容，而在南条梵本中，这些“众生所言”就都成了世尊的叙述。

在对鱼施食之后，二汉本皆有“当施法食”的内容，而南条梵本无。

在说完十二缘起的“此生故彼生”之后，南条梵本和净本还有“此灭故彼灭”的一段偈颂，而昙本无。

在南条梵本、昙本所说的内容外，净本在偈之后还有一段咒语（陀罗尼），咒语之后更有“诸人天众，叹未曾有”，以及四大天王“各于其处异口同音”所说的一段偈，并说了一部咒语，两段咒语皆为音译。在作为护法卫道者的四大天王的偈里有“若有生违逆，不善随顺者，头破作七分，犹如兰香梢”这样的对不信者进行惩戒恫吓的言辞，很有种“顺我者昌逆我者亡”的味道，与全文风格颇有不符，与流水慈悲的故事全不相干，应当视为后来加入的成分。

在文章的最后，昙本简单说完故事人物的今世，便迅速结束了此品，南条梵本与净本又谈到了为“生死中轮回诸有”授无上正等正觉记的事，南条梵本到此结束，而净本又有一段教训“汝等皆应勤求出离勿为放逸”以激励听众，还有对大众“悉皆悟解”“咸发深心信受欢喜”的叙述，以及告知大众“由大慈悲，救护一切，勤修苦行，方能证获无上菩提”这样的修行门径。

总之，净本无论从故事的发展脉络上，还是从说教的内容上，都更加完整，而且多出的内容附加窜入的痕迹还十分明显，这应是净本原本后出的一个证据。从南条梵本与二汉本内容的交错有无的情况来看，昙本原本应当更早一些，净本原本是它的某种继承；但南条梵本与昙本原本间不太可能有承继的关系，它们应当是在更早的时候就已经在不同的时空中分头流传了。

二、《金光明经·流水长者子品》梵汉文本浅探：名字

流水一家的名字都与水有关。这与故事情节是相辅相成的。[①]

此家族的人名中，流水自己的名字在三本中完全一致，而流水长者子一名，净本作“长者子流水”，没有足够的例证以判断它是原文语序如此，还是译者为之。二汉本皆在170.14以下多将jala-vāhanas śreṣṭidārakas（流水长者子）译为“长者”。妻名jala-ambu-ja-garbhā，为“在水中的水生者的胎藏（或胞胎、胚芽、后代）”“怀有水中莲花者”“水中莲花的胚芽”等义，所谓“水中莲花的胚芽”，或许是指人的娇嫩丽质，但另一层意思是“怀有水中莲花者”，或“水中的水生之物（莲花）的孕育者（藏）”，可仿译为“水莲藏”。昙本“水空龙藏”、净本“水肩藏”之“空”“龙”“肩”，当有另外的原文来源。Nobel本作jala-ambu-garbhā（参见BHS. p.239，左）。二子一名jala-ambara，意为“水中之天空”，或“水边”。可仿译为“水空”，同于昙本。净本的“水满”，未必是该词的翻译。另一儿子jala-garbhas意为“水中胚芽”“水中胎藏”。汉本仿译为“水藏”。以此推测，二子之命名，应皆与其母之名相关。此三种文本与原始文本或有讹异。昙本母名“水空龙藏”包含了“水空”“水藏”二子之名，是否可视为早出之证据？另外，文中被派去取食、察看十千鱼死活的，南条梵本全都作水空，不提水藏；净本作二子；昙本取食时作二子，而察死活时语焉不详，只说“寻遣其子”。流水父长者，昙本的此品未提及，只在前一品中作“持水”；净本亦作“持水”；但南条梵本作jaṭiṃdhara，仿译为“持髻”，与水无关，与这个家族的取名方式不同。这是否也可以作为昙本早于南条梵本的一个证据？过去佛ratna-śikhin，昙本作宝髻，净本作宝胜，应是多义词的不同翻译，三本无异。但佛的称号，南条梵本作tathā-āgatasya arhatas samyak-saṃbuddha，昙本净本作如来、应、正遍知、明行足、善逝、世间解、无上士、调御丈夫、天人师、佛世尊，分明有着不同的来源。

关于人物的今世，三本不尽相同，有的地方甚至相差悬殊：流水是佛陀自己，三本同；汉本皆未提及流水妻，而南条梵本说她是佛陀的在家妻子释氏女俱夷；二子之今世分别为罗睺罗和阿难，昙本与南条梵本同，而净本作银幢和银

---

① 是否还有什么更深的意味？与佛教教义有关或者还有一个更为原初的故事母题？在所见到的各种材料中没有找到相关的母题。这些名字朦朦胧胧地显示出某种多少有些神秘的内在关系，肯定有一些与它们相关的更多的故事在岁月的流逝中消散了。鱼与水是古代神话中的一对重要意象。

光，迥异；[①]流水父长者持水，昙本未提，南条梵本作佛陀在家父白净王，而净本作妙幢；十千鱼为十千天子，三本同，只是二汉本未在此指明是以威德炽王（昙本）或最胜光明（净本）为上首的；天自在光王，昙本未提，净本作菩提树神，南条梵本作佛陀在家岳父执杖，相去甚远；"示现半身"的树神，昙本、南条梵本皆仍作菩提树神，而净本未提及此"示现半身"者，菩提树神前身是天自在光王。列表如下：

前世				后世			
南条梵本	**直译**	**昙本**	**净本**	**南条梵本**	**直译**	**昙本**	**净本**
jala-vāhanas śreṣṭi-putras	流水长者子	流水长者子	长者子流水	aham（指佛陀）	我（佛陀）	我身	我身
jala-ambu-ja-garbhā	水莲藏	水空龙藏	水肩藏	gopā	俱夷		
jala-ambara	水空	水空	水满	rāhula-bhadra	罗睺罗	罗睺罗	银幢
jala-garbha	水藏	水藏	水藏	ānanda	阿难	阿难	银光
jaṭiṃdhara-śreṣṭin	持髻长者	（持水长者）	持水长者	rājā śuddhodanas	白净王		妙幢
sura-īśvara-prabhas rājā	天自在光王	天自在光王	天自在光王	daṇḍa-pāṇi	执杖		菩提树神
vṛkṣa-devatā	树神	树神	菩提树神	vṛkṣa-devatā	树神	树神	
daśa-matsya-sahasra	十千鱼	十千鱼	十千鱼	daśa-deva-putra-sahasra	十千天子	十千天子	十千天子
ratna-śikhin	宝髻	宝髻	宝胜				

由此可见，南条梵本中流水的家庭结构与作为其后世的佛陀出家前的家庭结构几乎完全对应（罗睺罗是佛陀的儿子，阿难是侄子，仅与二子稍有差异而

① 罗睺罗和阿难都是佛陀的早期弟子，到唐译本中他们的位置就被银幢和银光取代了，在佛教的信仰史上这到底意味着什么？

已），昙本近于南条梵本，其严密程度稍逊，而净本则迥异于南条梵本。据此，再参照水莲藏、持髻的翻译，似可发现一点昙本早于南条梵本的迹象。[①]净本原本较昙本和南条梵本为晚，几乎无可置疑。人物的后世对应者所出现的变化，当可作为这个故事在流传转接之间，于不失大意之前提下，出现的分歧混淆，[②]以及信仰崇拜对象在漫长的年代中发生变迁之一证。

另外，印度人名都有意义，大多都是复合词，是由一个一个的意义单位组成，每一个这样的单位都能找到根源。[③]这与汉语颇为相像，因此，它为翻译提供了很大的方便。译者可以按每个意义单位直接搬来，而顺序不变，让那些知梵语者颇能体会原味，而这也使原文的某些语法特征不可避免地渗透进来，使汉语因为受到强烈的外来影响而发生变化成为可能。本文的名字都紧紧扣住水的意象，与整个的故事水乳交融，构成一幅完整的隐喻图景。

（原载《华林》第二卷）

① 然而，这些迹象并非没有问题，按另外的思路，似乎也能推出相反的结论。

② 从这些名字的差异中，我们可以窥见几缕这个故事发展流传的脉络。在写定之前，它肯定经过了一个漫长的口传过程，而且，南条梵本和汉本一定是根据了不同时空中的口传版本，二汉本是否来自同一版本也未必不是问题。不同时代、不同地域的说故事人按照他们口耳相传的方式把一个故事按照他们自己的体会一代代讲下去。故事的主干是关注的焦点，一般不会有太大变动，至于名字，尤其是次要人物或者太长的名字，就会因为记忆的差错、语言或者方音的交错等原因而慢慢变得面目皆非。

③ 它是有根的。它直接植根于它自己民族的日常生活之中，与所处的环境息息相通。声音是有意义的，是亲切的。这种名字构成方式与欧洲基督教世界名字的构成传统迥异。

《金光明经·流水长者子品》的梵汉翻译及译法例释[①]

《金光明经》是大乘佛教的重要经典，为尼泊尔“大乘九宝”之一，在大乘教法所被之处，鲜不被诸宗奉为圣典。

本文参照相关记载，对此经典的昙无谶译本的译者、翻经时的译场，以及《流水长者子品》一品中所表现出的语言风格进行一点粗浅的考证；此外，在对南条梵本与昙本、净本两个汉译本字字对勘之后，据所能见之事实，[②]举出典型的例子，以由梵转汉为基础，从梵汉两个角度，详释所举的词汇、词法以及表达法，并举出所发现的重要翻译方法（如仿译等），据此试图呈现那些译经的古代高僧在迻译这两种迥异的古代语言时所作出的艰辛努力、在译经时的取舍倾向，以及那些奇妙的转达和无可挽回的意义的失却，或亦可对探索近世对西方作品之翻译与佛经翻译的关系，以及外来语言对汉语的影响途径，提供些许微末的证据。

一、昙无谶本的翻译

（一）译者

关于《金光明经》的译者，《大正藏》题曰：“北凉三藏法师昙无谶译。”[③]据

① 这是作者硕士论文《〈金光明经·流水长者子品〉梵汉对勘及研究》中与佛经翻译有关的一部分，论文在王邦维教授的指导下完成。本文所用的梵本是南条文雄、泉芳璟校订的《梵文金光明最胜王经》（文中称“南条梵本”，*The Suvarṇaprabhāsa Sūtra: A Mahāyana Text Called “The Golden Splendour”*, Kyoto, 1931）；汉本分别为北凉昙无谶译于玄始年间的《金光明经》（《大正藏》卷16，663号，文中称“昙本”），和唐求法僧义净于武周长安三年（703年）从自己自印度带回的梵本译出的《金光明最胜王经》（《大正藏》卷16，665号，第403—456页，文中称“净本”）。

② 详见注1所示之硕士论文。

③ 《大正藏》卷16，663号。

南梁释僧祐的《出三藏记集》[①]和南梁释慧皎的《高僧传》[②]所载，无谶本中天竺人，少学小乘，后因得树皮《大涅槃经》本而专精大乘，通咒术。游于凉土，为北凉主河西王沮渠蒙逊所厚遇。译大涅槃、大集、大云、金光明、悲华等二十部经，后因欲行而为蒙逊所害。

昙无谶译经，十分严谨，初入凉土，"谶以未参土言，又无传译，恐言舛于理，不许即翻，于是学语三年，翻为汉言，方共译写"[③]。

由于汉梵相差过于悬殊，所以梵僧译经必须与汉僧或汉的居士合作。[④]当时的沙门慧嵩、道朗"独步河西"，译经时昙无谶"转易梵文"，慧嵩笔受，"道俗数百人疑难纵横，谶临机释滞，未尝留碍"[⑤]。可见翻译时是颇费了一番苦心的。

在译经的过程中，笔受者慧嵩是个十分关键的人物。我们今天看到的昙译经本，汉语流畅准确，多半应归功于他。《出三藏记集》里除此之外还有三个地方提到了慧嵩这个名字。他是僧伽跋澄与昙摩难提、僧伽提婆共执梵本，佛念宣译的《僧伽罗刹经》和《婆须蜜菩萨所集论》的笔受者。[⑥]这两部经是道安、法和对校的。[⑦]如果此慧嵩就是彼慧嵩的话，那么，我们手头的"昙本"便和道安以至佛图澄联系起来，[⑧]而著名的庐山慧远的老师道安又是中国佛教史上一个极其重要的人物，为中国佛教的发展作出了空前巨大的贡献。[⑨]他是长安译场的"译主"和总勘，[⑩]另一大翻译家鸠摩罗什[⑪]也是由于他而来到长安的。[⑫]佛图澄的教理以般若为宗，[⑬]而《金光明经》与般若思想有着密切的关系。[⑭]这

① ［梁］释僧祐：《出三藏记集·昙无谶传第三》，中华书局1995年版，第538—540页。
② ［梁］释慧皎：《高僧传·晋河西昙无谶》，中华书局1987年版，第76—81页。
③ 《出三藏记集》，第539页。
④ 参见《佛经的翻译与翻译组织》，《中印文化关系史论文集》，第180页。
⑤ 《出三藏记集》，第539页，参见《高僧传》，第77页。
⑥ 《出三藏记集》，第374、376、523页，《中国现代学术经典·汤用彤卷》，河北教育出版社1996年版，第150页。
⑦ 《出三藏记集》，第523页。
⑧ 道安是佛图澄的学生。参见《中国佛教》第二辑，第20—26页，"道安"条，巨赞撰，中国佛教协会编，东方出版中心1982年版。
⑨ ［荷兰］许理和著，李四龙译：《佛教征服中国》，江苏人民出版社1998年版，第355页。
⑩ 上注引书，第333页。
⑪ 罗什学宗《般若》，特尊龙树。见《汉魏两晋南北朝佛教史》，《中国现代学术经典·汤用彤卷》，第233页。
⑫ 《中国现代学术经典·汤用彤卷》，第170页。前述二经的另一位对校者法和还参与了罗什的译场。见同书第169页。
⑬ 《中国佛教》第二辑，第25页。
⑭ 《印度佛教史》，第364页。

就是说，如果这两个名字指的是一个人，那么，昙无谶所译经不但与当时的翻译主流联系起来，而且还与当时国内国际的思想主流大乘联系起来了。

《婆须蜜》译就于苻秦建元二十年（384年），[①]而《金光明经》出于北凉玄始六年（417年），相差33年，笔受后者时慧嵩已经“独步河西”了，虽然相隔的年限较长，但一个人度过这样一段岁月而参与了两次译经不是不可能的。

在东晋、南北朝中原持续混乱的年代，凉州的相对稳定使其地的文化得以保存和发展，成为延续文化命脉之地。许多重要经典的翻译都和凉州沙门有关，如《长阿含经》，前文提到的佛念是它的译者，而佛念就是凉州人。[②]慧嵩既然在河西有着崇高的声誉，其佛学与汉语功底应当是十分扎实的，所译出经的质量较高不足为奇，从手头的《金光明经》来看，这一点是一目了然的。

可见，昙本这样的翻译经典是掌握着两种文化精华的学者们严谨推敲、苦心斟酌、群力协作的结晶，其中凝结着两个文化里的精英们艰难探索的心血和打通文化隔墙的深切愿望。

（二）译场与语言风格

与19世纪以来的翻译有别，古代佛经的翻译几乎没有一人翻经的例子，[③]而是靠着集体的努力，在译场中完成的。对于译场的运作，成本的著作如隋释明则的《翻经仪式》早已不传，只有一般的通例，散见于各书。[④]道安可能是最初的译场的创建者之一。[⑤]鸠摩罗什的译场设于宫禁之中，有国家主持，参加者千人左右，北凉、梁、隋承袭此制。[⑥]昙无谶的译场也应如此。

译场的工作程序大致可分为传语、笔受、证义三个步骤，[⑦]如前引《出三藏记集》所言，在昙无谶“转易梵文”，慧嵩笔受之后，还有“道俗数百人疑难纵横”而由“谶临机释滞”之后方可定稿，其严谨郑重可知。

这样的翻译实际上是一个辩难、对话、研讨、释疑的过程。翻译者们可以从容

① 《出三藏记集》，第375页。

② 《出三藏记集》，第337页；《佛教文化与历史》，第16页。

③ 曹仕邦：《论中国佛教译场之译经方式与程序》，第243、247页，注10。转引自高明道未发表的《如来智三昧经翻译研究》，第13页。这个结论也许不应下得那么绝对，但是，集体翻译是中国古代佛经翻译的重要特征却是无疑的。

④ ［英］渥德尔：《佛教文化与历史》，商务印书馆1987年版，第30页。

⑤ 季羡林：《中印文化关系史论文集》，生活·读书·新知三联书店1982年版，第185页。

⑥ 苏晋仁：《佛教文化与历史》，中央民族大学出版社1998年版，第29页。

⑦ 曹仕邦：《论中国佛教译场之译经方式与程序》，第318页，转引自《如来智三昧经翻译研究》，第14页。

不迫地细细体味经典里的幽微大义，并且可以集思广益、融会贯通，绝无抱残守缺、一意孤行的可能。然而，面对“道俗数百人”，要使人人能略得经义，明白晓畅便成为第一要务，属于原先语言所特有的隐蔽潜在之意便会无暇顾及，经义就有可能流于某种程度上的“俗讲”式的略传其义，但得其表，因为语言表达方式的不同而造成的理解困难即有可能因只求通达、不求甚解而“快刀斩乱麻”式地一掠而过。[①]

昙无谶至罽宾时带着“大涅槃前分十卷、菩萨戒经、菩萨戒本等”写本，[②]到凉州时至多也就带着这些，没有提到其中有无《金光明经》。在姑臧时，“虑失经本，枕之而寝”[③]，可见不会太多。而在河西翻经时出六十万言，[④]按梵夹而计，绝不止“枕之而寝”之数，回顾谶二十岁时便“诵大小乘经二十余万言”[⑤]，可知其颇精口耳相传之学，因此，《金光明经》是有可能先由昙无谶凭记忆口诵而出，再翻为汉语的。这意味着昙本有可能在译为汉语之前的相当长的时间里甚至一直是靠口传流传的，即这个版本的第一次写定是以汉译的形式出现的。流水的故事经过了漫长的岁月，最后因缘合和，在汉语中这样定格为经典的一部分。这是它第一次进入文字写就的汉语言的世界。[⑥]

昙本的语言从语体上看，是半文言的，完全合于通常的汉译佛经的风格的，既非纯粹的口语、又非一般的文言的一种特殊语言变体，即所谓“佛教混合汉语”[⑦]。它在文体上散、偈交替，无论散偈都不押韵。散文部分连写，基本上套用“四字格”的音步：四字一顿，每一顿又分为两个二字小顿，极富节奏感。文义倾向于照顾这种四字停顿结构，但也时常因照顾节奏而牺牲文义，间或与逻辑停顿不符。偈颂部分不采用诗歌形式，[⑧]亦不采用四字格的节律，较散文更散，以“所谓”标示。

如上所述，昙本语言流畅雅致，节奏朗朗，文气贯通，兼有口语文言之美。用词上复音词多，词汇丰富，表意细腻，较少重复。虽仿译词多，但生造词几无。间有小词（如“将”）取西北方言之义，须小心分别。

---

① 译经的方式会影响一些具体的翻译问题的处理。一些翻译中的现象或许可以在此中得到部分的解释。

② 《高僧传》，第77页。

③ 《高僧传》，第77页。

④ 《高僧传》，第77页。

⑤ 《高僧传》，第76页。

⑥ 印度人再怎样重视背诵的功夫，也不可能无限制地超越记忆、语言甚至人性的极限。口传的东西总是不如写就的东西在形式上更具有稳定性。这应当可以解释为什么属于同一部经典的这些文本有如此惊人的相异性。

⑦ 《佛典与中古汉语词汇研究》，第15页。

⑧ 通常提行分写，但《大正藏》中未将其与散文分开，不过它们在文体上的差异是一目了然的。

二、翻译法例释

梵语是典型的屈折语，[①]而汉语是同样典型的孤立语。[②]二者代表着语言模式的两个极端。在它们之间翻译，恐怕是翻译工作中最艰难者。更何况佛教梵语并不是规范的梵语。

在梵语中，一个词包含着性数格或者时态、语态等，但是汉语不然。

在梵语中，由于复合词组分的词性及相互关系的变化多端，同一个词，在不同的场合有着不同的含义。这些含义看起来如此不同，但都是同一本源（词根意）在语法的结构（也是心理的结构）中的变现，而且此义又常常暗含着彼义。然而，在翻译为另一种语言时，就不得不分别用一些并非有着同一本源的词来表达其当下的意思，这种暗含的意思便难以彰显。而且，有时译者为了照顾其本意，用了一些固化的词来翻译，所谓仿译即属于这种情况。这样，此词在目的语中就显得费解了，但这种费解却能刺激目的语产生新词新意。

以下简单地列举部分词汇语法的翻译法，以管窥古代译经事业以及汉语印欧化进程之一斑。[③]

（一）名词的数、格及其标志

1. 具格

以：

kena

---

① 梅耶认为："共同印欧语是代表这种所谓'屈折'的最极端的类型。所有词的用法，所有词与词之间的关系，都用词的内部形式的差异来表示。在梵语里，这种'共同印欧语'的特征保存得特别好。"《历史语言学中的比较方法》，载《国外语言学论文选译》，第19页；威廉·冯·洪堡在《论人类语言结构的差异及其对人类精神发展的影响》(第138—165页)中曾举梵语为例来论证词的统一性，他认为根源于内在语言观念（Die innere Auffassung der Sprache）的每一种语言特征，都深深地影响了语言的有机体。屈折形式与词的统一性的联系是不言而喻的，因为曲折变化本身即倾向于构成一个统一体（eine Einheit）。词的统一性在言语中的表达手段包括停顿、字母变化和重音。梵语比其他语言都更成功、更完善地处理了词的统一性，它的错综复杂的思想更多地由语音的融合来实现。梵语是按照以下的从松散到较为紧密的联系这种次第来标示词的不同程度的统一性的：1. 复合词；2. 带前缀的词，主要是动词；3. 由语言中既存的基本词借助后缀（taddhita）构成的词；4. 由语根——实际上并不存在于语言中的词——借助后缀派生而成的词（kridanta）；5. 具有变格变位的语法形式的词。

② 《论人类语言结构的差异及其对人类精神发展的影响》，第135页。关于孤立、屈折与黏着，参看此书第十三章及其以后的章节。其观点今天看来未必妥当，但其特征描述是客观的。

③ 朱庆之认为："就中古汉语词汇的发展而言，佛典翻译的影响肯定是大大存在的。这包括佛典原文随着翻译对汉语产生的间接和直接的影响，以及汉译佛典本身或者说'佛教混合汉语'对汉语的直接影响。这实质上可以说是古代印欧语对汉语影响的一个重要方面。"（朱庆之，《佛典与中古汉语词汇研究》，文津出版社1992年版，第225页。）

以何。（昙本净本）

kena vayam kuśala-karma-hetunā iha deveṣu trāyastriṃśesu upapannās

我等以何，善业因缘。得生于此，忉利天中。（昙本）

我等以何，善业因缘，生此天中。（净本）

昙本以加“得生于此”之“得”字译梵语中以具格表示的“由于……才能够”这样一种情态，在两种语言间建立起一种恰到好处的对应与沟通。

2. 从格

（1）从：

kutas

从何处。（净本）

kutas udakasya āgamanam bhavet

是池中水，本从何处。（昙本）

是池中水，从何处来。（净本）

hasti-pṛṣṭāt

从象背上。（昙本）

从格译为“从……上”。

sa-kāśāt

从。（昙本、净本）

antikāt

从……边。（昙本）

prati-vi-buddha

从睡寤。（昙本、净本）

（2）故：

yatas

为（取鱼）故。（昙本）

故（于上流）。（净本）

asmāt idam bhavati

此有故彼有。（净本）

asmāt从格译作“故”。

3. 依格

（1）中：

gṛhe
家中。(昙本、净本)
依格译为“中”。
jambu-dvīpe
阎浮提中。(昙本、净本)
deveṣu trāyastriṃśesu
忉利天中。(昙本)
(2) 临……时:
maraṇa-kāla-samaye
临命终时。(昙本、净本)
(3) 内(于……内):
rājñas sura-īśvara-prabhasya viṣaye
于天自在光王国内。(昙本、净本)
asmin jambu-dvīpe
于阎浮提内。(昙本)178.8
(4) 于……中:
saṃsāre
于生死中。(净本)
4. 为格
为:
asmākam
为我等。(昙本、净本)
5. 复数
(1) 等:
vayam
我等。(昙本、净本)
我等辈。(昙本)
vayam asmin jambu-dvīpe ... abhūvan
我等先于阎浮提内。(昙本)
我等先于赡部洲内。(净本)
kena vayam kuśala-karma-hetunā

我等以何，善业因缘。（昙本、净本）

asmākam

为我等。（昙本、净本）

（2）诸：

tāni daśa-matsya-sahasrāṇi

是诸鱼。（昙本）

bahavas（bahu 的 pl.nom.）

诸。（净本）

“诸”字包含了 bahu 一词和复数两方面所表达的含义。

（二）动词

1. 时态、语气

（1）以“时……”“尔时”译不定过去时：

asya khalu punar jala-vāhanasya śreṣṭhi-dārakasya jala-ambu-ja-garbhā nāma bhāryā abhūt

时长者子有妻名曰水空龙藏。（昙本）

abhūt 这种 be 动词的 aorist 形式，以“时”体现其过去一次性动作的特性。

tasya etad abhūt

时长者子作是念言。（昙本）

用“时……”体现了 aorist 时态。

etad abhavat

时（长者子）复作是念。（昙本、净本）

（2）以“时……”“尔时”译完成时：

prāha

时……问……言。（昙本）

是时……问……言。（净本）

以“（是）时”译完成时，与 aorist 译法无异。

tasthus

尔时……至。（昙本、净本）

“尔时”标志完成式。

（3）以“尔时”译现在时加 sma 表示过去的情况：

sma

尔时。(昙本)

2. 祈愿语气与命令式

(1)祈愿语气应用例释:

upasaṃkrameyam

当……逐。(昙本)

当……往。(净本)

opt.sg.1.(upa-sam-√kram: to step or go to the other side or other world. 逐;往,诣,往诣,行诣;临;至,到;向;奔趣;游行;亲,亲近,附近;随顺,归命;来,至来,来至,来诣,来下。)

pra-yaccheyam

当与。(昙本、净本)

(pra-√yam: to hold out toward, stretch forth; to offer, present, bestow. 施,与,施与,授,付;给;舍;处。)

yad kiṃcit ... syāt

所有。(昙本、净本)

syāt(√as)为祈愿语气,有希望、请求之意。yad kiṃcit ... syāt除限定abhisaṃskṛtam bhojanam,表示不管有什么现成的食物之外,还应与kṛtaśas相呼应,指无论是谁的份额。

śṛṇuyāt

若有……得闻。(昙本、净本)

opt.sg.3.(√śru:闻)祈愿语气在此表示条件:"如果能够听到……就会……"。[①]与后面的将来时upa-patsyati(即生)相配合,意为:"要是……就会……",恰合昙本"若……即……"之语义。

śrāvayeyam

亦当称说。(昙本、净本)

Caus.opt.sg.1.(√śru)意为"应当使人听到",即应当对人讲,"当称说",在

---

① 见Whitney. 573.b:in dependent clauses, with relative pronouns and conjunction, becomes a regular means of expression of the conditonal and contigent。另见《波你尼语法华蔓》407:讲解:P.III.3.156:hetuhetumtaeer! il!"祈愿语气表达因以及相应的果"。例如:kṛṣṇaṃ namet cet sukhaṃ yāyāt"如果他敬黑天神,他会得到幸福。"(段晴译:《波你尼语法入门》,北京大学出版社2001年版;Whitney=*Sanskrit Grammar,* William Dwight Whitney, Delhi, 1962)

变通的翻译中，使动的含义失去了。以“当”字翻译祈愿语气。

upapadyeyus

寻得上生。（昙本）

得生。（净本）

opt.pl.3.（upa-√pad：生）

upasaṃkramemas

当往至。（昙本）

应诣。（净本）

（upa-sam-√kram：往至；诣。）误，应作upasaṃkramema。

jānīyāt

当知。（昙本、净本）

opt.sg.3.（√jñā：知。）这里有“请大王得知”“希望大王能知道”“大王就会知道”的意思。

śabdāpayan

可……唤令使来。（昙本）

唤取。（净本）

应是祈愿语气复数第二或第三人称，即śabdāpayeta或者śabdāpayeyus，特殊形式。

syāt khalu punar kula-devate

syāt，祈愿语气，似是净本“汝今当知”之翻译，然而，依此处上下文看，如前面系动词部分所说，这里的syāt有“通常如此”“一般这样理解”“似乎是这样”的意思。[①]描述的是一种谬见，与“汝今当知”的意思相悖。

kutas udakasya āgamanam bhavet

是池中水，本从何来。（昙本）

是池中水，从何处来。（净本）

bhavet: opt.表一种询问语气。[②]

① Whitney. 573：a. but the expression of desire, on the one hand, passes naturally over into that of request or entreaty, so that the optative becomes a softened imperative; and, on the other hand, it comes to signify what is generally desirable or proper, what should or ought to be, and so becomes the mode of prescription; or yet again, it is weakened into signifying what may or can be, what is likely or usual, and so becomes at last a softened statement of what is. 因此可知，净本原本的上下文一定与此不同。

② 参见Whitney. 573a。

（2）命令式例释：

udakam prayaccha

汝可与水。（昙本）

应与（其）水。（净本）

此处命令式有恳求、要求的语气，但不太强烈。[①]

sva-nāma-anu-rūpam kuru

随名定实。（昙本）

随名而作。（净本）

dadātu

唯愿……借，唯愿……与。

tad dadātu me devas viṃśati-gajās

唯愿大王借二十大象。（昙本）

唯愿大王慈悲愍念与二十大象。[②]（净本）

（3）祈愿语气标志：

a. 当：

upasaṃkrameyam

当……逐。（昙本）

当……往。（净本）

pra-yaccheyam

当与。（昙本、净本）

deśayeyam

当……解说……（昙本）

当……演说……（净本）

upasaṃkramemas（应为upasaṃkramema之误）

当往至。（昙本）

jānīyāt

当知。（昙本、净本）180.6.

---

① 参见Whitney. 572a。另见《波你尼语法华蔓》380：表达愿望时，加liṇ和loṭ。讲解：这一句说明命令语气在梵语中也表达愿望。

② 此处命令式亦表吁请——因有愿望而热切地请求。以第三人称表第二人称，有尊重的意思。昙本、净本皆译为“唯愿”。“唯”是语助词，放在句首，无意（参见《汉语大字典》第969页），有补充音节的作用。

b. 寻得：

upapadyeyus

寻得上生。(昙本) 176.11.

c. 应：

upasaṃkramemas (应为upasaṃkramema之误)

应。(昙本、净本)

(4) 命令式标志：

a. 应：

matsyānām udakam prayaccha

应与其水。(净本)

b. 可：

matsyānām udakam prayaccha

(汝) 可与水。(昙本)

c. 唯愿：

dadātu

唯愿……借。(昙本)

唯愿……与。(净本)

祈愿语气与命令式在运用上有许多相同的地方。它们善于表达一些细腻的情绪。在此品中它们的潜力得到了比较充分的发挥，其运用合计达20次之多。

3. 被动态标志与译法例释

(1) 能：

udakam preṣayamāṇas na eva atra udakam upalabhyate

推求索水，了不能得。(昙本)

欲觅于水，竟不能得。(净本)

其中两个被动态皆译为主动，其中后者用"能"字表达。

upalabhyate

(了不) 能得。(昙本)

(竟不) 能得。(净本)

"能"用来译被动语态，转被动为情态。

(2) 所：

pari-tāpita

所曝。（昙本、净本）

（pari-√tap: to burn all round. Caus. to scorch, torment……）

āditya-paritāpita

为日所曝。（昙本、净本）

sam-tarpita

与。（昙本）

施。（净本）

（sam-√tṛp: to satiate or refresh one's self with. Caus. to refresh; sam-tarpita: mfn. fr. Caus. pp.: satiated, satisfied. 令饱；饱满，充足饱满。）此词本义为"使饱了的，被使满足了的"，致使与被动两重意思，动作者的动作包括三个过程：被—使—做，他既是受动者（被［他人］使），又是主动者（做），变通意译为主动时，只是截取其三段旅程中的最后一截，意思传达出来了，但其结构中婉转的含义却失落了。

pari-pīḍita

所恼。（昙本）

所恼逼。（净本）

pari-tāpita

所曝。（昙本、净本）

4. 致使例释

致使式大多变通翻译，如上段所说，直达最终的含义，而不传达"使"的意思。在仿译中，这种情况更加明显。

jala-vāhana

流水。（昙本、净本）

mfn. carrying water. 流水在这里有"引水，使水流淌"，也有"带来水，给与水"的意思，故下文说"一能流水，二能与水"。vāhana（√vah cl.1. to carry. Caus. vāhayati, to cause to bear or carry.）mfn. bearing, coveying, bringing.

vāhayati

流，与。（昙本、净本）

Caus.sg.3.（√vah，见上。）

udakam vāhayati

一能流水，二能与水。（昙本、净本）

可解释为"引水，载水，运水，使水流（流水）"，亦可解为"给予水"。据其隐含义，一词两译。

5. 加强动词例释

anu-caṅkramati

游行。（昙本、净本）

（=Pali: anu-caṅkamati; cf. caṅkramati），wanders along. 此为anu-√kram的加强动词之BHS形式，翻译时并未体现加强动词义。

6. 独立式标志

（1）已：

dṛṣṭvā

见**已**；即至，到已。

cyutvā

命终**已**。（昙本）

upasaṃkramya

见已。（昙本、净本）

（2）之后：

cyutvā

命终**之后**。（净本）

（三）分词

在南条梵本中，分词占了相当大的比例，一半以上的句子由省略系动词的判断句构成，在其中，分词承担了描述、状写动作的功能。①

1. 必要分词

matsya-vaineya

鱼被度化的。

vaineya = vineya，为必要分词，有被动义。②

bhavitavya

---

① 这也是南条梵本的一个语言特点。

② vaineya（fr.vineya），引导，教导，度化。mfn. to be taught. BHS.（in mg.1.=Pali veneyya; cf. vineya）1. adj. or subst. m.= **vineya** 1 **one that is to be**（religious）**trained, or converted;** 2. subst.（nt.? not recorded in Pali; cf. vaineya 2），religious **training,** esp.**conversion.** 调伏，可度，应可度。*laṅk, saddh-p.* 为必要分词vineya的BHS变体，有被动义，此处以属格为逻辑主语。参见《波你尼语法华蔓》310，讲解：必要分词所修饰的词位于被动态，逻辑主语用第六格表示。（BHS.=Edgerton，F. *Buddhist Hybrid Sanskrit Dictionary*，New Haven，1953）

必是。(昙本)

实是。(净本)

(√bhū: cl.1. to become, be, arise, come into being. 成，作，为；有；出，现。Gerundive) mfn.= bhavanīya, to be about to become or be or happen. impers. also with two instr. 为必要分词，表被动，逻辑主语为二具格。"ni-yata-prati-akṣeṇa bodhi-sattvena"，意为"定为毕现于眼前的菩萨所成"。"必"字既是ni-yata的翻译，又体现了bhavitavya作为必要分词的意思。此处从不同角度来强调"必定是，实在是"的意思。

2. 搭配

(1) 动词与分词：

tatra adrākṣīt ardha-kāyām devatāṃ niṣkramantīm

时有树神，示现半身。(昙本、净本)

adrākṣīt：(√dṛś: cl.1.to see, behold) aorist.sg.3，与现在分词niṣkamantīm相配合，生动地表现出流水当时正看见女天在现出半身的情景。汉译以"时"表示tatra+aorist，而"当时正在"的细微分别缺乏汉语对应的表达，又无碍于故事的叙述，故变通译出。

māndarava-puṣpa-varṣam prāvarṣat

雨天上曼陀罗华。(昙本)

雨曼陀罗华。(净本)

直译应为"雨曼陀罗花雨"。两个"雨"字，前者动词"下雨"，为prāvarṣat的翻译，后者名词，为varṣa的翻译。①

(2) 名词与名动词：

dhārmika-kathām kathayati

说(是)法已。(昙本、净本)

kathayati来自kathā。

(四) 疑问词与代词

1. 代词

(1) 是：

idam

---

① 这种句式不是汉译的习惯用法，却能在其他印欧语中找到同类，如英语"dream a good dream"即是。

（将）是（二子）。（昙本）
evam praṇi-dhānam abhūt
作是誓愿。（昙本、净本）
imām prakṛtim ārocayati
说其因缘，作如是言。（昙本）
imām dhārmika-kathām kathayati
说是法已。（昙本）
（2）其：
idam
（将）其（二子）。（净本）
svakas putras
其子。（昙本、净本）175.7.
（3）此：
asmāt idam bhavati
此有故彼有。（净本）
（4）我：
aham
我。（昙本、净本）
我身。（昙本、净本）
vayam
我等。（昙本、净本）
我等辈。（昙本）
mama-antika
我所。（净本）
mayā eka
我一身。（昙本、净本）
2. 疑问词
（1）何：
kasya artham
何因缘故。（昙本、净本）
kutas udakasya āgamanam bhavet

是池中水，本从何来。（昙本）
是池中水，从何处来。（净本）
kim-nimittam
何缘。（昙本、净本）
katham
何以。（净本）
（2）几何：
kīyanti imāni ... matyāni
此鱼头数为有几何？
（3）对疑问词所表示的选择的译法：
kim ... atha ...
为（死）为（活）。（净本）
看是鱼死活定实。（昙本）
意为“是……还是……”，“定实”是翻译时加上的，表示选择。①

（五）表时间的词

aparam
最后。（昙本）
punar aparam
又，复次。（昙本、净本）
apareṇa tena kālena tena samayena
最后。（昙本）

用多词表示一个意思，梵语的叮咛反复，可见一斑。而汉译只以一词翻译，即概括其义。

rātrī prabhātā
过是夜已。（昙本）
天晓已。（净本）

意为“夜成了晓（黎明）”“夜变亮了”，即夜已经过去了，天亮了。在梵语的语境中，rātrī 更强调夜作为一个事物的主体的方面，而非一段时间，汉语则反之。净本强调的是“天”的变化，而不是“夜”。昙本强调了夜，但未表达出“亮

① 与译者当时当地的语言习惯有关？

起来”的意思，而且强调了时间性的“过”。

adya rātrau

昨夜。（昙本、净本）[1]

（六）不变词

1. 小词

sma

尔时。（昙本）

时。（净本）

（ind. a particle. ever, always, it is also joined with a pres. paticiple to give them a past sense.）

ramanti sma, krīḍanti sma, paricārayanti sma, dānāni ca dadanti sma, puṇyāni ca kurvanti sma

尔时（流水长者子）受诸快乐。（昙本）

时……受（安隐）乐。（净本）

此处以起首一个“尔时”，便囊括了这两段五个sma。

eva atra udakam upalabhyate

“了不能得”“竟不能得”之“了”“竟”用以译eva之类的小词，必兼顾上下文。

tathā

如。（昙本、净本）

（ind. in that manner, so thus. 如，此如，如是，如实；亦，亦而；似。）

iha

此。（昙本、净本）

kena vayam kuśala-karma-hetunā iha deveṣu trāyastriṃśesu upapannās

我等以何，善业因缘，得生于此，忉利天中。（昙本）

2. 副词

yathā-pūrveṇa

如本。（昙本、净本）

---

① 此处涉及汉语和印欧语之间对夜晚归属于今昨的差异。一些现代印欧语仍保留着这样的用法，如德语。此处翻译时舍梵从汉，做了变通。

sārdham

将。(昙本、净本)

(sa-ardham: ind. together, with instr. etc. 共,与……共;俱;同,随,并;共,同,同面。)

蒋礼鸿《敦煌变文字义通释》中有两个“将”条与此相关:1. p130,“带,带领。/舜子变:‘当时舜子将父母到本家庭。’(第582页)庐山远公话:‘底(邸)店庄园不能带去’(第180页)”。2. p343,“犹‘与’,与类连词,也作介词用。/李陵变文:‘抽刀避(辟)面血成津,此是报王恩将得’(第96页),‘恩将得’就是‘恩与德’。下文‘汉家天子辜陵得’也以‘得’为‘德’”。第一义合于汉语文言文,但与英译不同的是,它体现了一种层次、等级或者说主客体间的差别,而第二义则正与英文的意思相同。变文用的是以敦煌为中心的西北方言,应当近于昙本所用的语言。

sārdham

及。(昙本、净本)

上文译为“将”,此处可为“将”意为“及”之一例。

jala-vāhanas sādham jala-ambareṇa jala-garbheṇa

是时流水及其二子。(昙本、净本)

anu-pūrvena

次第,遂便。(昙本)

渐次,即便。(净本)

(anu-√pū: to purify in passing along; anu-pūrvena: ind. in regular order or succession. 渐,渐渐,渐次,次第,依次。)

catur-diśam pra-īkṣate

便四顾望。(昙本)

“四顾”明显当副词用。

ni-yatam

必定(知是)。(昙本)

定(应是)。(净本)

(七)表生起、出现、灭、无、死的词

utpanna

生。(昙本、净本)

niṣkramantī

示现。（昙本、净本）

mṛtya

死。（昙本、净本）

pra-śamita

治。（昙本）

令安隐。（净本）

atyaya

命终。（昙本）

命过。（净本）

（ati-√i: to pass by, pass over, overflow; atyaya: mfn. passing, lapse ... death. 过，尽，满，经历；死，无，前以灭度；罪，过，过罪，过咎，乖隔。*suv-pr.* 意为“过去了”“过世了”，即生命已经逝去，也就是死去。）

kāla-gata

命终，（其）命已终。（昙本）

命过，命终。（净本）

意为（死的）时辰过了，即已经死了。

（八）心念的表示法

tasya etad abhūt

时长者子作是念言。

etad abhavat

时（长者子）复作是念。（昙本、净本）

kāruṇya

大悲。（昙本、净本）

citta

心。（昙本、净本）

kāruṇya-cittam

悲心。（昙本、净本）

parama-kāruṇya

大悲。（昙本）

cintayati

计。（昙本）

便作是念。（净本）

（九）重叠词与同义反复词

梵语以对一个词的重复而表达“一再”“屡屡”之意。《波你尼语法华蔓》578条说：“表示持久和整体意义时。（8.1.4）/暗示重复和整体意义时，一个词由两个词替换。重复仅限于以语尾收尾的动词和被称为不变词的以直接后缀收尾的词。例如：smāraṃ smāraṃ namati śivam（反复思念之后，他向湿婆鞠躬），或smṛtvā smṛtvā。”对这种词的翻译，或者仿译为一个叠音词，如：

sthāna-sthāna

处处。（昙本、净本）

它们也会和别的词复合，如：

sthāna-sthāna-antare

处处（皆雨）。（昙本、净本）

ind. 意为在每个地方当中。这里sthāna（地方）指的是立体的空间，而非一个面，所以后面用antara（中间）。汉译里这种意思不明显，且省掉了“中”的翻译。[①]

śīghram śīghram

复更。（昙本、净本）

śīghram śīghram ... samanugacchati

复更疾走。（昙本）

还有一种词，并不是同一个词的重复，而是多个或同义词或近义词或意义有重叠的词连在一起，取其共同的意思。这种情形在印度古代文献中随处可见。[②]古汉语力戒重复，而梵语好之，所以译者在翻译的过程中必会照顾此一差异，此品二汉本的翻译就是很好的例子，每逢此类梵语的“同义连文”出现，二汉本必定是将其节略译为一词或很少的词。也正是由于此类词都是“同义连文”，所以可以依据它来校订一些难以辨认的形式：

prīti-prāsāda-prāmodya

---

① 这种将两种语言间表达方式相异的部分模糊掉，留下一致的部分，而留下的这一部分在大致的意思上与原词基本一致，原先的表达方式的细腻的特征被拒之门外的翻译方法，应当也不是无意的，然而要证明这一点，需要更多的例证。

② 《汉译佛典在原典解读方面的价值举隅》，载《学术集林》卷六，上海远东出版社1995年版，第229页。

欢喜。(净本)

同义反复译为一词。因此，可知pra-sāda在此词义应为“欢喜”，从而解决了一个疑难的形式，而知prāsāda应是pra-sāda之误。

dārakau putrau，这里用同义反复，两词同义，所从来的词根不同。汉语的“儿子”(儿、子)与此相类。汉译未将其译出。

ramanti sma, krīḍanti sma, paricārayanti sma, dānāni ca dadanti sma, puṇyāni ca kurvanti sma

受诸快乐。(昙本)

受(安隐)乐。(净本)

以多个同义词共用，从不同的说法中表达一个意思，夸张、严饰、谐于音节是梵语的特点，但是，译为汉语时，昙本净本皆简短翻译为一词。

grāma-nagara-nigama-janapada-rāṣḍra-rājadhānīṣu

城邑聚落。(昙本、净本)

这些名字皆为近义词甚至同义词。这种罗列是梵语中一种修辞手段。昙本、净本皆未尽列处所名，翻译时节略为“城邑聚落”，以大范畴涵盖了这些多义词因来源不同而造成的细微差别，此或为改梵为汉过程中有意适应汉语书面语简洁习惯之一例。

hṛṣṭas tuṣṭas udagras

心生欢喜，踊跃无量。(昙本)

身心喜跃。(净本)

昙本净本皆将hṛṣṭas tuṣṭas二同义词节译为一词，昙本将多义的udagras一分为二，译为两个词。净本最为简练，“喜跃”二字即略传其义。“心生”“身心”应为引申义。

(十) 数量

daśa-matsya-sahaśrāṇi

十千鱼。(昙本、净本)

在下文中，译为“十千鱼”。直译当为“一千的十鱼(十鱼之千数)”，即一万条鱼。梵语中对物的计算，以十个为单位，如一万鱼就说“十鱼的一千”，与汉语表达迥异，而“十千鱼”的译法不符合汉语习惯，但亦非硬搬原语结构的仿译，乃一折中译法。“十千”保留了原文对数字的习惯说法，而“十千鱼”这种数字+名词的语序，又随同了汉语的习惯，仿译与意译并用。

bahūni matsya-śatāni

多(有)众鱼。(昙本)

多(有)诸鱼。(净本)

意为"许多百的鱼"(bahūni：多),类于汉语所说"成千上万"。而śata(一百)因变通而未直译。śata此译为"众""诸",与bahūni连用,泛指多数。

kīyanti

几所。(昙本)

几何。(净本)

同于kiyanti(n.pl.nom),"所"在这里意为"何"。这是中古汉语的新义,被认为是从"何所"中沾染"何"义而成。[1]

paripūrṇāni daśa-matsya-sahasrāṇi

足满十千。(昙本)

数满十千。(净本)

bhūyasyā mātrayā

倍复增益。(昙本)

倍益。(净本)

parama

大。(昙本、净本)

kimcit matram

少。(昙本)

(余水)无几。(净本)

kimcit mātram avaśiṣṭam udakam abhūt

唯少水在。(昙本)

余水无几。(净本)

viṃśati-gaja

二十大象。(昙本、净本)

是以另一种顺序结合的数词与名词复合词,在本品只出现在此一词中,通常的结合方式是gaja-viṃśati,而且,此词用了阴性,即viṃśati的性。

śataśas

① 《佛典与中古汉语词汇研究》归之为"组合关系引起的词义演变"一类,第206—207页。

多(借皮囊)。(净本)

(ind. by or in hundred, a hundred times. 百种,百分。)

此是以百而言其多。

catvāriṃśat-muktā-hāra-sahasrāṇi

四十千真珠瓔珞。

(十一)仿译(calque)

"一种保留源头语内部形式不变,采用目的语的材料逐词或逐词素地意译源头语的各单个组成部分的翻译方法,它的结果又叫借译(Loan translation)。"[①]捷克学者马西尼认为,仿译分两种情况:"在仿译单词中,原语中的单词提供了意义和词法结构;在仿译短语中,原语的短语提供了意义和句法结构。"[②]以下是对几个仿译词的分析。

南条梵本中出现的第一类仿译是仿译词,又分复合词仿译和前缀仿译。

复合词仿译:

rājñas sura-īśvara-prabhas

天自在光王。(昙本、净本)

rājan

王。(昙本、净本)

(m. a king, prince, chief. 王,国王,帝王,人皇,皇帝;音写作罗阇。)

sura

天。(昙本、净本)

(m. a god, deity.)

īśvara

自在。(昙本、净本)

($\sqrt{}$īś: cl.2. to own, possess; to be powerful; to be master of; to reign; īśvara: mfn. able to do. m. master, lord. 王,自在,主宰,自在行;富;自在天。)

---

① 朱庆之:《佛经翻译中的仿译及其对汉语词汇的影响》注1,载《中古近代汉语研究》第一辑,商务印书馆2001年版,第247页。

② 他还提到,"(汉语)仿译词(Syntactic Loan或Loan-translation)是指:根据外语词语的语素或句法结构而创造的汉语词语",现代汉语词汇有喜欢吸收仿译词,不大喜欢意译词的倾向。[意]马西尼著,黄河清译:《现代汉语词汇的形成》(*The Formation of Modern Chinese Lexion and Its Evolution Toward a National Language*, 1993),汉语大词典出版社1997年版。转引自朱庆之:《佛经翻译中的仿译及其对汉语词汇的影响》注1,载《中古近代汉语研究》第一辑,第247页。

sura-īśvara

天自在。(昙本、净本)

(m. a lord of the gods; N. of Brahman; of Śiva; of Indra; of Rudra.)

此为第一级仿译。

prabhā

光。(昙本、净本)

(pra-$\sqrt{}$bhā: to shine forth; prabhā: f. light, splender. 光,明,光明,光照,放光,荧,焰明,炎明。)

sura-īśvara-prabha

天自在光。(昙本、净本)

prabhā在多财释尾部,原有性别失去,成为阳性。意为“有着诸神之主(自在天)的光芒的人”。

此为第二级仿译,由词素按原文顺序堆砌而成。

rājñas sura-īśvara-prabhas

天自在光王。(昙本、净本)

“天自在光”为仿译,但“天自在光王”按汉语语序,没有译为“王天自在光”。

jala-ambara

水空。(昙本)

意为“水中之天空(的倒影)”,或“水边”。(ambara: circumference; sky, ether.周围,天空。)“水空”是仿译。汉语“空”有多意,此“空”非“空无”之“空”,而是“天空”之意。此仿译并未使原意一目了然。

jala-āgamā

水生。(昙本、净本)

意为“水所从生”“水所从来”,即水源。此为仿译,从汉语字面看不出其含义,仿译带来了原文的结构,却在译文的文义中失去了属于原文语境的各词素间的关系。

jala-garbhas

意为“水中胚芽”“水中胎藏”。仿译为“水藏”。

前缀仿译:

anu-rūpa

随名。(昙本、净本)

sva-nāma-anurūpam kuru

汝今应当随名定实。（昙本）

汝今应当随名而作。（净本）

（anu-√dhāv: to run after, run up to; to follow; to pursue. 随逐。）

随逐……而行。（昙本、净本）

“随”是anu-的翻译，照原词结构套为汉语。

短语仿译：

suśītalām chāyām kṛtavān

与作阴凉。（昙本）

为作荫凉。（净本）

为仿译，以“作”直接翻译kṛtavat，如现代汉语“做头发”之例。[①]

纵观所举的这些仿译的例子，最易理解的倒是那两个被认为并不适于仿译的前缀仿译；[②]与作阴凉（为作荫凉）虽然不合汉语习惯，但理解起来也不会有困难；而几个复合词仿译，未受过专门训练者是不能完全领会其中含意的。仿译在这里按原来的复合顺序将每个词素的意义一一对出，就好像汉语自身的词汇似的，使名字朗朗上口，久而久之，也的确可能对汉语词汇的内部形式造成冲击，但在这个过程中，更重要的情形不是梵语词汇构成形式对汉语的入侵，而是梵语复合词内在构成关系的丢失。[③]

这里的例子还是比较容易理解的。还有更为极端的例子，那就是偈颂的第一段关于十二缘起的那些多财释复合词与其所修饰词构成的短语（句）：

多财释是“两个以上的词，皆是以第一格收尾的……是为了修饰另一个词……表达的是第一格以外的其余各格”[④]，因此，如：saṃskāra-pratyayam vijñānam可拆为saṃskāras pratyayas yasya saṃskāra-pratyayam vijñānam，这样，其意思便是：“识的缘（产生的原因）是行。”二汉本的翻译也是排比式的句式：“无明缘行。行缘识……”，然而，在汉语中，“缘”有“边沿；攀援；循，顺，沿

---

① 不合汉语习惯。参见朱庆之：《佛经翻译中的仿译及其对汉语词汇的影响》，载《中古近代汉语研究》第一辑，第252页。

② 朱庆之：《佛经翻译中的仿译及其对汉语词汇的影响》，载《中古近代汉语研究》第一辑，第249页。

③ 尽管如此多的佛教仿译词进入汉语，并且成为汉语的常用词，但是今天十有八九的学习梵语的中国人最感头疼的，还是梵语复合词的构成。而且，如“天自在光王”，今天看来，只是一个名字（如果没有引起误解的话），它本来的由词的复合而带来的内在的曲折含义，几乎是无法领会了。可见，梵语复合词结构以及相应的心理结构并没有成功地进入汉语的世界。

④ 《波你尼语法华蔓》650。

着；凭借；因为，由于；缘由”等意思。[1]按汉语习惯的语序理解，“行缘识”岂不成了“行的缘是识”！与本义南辕北辙。这样把三个词按原文次序照搬罗列的仿译，颇能引起误解。张文良释译《金光明经》[2]解“缘”为“缘生”，将其动词化，重心落在“生”上，把词的意指的方向从来转为去，方与本义一致起来。[3]

（十二）一词多义

从理论上说，梵语的每一个词都可追溯到词根上，一个词根附加上各种词缀、词尾，便具有了不同的含义。这些含义又可能在使用当中引申为更多的意义。一个词可能由于从词根的不同生发而具有多义，但这每一个意思都与词根有着潜在的关系，它在一个句子里可以同时承担着两个以上的意义联络，但在译为另一种语言时，这种联络通常无法接上，译者便有可能据其意义分而译之，不过分译的两个词之间不再有原来两个意思间的潜在一致性了。原来的语词背后的不言而喻的意思也可能就被有意无意地放弃了。

vāhana

流。（昙本、净本）

（√vah: cl.1. to carry; to lead; to bear along [water, said of rivers]. Caus. vāhayati: to cause to bear or convey or drive; to give; vāhana: mfn. drawing, bearing, carrying, coveying, bringing. n. 车，载，乘（引），御（者），向，运载，辇舆。）

jala-vāhana

流水。（昙本、净本）

（mfn. carrying water.（人名）流水。）

流水在这里有“引水，使水流淌”，也有“带来水，给与水”的意思，故下文有“一能流水，二能与水”之说。

dvābhyām kāraṇābhyām jala-vāhanas iti ucyate, yas ca udakam vāhayati

复有二缘名为流水，一能流水，二能与水。（昙本）

“复有二缘”，南条梵本却只有一个vāhayati出现，“一能流水，二能与水”的意思全都包含在此一词之中，此应是汉译时将vāhayati一字双解，意译为两句。（或者，原文有脱字？）

---

① 《辞海》，第1430页。

② 《辞海》，第184页，13。

③ 这种梵语复合词以仿译的方式对汉语的不成功进入，造成的其实是一些看起来很清楚但中国人和印度人都不真正明白的一种似是而非的语词。它们最终成了不经专家解释就不可能被正确理解的行帮词汇。

mahā-vaidya-dāna

大医之王。(昙本、净本)

多财释,“有着大良医的布施的”,即拥有着大良医所给予的施舍(当指医疗、健康或寿命)的人,指天自在光王国内的人民。或还可解为“施与高明医术者”,这样,vyādhi-vicikitsaka与两个属格连用,意为“流水(甚至)是那些高明医生以及安康的人的疾病的医病者(医师)”,所谓高明医生的医师,有“医生中的医生”之意,与汉译本“大医之王”的意思暗合。

prāha

时……问……言。(昙本)

是时……问……言。(净本)

pf.sg.3.(pra-√ah问。)“流水问树神言”“树神答曰”之“问”“答”是据汉语习惯的变通翻译,因上下文而定,原文只是同一个prāha。

nūnam

必为。(昙本、净本)

今。(昙本、净本)

kuru sattvānām sukham

利益众生令得快乐。(昙本)

利益众生令得安乐。(净本)

如果二汉本是此处的直接翻译,而无其他来源的话,那么,√kṛ便是“利益……令得……”的翻译,一个动词译成两个,以“利益”带业格,而“令得”带属格。在源头语中,一个词在不同的语境下可兼有多重意思,它们来自同一个词根,而不会造成歧义。但译为另一种语言时,这些意思间的这种词根系带就未必成立,所以,在翻译时通常要以并无直接联系的词来分头表达这些意思。可见这一类翻译的过程更重传意,而非结构。

tām puṣkariṇīm caturdiśam udakena caturdiśam ca kramati

写置池中……于池四边,彷徉而行。(昙本)

泻置池中于池四边,周旋而视。(净本)

(√kram: cl.1. to step, walk, go; to go across, go over; to cover. 行,游行;入,趣入;转;著;加害。)

此处以一个动词表示两个动作:以水覆池和周行池边,以一个ca字为标记。原文√kram两个意思都有,但译为汉文就必须用两个动词。净本原本此词前后当另有它词表“视”之意。以“彷徉而行”翻译√kram，极尽状写之能事。《佛典与中古汉语词汇研究》列《中本起经》里的新词，有“彷徉”条：“即‘经行’，为佛教的一种独特的修行方式。卷上：‘迦叶晡时彷徉，见池怪而问佛’，4/151 a。”[①]同书的“佛典与中古汉语词汇的历时研究”部分提到“经行”，所引失译《杂譬喻经》中有“自誓言当经行彷徉”句，又对照鸠摩罗什译《妙法莲花经》与其梵语本，知“经行”是caṅkram的翻译。[②]可见，“彷徉”“彷徉而行”“彷徉经行”“经行”都与词根√kram有关，意为“到处走”，不过，这里的“彷徉”并无“修行方式”之意，只是由“而”与同义反复的“行”相连，传达流水那时四下里游走徘徊的情状，又兼满足四字格的音声需要。

（十三）非汉语观念的翻译

rātrī prabhātā

过是夜已。（昙本）

天晓已。（净本）

意为“夜成了晓（黎明）”“夜变亮了”，即夜已经过去了，天亮了。在梵语的语境中，rātrī更强调夜作为一个事物的主体的方面，而非一段时间，汉语则反之。净本强调的是“天”的变化，而不是“夜”。昙本强调了夜，但未表达出“亮起来”的意思，而且强调了时间性的“过”。

adya rātrau

昨夜。（昙本、净本）

a-dya: ind.（fr. pronom, base a, this with dya for dyu, q.v. Lat. ho-dic）to-day, now-a-day, now. 今，今日。与汉本有异。此处涉及汉语和印欧语之间对夜晚归属于今昨的差异，参见德语、法语。汉本翻译时舍梵从汉，作了变通。

jānīyās（√jñā）: opt. pl. 2. 在印欧语系的一些语言中，以第二人称复数表第二人称单数，以尊称对方，如德语中，Sie（pl. 2.你们）亦是“您”（sg. 2.）的意思（更换大小写并不改换声音）。在梵语里，这种倾向也体现在动词之中。

tasthus

尔时……至。（昙本、净本）。

pf.pl.3.（√sthā: cl.1. to stand; to be, to present. 止；立；坐；住；置；安住；

① 《佛典与中古汉语词汇研究》，第92页。

② 《佛典与中古汉语词汇研究》，第241页。

现在。）这里用√sthā而未用√kram，强调已在流水的家里出现、停住，而不强调来的过程。天子们具有神通，来去倏忽。他们的到达不是“来”，而是一在天堂“没”了，就在这里现出，颇有“说时迟，那时快”的味道。

从例释当中可以很直观地感到译经的苦辛艰难，其损益得失亦可于此得窥一斑。遗憾的是这种跨文化的文本迻译或语言浸淫所涉及的广阔范畴，甚至其内在深厚的文化意味，非本文所能望尽。

（原载《东方研究2001年》）

《金光明经·流水长者子品》梵汉对勘[①]

《金光明经·流水长者子品》讲述的是医生流水长者子引水说法以救度诸鱼并因之受报的故事。此种冥报感应的思想或者信仰的文学形式广泛流传，被认为与中国小说的产生关系密切。[②]

现存的此品有两个梵语原本存世：日本学者南条文雄（Bunyiu Nanjio）、泉芳璟（Hokei Idzumi）校订的《梵文金光明最胜王经》[③]（下称南条梵本），以及德国学者诺贝尔（Johannes Nobel）对几个梵本的校本（下称诺本）[④]。这两个梵本明显不是同一个本子，这在对勘中可以看出。此品在南条梵本中是第十八章，在诺本中则是第十七。

此品有两个汉译本存世：北凉昙无谶（Dharmarakṣa）译于玄始年间（412—426年）的四卷本十八品《金光明经》[⑤]（下称昙本）的第十六品，以及唐求法僧义

---

① 此项工作是在作者2000年的硕士论文的基础上加入诺本的结果。该论文在北京大学王邦维教授指导下完成。

② 陈寅恪先生曾经说过："据此诸种文字之数，即知此经于佛教大乘经典中流通为独广，以其义主忏悔，最易动人故也。至灭罪冥报传之作，义在显扬感应，劝奖流通，远托法句譬喻经之体裁，近启太上感应篇之注释，本为佛教经典之附庸，渐成小说文学之大国。盖中国小说虽号称富于长篇巨制，然一察其内容结构，往往为数种感应冥报传记杂糅而成。若能取此类果报文学详稽而广证之，或亦可为治中国小说史者之一助欤。"见《金明馆丛稿二编》，第256—257页。

③ 《梵文金光明最胜王经》，*The Suvarṇaprabhāsa Sūtra, A Mahāyana Text Called "the Golden Splendour"*, Kyoto, 1931。南条梵本可称得上是"百衲本"了。它最早是日本的南条文雄博士1881年在牛津学习时，从法国巴黎国家图书馆（Bibliothèque Nationale de Paris）和英国伦敦的皇家亚洲学会（Royal Asiatic Society, London）复制的文本，后来他又以剑桥大学所藏的写本对其进行了校订；回国后，他又以东京和京都的帝国大学所藏的写本进行了对校。这项工作完成于1915年。在他1927年辞世之后，泉芳璟又以昙无谶和其他人的汉译本以及三个藏译本与之进行了对照并于1931年发表。尽管经过了这样的努力，按校勘者泉芳璟的说法，南条梵本依然不是一个满意的校勘本。见《梵文金光明最胜王经》Foreword, vii。

④ Nobel, J. *Suvarṇaprabhāsottamasūtra, Das Goldglanz-sūtra ein sanskrittext des Mahayanabuddhismus, nach den Handchriften und mit hilfe der tibetischen und chinesischen Übersetzungen*. Lepzig, 1937.

⑤ 《大正藏》卷一六，663号。

净于武周长安三年（703年）从自己自印度带回的梵本译出的十卷本三十一品《金光明最胜王经》[①]（下称净本）的第二十五品。这两个本子也颇为不同。

此外，《金光明经》还有其他文字的译本，本文未涉及。[②]

本文用于对勘的即是所有现存的四个梵汉版本，分段依次列出南条梵本的天城体句读（完全依照原文）、拉丁转写的句读、诺本的转写句读、昙本（黑体字）、净本（宋体字）。对于句读中有疑问的地方，保留原文。

以下是对勘部分：

जलवाहनस्य मत्स्यवैनेयपरिवर्तो

jala-vāhanasya matsya-vaineya-parivartas

jalav āhana -parivarta

金光明经流水长者子品第十六

金光明最胜王经长者子流水品第二十五

पुनरपरं कुलदेवते राज्ञः सुरेश्वरप्रभस्य विषये जलवाहनेन श्रेष्ठिदारकेण सर्वसत्त्वा आरोगा कृता अलपाबाधा यथापूर्वेणोत्साहबलकायेन संवृताः सर्व उत्साहसुखेन रमन्ति स्म। क्रीडन्ति स्म।परिचारयनित स्म।दानानि च ददन्ति स्म। पुण्यानि च कुर्वन्ति स्म।

punar aparam kula-devate rājñas sura-īśvara-prabhasya viṣaye jala-vāhanena śreṣṭhi-dārakeṇa sarva-sattvās ārogās kṛtā alpa-ābādhā yathā-pūrveṇa utsāha-bala-kāyena saṃvṛtās sarve utsāha-sukhena ramanti sma/krīḍanti sma/paricārayanti sma/ dānāni ca dadanti sma/puṇyāni ca kurvanti sma/

punar aparam kula-devate rājñas sura-īśvara-prabhasya viṣaye jala-vāhanena śreṣṭhi-dārakeṇa sarva-sattvās ārogās kṛtā alpa-ābādhā yathā-pūrveṇa utsāha-bala-kāyena saṃvṛtās /sura-īśvara-prabhasya rājñas viṣaye sarva-sattvās ramanti krīḍanti paricārayanti dānāni dadanti puṇyāni kurvanti /

佛告树神　尔时流水长者子　于天自在　光王国内　治一切众生　无量苦患已　令其身体　平复如本　受诸快乐　修行布施　尊重恭敬　是长者子作如是言　以病除故　多设福业

尔时佛告　菩提树神　善女天　尔时长者子流水　于往昔时　在天自在光王国内　疗诸众生　所有病苦　令得平复　受安隐乐　广行惠施　以自欢娱　即共往诣　长者子所　咸生尊敬　作如是言　时诸众生　以病除故　多修福业

---

① 《大正藏》卷一六，665号，403-456。慈恩宗慧沼曾据以注疏弘扬，成为当时通行的本子。

② 现存的有法成的义净本的藏译本和一个回鹘文义净本的重译本、一个西夏文译本的底本。此外，藏文藏经中还收有直接从梵本翻出的两本，一胜友等译十卷本（二十八品，大同义净译，后又转译为蒙文本、满文本），一失译五卷本（二十品，大同昙无谶译）。此经还有藏、蒙、满、突厥系（回鹘等）、东伊兰（于阗等）文的全或残的译本。其中有西域发现的于阗文译梵本断片（《梵品》至《忏悔品》，及《除病品》《流水长者品》一部分）。

जलवाहनः श्रेष्ठिदारको महावैद्यदानानां च सुखानां व्याधिविचिकित्सको नियतप्रत्यक्षेण बोधिसत्त्वेन भवितव्यम् ।सर्वेनाष्टाङ्गायुर्वैद्यमधिगतो ऽभूत् ।

jala-vāhanas śreṣṭhi-dārakas mahā-vaidya-dānānām ca sukhānām vyādhi-vicikitsakas niyata-pratyakṣeṇa bodhi-sattvena bhavitavyam/sarvena aṣṭa-aṅga-āyur-vaidyam adhigatas abhut/

jala-vāhanam śreṣṭhi-dārakam abhisaṃkurvanti/jayatu jayatu jala-vāhanas śreṣṭhi-dārakas mahā-vaidya-rājas sarva-sattvānām vyādhi-vicikitsakas niyatam pratyakṣeṇa bodhi-sattvena bhavitavyam/sarvam aṣṭa-aṅga-āyur-vedam adhigatas abhūt/

善哉长者　能大增长　福德之事　能益众生　无量寿命　汝今真是　大医之王　善治众生　无量重病　必是菩萨　善解方药

善哉善哉　大长者子　善能滋长　福德之事　增益我等　安隐寿命　仁今实是　大力医王　慈悲菩萨　妙闲医药　善疗众生　无量病苦　如是称叹周遍城邑

तस्य खलु पुनः जलवाहनस्य श्रेष्ठिदारकस्य जलाम्बुजगर्भा नाम भार्याभूत । तस्य खलु पुनः कुलदेवते जलाम्बगर्भाया द्वौ दारकौ पुत्रावभूताम् ।एको जलाम्बरो नाम द्वितीयो जलगर्भो नाम ॥

tasya khalu punar jala-vāhanasya śreṣṭhi-dārakasya jala-ambuja-garbhā nāma bhāryā abhūt/tasya khalu punar kula-devate jala-amba-garbhāyās dvau dārakau putrau abhūtam/ekas jala-ambaras nāma dvitīyas jala-garbhas nāma//

tasya khalu punar kulatevate jala-vāhanasya śreṣṭhi-dārakasya jalām-bugarbhā nāma bhāryā babhūva/tasyās khalu punar kula-devate jala-ambu-garbhāyās dvau dārakau babhūvatus/ekas jala-ambaras nāma dvitīyas jala-garbhas nāma//

善女天　时长者子　有妻名曰　水空龙藏　而生二子　一名水空　二名水藏

善女天　时长者子　妻名水肩藏　有其二子　一名水满　二名水藏

अथ खलु पुनः कुलदेवते जलवाहनः श्रेष्ठिपुत्रस्ताभ्यां दारकाभ्यां सार्धमनुपूर्वेण ग्रामनगरनिगमजनपदराष्ट्रराजधानीषु ऽनुचङ्क्रमति ॥

atha khalu punar kula-devate jala-vāhanas śreṣṭhi-putras tābhyām dārakā-bhyām sārdham anupūrveṇa grāma-nagara-nigama-janapada-rāṣḍra-rājadhānīṣu anucaṅkramati//.

atha khalu punar kula-devate jala-vāhanas śreṣṭhi-putras tābhyām dārakā-bhyām sārdham anupūrveṇa grāma-nagara-nigama-janapada-rāṣṭra-rājadhānīṣu anucaṅkramati//.

时长者子　将是二子　次第游行　城邑聚落

是时流水　将其二子　渐次游行　城邑聚落

अथ खलु पुनः कुलदेवते ऽपरेण तेन कालेन तेन समयेन जलवाहनः श्रेष्ठिपुत्रो ऽन्यतरमटवीकान्तारप्राप्तो ऽध्वनि ददर्शात्रान्तरे मांसभक्षा वृकशृगालकाकपक्षिणस्तां दिशं धावन्ति यत्राटवीकान्तारे ऽटवीसंभवा पुष्करिणी ।

atha khalu punar kula-devate apareṇa tena kālena tena samayena jala-vāhanas śreṣṭhi-putras anya-taram aṭavī-kāntāra-prāptas adhvani dadarśa atra-antare māṃsa-bhakṣās vṛka-śṛgāla-kāka-pakṣiṇas tām diśam dhāvanti yatra aṭavī-kāntāre aṭavī-saṃbhavā puṣkariṇī/

atha khalu punar kula-devate apareṇa tena kālena jala-vāhanas śreṣṭhi-putras anya-taram aṭavī-kāntāram anuprāptas/ atha dadarśa tatra aṭavī-kāntāre māṃsa-bhakṣās śvavṛka-śṛgāla-kāka-pakṣiṇas/ tām diśam dhāvanti yatra aṭavī-saṃbhavā puṣkariṇī/

最后到一　大空泽中　见诸虎狼　狐犬鸟兽　多食肉血　悉皆一向　驰奔而去

过空泽中　深险之处　见诸禽兽　豺狼狐玃　雕鹫之属　食血肉者　皆悉奔飞　一向而去

तद्दृष्ट्वा तस्यैतदभूत्।कस्यार्थमिमे मांसभक्षा वृकशृगालकाकपक्षिण इमां दिशं धावन्ति।तस्यैतदभूत्।यां नूनमहं तां दिशमुपसंक्रमेयम्।यस्यां दिशीमे मांसभक्षाश्च वृकशृगालकाकपक्षिणो धावन्ति॥

tad dṛṣṭvā tasya etad abhūt/kasya artham ime māṃsa-bhakṣās vṛka-śṛgāla-kāka-pakṣiṇas imām diśam dhāvanti / tasya etad abhūt/ yām nūnam aham tām diśam upasaṃkrameyam/ yasyām diśi ime māṃsa-bhakṣās ca vṛka-śṛgāla-kāka-pakṣiṇas dhāvanti //

tasya etad abhūt/kasya artham ime māṃsa-bhakṣās śvavṛka-śṛgāla-kāka-pakṣiṇas imām diśam dhāvanti / tasya etad abhūt/ yad nūnam aham tām diśam upasaṃkrameyam yasyām diśi ime māṃsa-bhakṣās śvavṛka-śṛgāla-kāka-pakṣiṇas dhāvanti /

时长者子　作是念言　是诸禽兽　何因缘故　一向驰走　我当随后　逐而观之

长者子作如是念　此诸禽兽　何因缘故　一向飞走　我当随后　暂往观之

अथ खलु पुनः कुलदेवते जलवाहनः श्रेष्ठिपुत्रो ऽनुपूर्वेणानुचङ्क्रमन्ननुविचरत्यत्रटवीसंभवा पुष्करिणी तत्र संप्राप्तः।तत्र महापुष्करिण्यां दशमत्स्यसहस्राणि प्रतिवसन्ति स्म।स तत्रापश्यद्बहूनि मत्स्यशतानि जलविप्रहीणांनि तत्रास्य कारुण्यचित्तमुत्पन्नम्।

atha khalu punar kula-devte jala-vāhanas śreṣṭhi-putras anupūrveṇa anucaṅkraman anuvicarati atra aṭavī-saṃbhavā puṣkariṇī tatra saṃprāptas/ tatra mahā-puṣkariṇyām daśa-matsya-sahaśrāṇi prativasanti sma/sa tatra apaśyat bahūni matsya-śatāni jala-viprahīṇāni tatra asya kāruṇya-cittam utpannam/

atha khalu punar kula-devte jala-vāhanas śreṣṭhi-putras anupūrveṇa anucaṅkramann anuvicaran yatra aṭavī-sambhavā puṣkariṇī tatra saṃprāptas//
tatra mahā-puṣkariṇyām daśa-matsya-sahaśrāṇi prativasanti/sa tatra apaśyat bahūni matsya-śatāni jala-viprahīṇāni/ tatra asya kāruṇya-cittam utpannam/

时长者子　遂便随逐　见有一池　其水枯涸　于其池中　多有诸鱼　时长者子　见是鱼已　生大悲心

即便随去　见有大池　名曰野生　其水将尽　于此池中　多有众鱼　流水见已　生大悲心

तत्राद्राक्षीदर्धकायां देवतां निष्क्रमन्तीम्।सा च देवता जलवाहनं श्रेष्ठिदारकमेतदवोचत्।साधु साधु कुलपुत्र यस्त्वं जलवाहनो नाम मत्स्यानामुदकं प्रयच्छ।द्वाभ्यां कारणाभ्यां जलवाहन इत्युच्यते।यश्चोदकं वाहयति ततः स्वनामानुरूपं कुरु।

tatra adrākṣīt ardha-kāyām devatāṃ niṣkramantīm/sā ca devatā jala-vāhanam śreṣṭhi-dārakam etad avocat/sādhu sādhu kula-putra yas tvam jala-vāhanas nāma matsyānām udakam prayaccha/dvābhyām kāraṇābhyām jala-vāhanas iti ucyate/yas ca udakam vāhayati tatas sva-nāma-anurūpam kuru/

tatra adrākṣīt vṛkṣāt ardha-kāyena devatāṃ niṣkramantīm/sā devatā jala-vāhanam śreṣṭhi-dārakam etad avocat/sādhu sādhu kula-putra yas tvam jala-vāhanas nāma matsyānām udakam prayaccha/dvābhyām kāraṇābhyām jala-vāhanas iti ucyate/yas ca udakam vāhayati yas ca udakam prayacchati/ tatas sva-nāma-anurūpam kāryam kuru/

时有树神　示现半身　作如是言　善哉善哉　大善男子　此鱼可愍　汝可与水　是故号汝　名为流水　复有二缘　名为流水　一能流水　二能与水　汝今应当　随名定实

时有树神　示现半身　作如是语　善哉善哉　善男子　汝有实义　名流水者　可愍此鱼　应与其水　有二因缘　名为流水　一能流水　二能与水　汝今应当　随名而作

जलवाहनः प्राह ।कीयन्तीमानि देवते मत्यानि ।देवता प्राह ।परिपूर्णानि दशमत्स्यसहस्राणि ॥

jala-vāhanas prāha/kīyanti imāni devate matyāni/devatā prāha/paripūrṇāni daśa-matsya-sahasrāṇi//

jala-vāhanas prāha/kīyanti imāni devate ṁatyāni/devatā prāha/paripūrṇāni daśa-matsya-sahasrāṇi/

时长者子　问树神言　此鱼头数　为有几所　树神答言　其数具足　足满十千

是时流水　问树神言　此鱼头数　为有几何　树神答曰　数满十千

अथ खलु कुलदेवते जलवाहनस्य श्रेष्ठिदारकस्य भूस्या मात्रया परमकारुण्यचित्तमुत्पन्नम् ।तेन खलु पनः कुलदेवते समयेनाटवीसंभवायां पुष्करिण्यां किंचिन्मात्रमवशिष्टमुदकमभूत् ।तानि दशमत्स्यसहस्राणि मृत्यमुखप्रविष्टानि जलविप्रहीणानि धावन्ति ॥

atha khalu punar kuladevte jala-vāhanasya śreṣṭhi-dārakasya bhūyasyā mātrayā parama-kāruṇya-cittam utpannam/tena khalu punar kula-devate samayena aṭavīsaṃbhavāyām puṣkariṇyām kimcin-mātram avaśiṣṭam udakam abhūt/tāni daśamatsyasahasrāṇi mṛtya-mukha-praviṣṭāṇi jala-viprahīṇāni dhāvanti//

atha khalu punar kuladevte jala-vāhanasya śreṣṭhi-dārakasya bhūyasyā mātrayā parama-kāruṇya-cittam utpannam//
tena khalu punar kula-deva samayena aṭavīsaṃbhavāyām puṣkariṇyām kimcin-mātram udakam avaśiṣṭam abhūt/atha tāni daśamatsyasahasrāṇi mṛtyumukham praviṣṭāṇi jala-viprahīṇāni dhāvanti dhāvanti //

善女天　尔时流水　闻是数已　倍复增益　生大悲心　善女天　时此空池　为日所曝　唯少水在　是十千鱼　将入死门　四向宛转

善女天　时长者子　闻是数已　倍益悲心　时此大池　为日所曝　余水无几　是十千鱼　将入死门　旋身婉转

अथ खलु कुलदेवते जलवाहनः श्रेष्ठिदारकश्चतुर्दिशं धावति स्म ।यस्यां दिशि जलवाहनः श्रेष्ठिदारको ऽनुचङ्क्रमति तस्यां दिशि दशमत्स्यसहस्राणि जलवाहनं करुणं प्रेक्षन्ते ॥

atha khalu* kula-devte jala-vāhanas śreṣṭhi-dārakas catur-diśam dhāvati sma/yasyām diśi jala-vāhanas śreṣṭhi-dārakas anucaṅkramati tasyām diśi daśamatsyasahasrāṇi jalavāhanam karuṇam pra-īkṣante//

atha khalu kula-devte jala-vāhanas śreṣṭhi-dārakas catur-diśam dhāvati /yasyām diśi jala-vāhanas śreṣṭhi-dārakas anucaṅkramati tasyām diśi tāni daśamatsyasahasrāṇi jalavāhanam karuṇam pra-īkṣante//

见是长者　心生恃赖　随是长者　所至方面　随逐瞻视　目未曾舍

见是长者　心有所悕　随逐瞻视　目未曾舍

अथ खलु कुलदेवते जलवाहनः श्रेष्ठिदारकश्चतुर्दिशं धावति स्म ।उदकं प्रेषयमाणो नचैवात्रोदकमुपलभ्यते ।

चतुर्दिशं प्रेक्षते ।सो ऽद्राक्षीन्नातिदूरे महान्तं वृक्षसमूहं तं वृक्षमभिरुह्य द्रुमशाखाञ्छित्त्वा येन सा पुष्करिणी तेनोपजगाम ।उपगम्य तेषां दशानां मत्स्यसहस्राणां द्रुमशाखाभिः सुशीतलाञ्छायां कृतवान् ॥

atha khalu kuldevte jala-vāhanas śreṣṭhi-dārakas catur-diśam dhāvati sma/udakam preṣayamāṇas na ca eva atra udakam upalabhyate/catur-diśam pra-īkṣate /sas adrākṣīt nāti-dūre mahāntam vṛkṣasamūham tam vṛkṣam abhi-ruh-ya druma-śākhām chid-tvā yena sā puṣkariṇī tena upa-jagāma/upa-gam-ya teṣām daśānām matsya-sahasrāṇām druma-śākhābhis suśītalām chāyām kṛtavān//

atha khalu kuldevte jala-vāhanas śreṣṭhi-dārakas catur-diśam dhāvati udakam preṣayamāṇas na ca eva atra udakam upalabhyate/catur-diśam pra-īkṣate /sas adrākṣīt nāti-dūre mahāntam vṛkṣasamūham/tān vṛkṣān abhi-ruh-ya druma-śākhāś chid-tvā yena sā puṣkariṇī tena upa-jagāma/upa-gam-ya teṣām daśānām matsya-sahasrāṇām druma-śākhābhis suśītalām chāyām kṛtavān//

是时长者　驰趣四方　推求索水　了不能得　便四顾望　见有大树　寻取枝叶　还到池上　与作阴凉

时长者子　见是事已　驰趣四方　欲觅于水　竟不能得　复望一边　见有大树　即便升上　折取枝叶　为作荫凉

अथ खलु कुलदेवते जलवाहनः श्रेष्ठिदारकस्तस्यां पुष्करिण्यामुदकागमं पर्येषते कुत उगकसयागमनं भवेत् ।च्तुर्दिशं धावति नचोदकमुपलभ्यते ।स तत्र संप्राप्तः शीघ्रं शीघ्रं तमुदकस्रोतं समनुगच्छति ।

atha khalu kula-devte jala-vāhanas śreṣṭhi-dārakas tasyām puṣkariṇyām udaka-āgamam paryeṣate kutas udakasya āgamanam bhavet/catur-diśam dhāvati na ca udakam upa-labhyate/sa śīghram śīghram tam udaka-srotam samanugacchati/

atha khalu kula-devte jala-vāhanas śreṣṭhi-dārakas tasyās puṣkariṇyās udaka-āgamam paryeṣate /kutas udakasya āgamanam bhavet/catur-diśam dhāvati /na ca udakam upa-labhyate/sa śīghram śīghram tad eva srotas anugacchati/

作阴凉已　复更推求　是池中水　本从何来　即出四向　周遍求觅　莫知水处　复更疾走　远至余处

复更推求　是池中水　从何处来　寻觅不已

तस्याः खलु पुनः कुलदेवते अटवीसंभवायां पुष्करिण्या जलागमा नाम महानदी यतस्तस्यामुदकस्यागमनम्।तेन च समयेन सानद्यन्यतरेण पापसत्त्वेन तेषां दशानां मत्स्यसहस्राणामर्थेन सा नदीत्यदृष्टे स्थाने महाप्रपाते पातिता यत्तेषां मत्स्यानां न भूय उदकस्यागमनं भविष्यति।

tasyās khalu punar kula-devte aṭavī-saṃbhavāyās puṣkariṇyās jala-āgamā nāma mahā-nadī yatas tasyām udakasya āgamanam/tena ca samayena sā nadī anya-tareṇa pāpa-sattvena teṣām daśānām matsya-sahasrāṇām arthena sā nadī iti a-dṛṣṭe sthāne mahā-prapāte pātitā yad teṣām matsyānām na bhūyas udakasya āgamanam bhaviṣyati/

tasyās khalu punar kula-devte aṭavī-saṃbhavāyās puṣkariṇyās jala-āgamā nāma mahā-nadī yatas tasyām udakasya āgamanam/tena ca samayena sā nadī anya-tareṇa pāpa-sattvena teṣām daśānām matsya-sahasrāṇām arthena sā nadī tādṛśe saṃsthāne mahā-prapāte prapātitā yad teṣām matsyānām na bhūyas udakasya āgamanam bhaviṣyati/

见一大河　名曰水生　尔时复有　诸余恶人　为捕此鱼　故于上流　悬险之处　决弃其水　不令下过

见一大河　名曰水生　时此河边　有诸渔人　为取鱼故　于河上流　悬险之处　决弃其水　不令下过

स तां दृष्ट्वा चिन्तयति न शक्यत एषा नदी जनसहस्रेणापि तेनैव यथा वाहयितुं किंङ्ग पुनर्मयैकेन शक्यो वाहयितुं स प्रतिनिवृत्तः॥

sa tām dṛṣṭvā cintayati na śakyate eṣā nadī jana-sahasrena api tena eva yathā vāhayitum kim-aṅga punar mayā ekena śakyas vāhayitum sa pratinivṛttas//

sa tām dṛṣṭvā cintayati /na śakyaiṣā nadī jana-sahasrena api tena eva pathā vāhayitum /kim-aṅga punar mayā ekena śakyas vāhayitum /sa pratinivṛttas//

然其决处　悬险难补　计当修治　经九十日　百千人功　犹不能成　况我一身

于所决处　卒难修补　便作是念　此崖深峻　设百千人　时经三月　亦未能断　况我一身　而堪济办

अथ खलु पुनः कुलदेवते जलवाहनः श्रेष्ठिपुत्रो शीघ्रं शीघ्रमुपसंक्रान्तो येन राजा सुरेश्वरप्रभस्तेनोपजगाम।उपगम्य राज्ञः सुरेश्वरप्रभस्य पादौ शिरसा नत्वैकान्ते निषण्णं।इमां प्रकृतिमारोचयति स्म।

atha khalu punar kula-devate jala-vāhanas śreṣṭhi-dārakas śīghram śīghram upasaṃkrāntas yena rājā sura-īśvara-prabhas tena upajagāma/upagamya rājñas sura-īśvara-prabhasya pādau śirasā natvā eka-ante niṣaṇṇas/imām prakṛtim ārocayati sma/

atha khalu punar kula-devate jala-vāhanas śreṣṭhi-dārakas śīghram śīghram upasaṃkrāman yena rājā sura-īśvara-prabhas tena upajagāma/upagamya rājñas sura-īśvara-prabhasya pādau śirasā abhivandya eka-ante niṣaṇṇas/imām prakṛtim ārocayati/

时长者子　速疾还反　至大王所　头面礼拜　却住一面　合掌向王　说其因缘　作如是言

时长者子　速还本城　至大王所　头面礼足　却住一面　合掌恭敬　作如是言

मया खलु देवस्य विषये सर्वग्रामनगरनिगमजनपदराष्ट्रराजधानीषु सत्त्वानां व्याधयः प्रशमिताः।तत्रामुष्मिन्स्थाने ऽटवीसंभवा नाम पुष्करिणी।तत्र दशमत्स्यसहस्राणि प्रतिवसन्ति जलप्रहीणान्यादित्यपरितापितानि।तद्ददातु मे देवो विंशतिगजा यथा तेषां तिर्यग्योनिगतानां जीवितं ददामीति।

mayā khalu devasya viṣaye sarva-grāma-nagara-nigama-janapada-rāṣḍra- rājadhānīṣu sattvānām vyādhayas praśamitās/tatra amuṣmin sthāne aṭavīsaṃbhavānām puṣkariṇī/ tatra daśa-matsya-sahasrāṇi prativasanti jala-prahīṇāni āditya-paritāpitāni/tad dadātu me devas viṃśati-gajās yathā teṣām tiryag-yoni-gatānām jīvitam dadāmi iti/

mayā khalu devasya viṣaye sarva-grāma-nagara-nigama-janapada-rāṣḍra- rājadhānīṣu sattvānām vyādhayas praśamitās/tatra amuṣmin sthāne aṭavīsaṃbhavā nāma puṣkariṇī/ tatra daśa-matsya-sahasrāṇi prativasanti jala-prahīṇāni āditya-paritāpitāni/tad dadātu me devas viṃśatir gajān yathā teṣām tiryag-yoni-gatānām jīvitam dadāmi iti

我为大王　国土人民　治种种病　渐渐游行　至彼空泽　见有一池　其水枯涸　有十千鱼　为日所曝　今日困厄　将死不久　惟愿大王　借二十大象　令得负水　济彼鱼命　如我与诸　病人寿命

我为大王　国土人民　治种种病　悉令安隐　渐次游行　至其空泽　见有一池　名曰野生　其水欲涸　有十千鱼　为日所曝　将死不久　惟愿大王慈悲愍念　与二十大象　暂往负水　济彼鱼命　如我与诸　病人寿命

यथा मनुष्याणां दत्तमाज्ञप्त खलु राज्ञा सुरेश्वरप्रभेणामात्यानां ददत महावैद्यराजस्य विंशतिगजान्।अमात्य आहुः।उपसंक्रम महासत्त्व येन हस्तिशाला उपगृह्णीष्व विंशतिगजान्कुरु सत्त्वानां सुखम्॥

yathā manuṣyāṇām dattam ājñaptam khalu rājñā sura-īśvara-prabhena āmātyānām dadata mahāvaidyarājasya viṃśatigajān/amātyā āhus/upasaṃkrama mahāsattva yena hastiśālā upagṛhṇīṣva viṃśatigajān kuru sattvānām sukham//

yathā manuṣyāṇām dattam/ ājñaptam khalu rājñā sura-īśvara-prabhena āmātyānām/ dadata mahāvaidyarājasya viṃśatir gajān/amātyā āhus/upasaṃkrama mahāsattva yena hastiśālā/ upagṛhṇīṣva viṃśatir gajān kuru sattvānām sukham//

尔时大王　即敕大臣　速疾供给　尔时大臣　奉王告敕　语是长者　善哉大士　汝今自可　至象厩中　随意选取　利益众生　令得快乐

尔时大王　即敕大臣　速疾与此　医王大象　时彼大臣　奉王敕已　白长者子　善哉大士　仁今自可　至象厩中　随意选取　二十大象　利益众生令得安乐

अथ खलु कुलदेवते जलवाहनः सार्धं जलाम्बरेण जलगर्भेण च स्वत्रेण पुविंशतिगजान्गृहीत्वा नागशौण्डिकानां सकाशाच्छतशो दृतीनां प्रतिगृह्य प्रतिनिवृत्तः।यत्र जलागमा नाम महानदी प्रवहति।तत्रोपसंक्रम्योदकेन ता दृतीः पूरयित्वा गजपृष्ठ उदकमारोप्य शीघ्रं शीघ्रं येनाटवीसंभवा पुष्करिणीतेनोपसंक्रान्तः।

atha khalu kula-devate jala-vāhanas sādham jala-ambareṇa jala-garbheṇa ca svaputrena viṃśati-gajān gṛhītvā nāga-śauṇḍikānām sakāśāt śataśas dṛtīnām pratigṛhya pratinivṛttas/ yatra jala-āgamā nāma mahā-nadī pravahati/tatra upasaṃkramya udakena tā dṛtīs pūrayitvā gaja-pṛṣṭhe udakam āropya śīghram śīghram yena aṭavī-saṃbhavā puṣkariṇī tena upasaṃkrāntas/

atha khalu kula-devate jala-vāhanas śreṣṭhi-dārakas sādham jala-ambareṇa jala-garbheṇa ca svaputreṇa viṃśatir gajān gṛhītvā nāga-śauṇḍikānām sakāśāt /śataśas dṛtīnām pratigṛhya pratinivṛttas/ yatra jala-āgamā nāma mahā-nadī pravahati tatra upasaṃkramya udakena tā dṛtīs pūrayitvā gaja-pṛṣṭhe udakam āropya śīghram śīghram yena aṭavī-saṃbhavā puṣkariṇī tena upasaṃkrāntas/

是时流水　及其二子　将二十大象　从治城人　借索皮囊　疾至彼河上流决处　盛水象负　驰疾奔还　至空泽池

是时流水　及其二子　将二十大象　又从酒家　多借皮囊　往决水处以囊盛水　象负至池

उपसंक्रम्य तदुदकं हस्तिपृष्ठादवतार्य तां पुष्करिणीं चतुर्दिशमुदकेन चतुर्दिशं च क्रमति।येन येन जलवाहनो ऽनुचङ्क्रमति तेन तेन दशमत्स्यसहस्राण्यनुधावन्ति॥

upasaṃkramya tad udakam hasti-pṛṣṭāt avatārya tām puṣkariṇīm caturdiśam udakena caturdiśam ca kramati/yena yena jalavāhanas anucaṅkramati tena tena daśamatsyasahasrāṇi anudhāvanti//

upasaṃkramya tad udakam hasti-pṛṣṭāt avatārya tām puṣkariṇīm caturdiśam udakena caturdiśam caṃkramati/yena yena jalavāhanas śreṣṭhidārakas anucaṃkramati tena tena daśamatsyasahasrāṇi pradhāvanti//

从象背上　下其囊水　写置池中　水遂弥满　还复如本　时长者子　于池四边　彷徉而行　是鱼尔时　亦复随逐　循岸而行

泻置池中　水即弥满　还复如故　善女天　时长者子　于池四边　周旋而视　时彼众鱼　亦复随逐　循岸而行

अथ खलु कुलदेवते जलवाहनस्यैतदभवत्।किमर्थमेतानि दशमत्स्यसहस्राणि येनाहं तेन प्रधावन्ति।
तस्य पुनरेतदभवत्।नूनमेते मत्स्याः क्षुधाग्निना परिपीडिता मम सकाशाद्भोजनं परिमार्गयन्ति।
यन्नूनमहं भोजनं प्रयच्छेयम्॥

atha khalu kula-devate jala-vāhanasya etad abhavat/kim-artham etāni daśa-matsya-sahasrāṇi yena aham tena pradhāvanti/tasya punar etad abhavat/nūnam ete matsyās kṣudhā-agninā paripīḍitās mama sakāśāt bhojanam parimārgayanti/ yad nūnam aham bhojanam prayaccheyam//

atha khalu kula-devate jala-vāhanasya śreṣṭhi-dārakasya tad abhūt/kim-artham etāni daśa-matsya-sahasrāṇi yena aham tena pradhāvanti/tasya punar eva tad abhūt/niyatam ete matsyās kṣudhā-agninā paripīḍitās mama sakāśāt bhojanam parimārgayanti/ yad nūnam aham bhojanam prayaccheyam//

时长者子　复作是念　是鱼何缘　随我而行　是鱼必为　饥火所恼　复欲从我　求索饮食　我今当与

时长者子　复作是念　众鱼何故　随我而行　必为饥火　之所恼逼　复欲从我　求索于食　我今当与

अथ खलु कुलदेवते जलवाहनः स्वपुत्रं जलाम्बरमेतदवोचत्।गच्छ कुलपुत्र स्वकं निवेशनं सर्वबलतरं हस्तिनमभिरुह्य च शीघ्रं शीघ्रमुपसंक्रम्य पितामहस्य श्रेष्ठिन एवं वदेह भो तात जलवाहन एवं वदति।यत्किंचिदत्र गृहे ऽभिसंस्कृतं भोजनं

स्यान्मातापित्रोर्भ्रातृभगिन्योर्दासीदासकर्मकरस्य कृतशः सर्वमेकत्र पिण्डीकृत्वा जलम्वरस्य हस्तिपृष्ठमवरोप्य जलवाहानाय शीघ्रं शीघ्रं विसर्जय ॥

atha khalu kula-devate jala-vāhanas śreṣṭhi-dārakas sva-putram jala-ambaram etad avocat/ gaccha kula-putra svakam niveśanam sarva-bala-taram hastinam abhiruhya ca śīghram śīghram upasaṃkramya pitā-mahasya śreṣṭhinas evam vada iha bho tāta jala-vāhanas evam vadati/ yad kiṃcid atra gṛhe abhisaṃskṛtam bhojanam syāt mātā-pitror bhrātṛ-bhaginyor dāsī-dāsa-karma-karasya kṛtaśas sarvam ekatra piṇḍī-kṛtvā jala-ambarasya hasti-pṛṣṭam avaropya jala-vāhānāya śīghram śīghram visarjaya//

atha khalu kula-devate jala-vāhanas śreṣṭhi-dārakas sva-putram jala-ambaram etad avocat/ gaccha kula-putra svakam niveśanam sarvajavataram hastinam abhiruhya ca śīghram śīghram upasaṃkramya pitā-mahasya śreṣṭhinas evam vada /haṃ bho tāta jala-vāhanas evam vadati/ yad kiṃcid atra gṛhe abhisaṃskṛtam bhojanam syāt mātā-pitror bhrātṛ-bhaginī-dāsī-dāsa-karma-karāṇāṃ kṛtaśas sarvam ekatra piṇḍī-krtvā jala-ambarasya hastinam āropya jala-vāhānāya śīghram //

善女天　尔时流水长者子　告其子言　汝取一象　最大力者　速至家中　启父长者　家中所有　可食之物　乃至父母　饮啖之分　及以妻子　奴婢之分　一切聚集　悉载象上　急速来还

尔时长者子流水　告其子言　汝取一象　最大力者　速至家中　启父长者　家中所有　可食之物　乃至父母　食啖之分　及以妻子　奴婢之分　悉皆收取　即可持来

अथ खलु जलाम्बरो दारको हस्तिनमभिरुह्य शीघ्रं शीघ्रं धावति स्म ।येन स्वकं निवेशनं तेनोपसंक्रामदुपसंक्रम्यैतां प्रकृतं पितामहस्याग्र आरोचयामास विस्तरेण यथा पूर्वोक्तम् ।तत्सर्वं पितामहेन जलाम्बरायविसर्जितम् ॥

अथ खलु जलाम्वरो दारकस्तद्भोजमं हस्तिपृष्ठमुपनाम्य हस्तिनमभिरुह्य येनाटवीसंभवा पुष्करिणी तेनोपसंक्रामत् ॥

atha khalu jala-ambaras dārakas hastinam abhiruhya śīghram śīghram dhāvati sma/ yena svakam niveśanam tena upasaṃkrāmat upasaṃkramya etām prakṛtam pitā-mahasya agre ārocayāmāsa vistareṇa yathā pūrva-uktam/ tad sarvam pitāmahena jalāmbarāya visarjitam//

atha khalu kula-devte jala-ambaras dārakas tad bhojanam hasti-pṛṣṭham upanāmya hastinam abhiruhya yena aṭavīsaṃbhavā puṣkariṇī tena upasaṃkrāmat//

atha khalu jala-ambaras taṃ hastinam abhiruhya śīghram śīghram dhāvati dhāvati /yena svakam niveśanam tena upasaṃkrānta upasaṃkramya etām prakṛtim pitā-mahasya agre ārocayāmāsa vistareṇa yathā pūrva-uktam tad sarvam pitāmahena jalāmbarāya visarjitam/ atha khalu jala-ambaras dārakas tad bhojanam hasti-pṛṣṭham upanāmya taṃ hastinam abhiruhya yena aṭavīsaṃbhavā puṣkariṇī tena upasaṃkrāntas/

尔时二子　如父教敕　乘最大象　往至家中　白其祖父　说如上事　尔时二子　收取家中　可食之物　载象背上　疾还父所　至空泽池

尔时二子　受父教已　乘最大象　速往家中　至祖父所　说如上事　收取家中　可食之物　置于象上　疾还父所　至彼池边

अथ खलु जलवाहनः स्वकं पुत्रं जलाम्वरमागतं दृष्ट्वा हृष्टस्तुष्ट उदग्रः पुत्रस्यान्तिकाद्भोजनं प्रतिगृह्य च्छित्त्वा तत्र पुष्करिण्याः प्रक्षिपति स्म ।

atha khalu jala-vāhanas svakam putram jalānbaram āgatam dṛṣṭvā hṛṣṭas tuṣṭas udagras putrasya antikāt bhojanam pratigṛhya chittvā tatra puṣkariṇyām prakṣipati sma/

dadarśa jala-vāhanas svakam putram jalānbaram dṛṣṭvā ca tuṣṭas udagras putrasya antikāt bhojanam pratigṛhya chittvā chittvā tatra puṣkariṇyām prakṣipya

时长者子　见其子还　心生欢喜　踊跃无量　从子边取　饮食之物　散着池中

是时流水　见其子来　身心喜跃　遂取饼食　遍散池中

तेनाहारेण तानि दशमत्स्यसहस्राणि संतर्पितानि ।

tena āhāreṇa tāni daśa-matsya-sahasrāṇi saṃtarpitāni/

tāni daśa-matsya-sahasrāṇi tarpitvā tasya etad abhūt/

与鱼食已　即自思惟　我今已能　与此鱼食　令其饱满　未来之世　当施法食

鱼得食已　悉皆饱足　便作是念　我今施食　令鱼得命　愿于来世　当施法食　充济无边

पुनस्तस्यैतदभवत् ।श्रुतं मे परेण कालसमयेनारण्यायतने भिक्षुर्महायानधारयमान इत्याह ।यो रत्नशिखिनस्ताथागतस्यार्हतः सम्यक्संबुद्धस्य मरणकालसमये नामधेयं शृणुयात् ।स स्वर्गलोक उपपत्स्यतीति ।

punar tasya etad abhavat/śrutam me pareṇa kāla-samayena araṇya-āyatane bhikṣus mahā-yāna-dhārayamānas iti āha/yas ratna-śikhinas tathā-āgatasya arhatas samyak-saṃbuddhasya maraṇa-kāla-samaye nāma-dheyam śṛṇuyāt/sa svarga-loke upapatsyati iti/

śrutam me pareṇa kāla-samayena araṇya-āyatane bhikṣur mahā-yānam dhārayamāṇa iti āha/yas ratna-śikhinas tathā-āgatasya maraṇakālasamaye nāmadheyam śṛṇuyāt/sa sugatau svarga-loke upapatsyate iti/

复更思惟　曾闻过去　空闲之处　有一比丘　读诵大乘　方等经典　其经中说　若有众生　临命终时　得闻宝胜　如来名号　即生天上

复更思惟　我先曾于　空闲林处　见一苾刍　读大乘经　说十二缘生　甚深法要　又经中说　若有众生　临命终时　得闻宝髻　如来名者　即生天上

यन्नूनमहमेषां मत्स्यानां गम्भीरं प्रतीत्यसमुत्यसमुत्पादं धर्मं देशयेयम् ।रत्नशिखिनस्ताथागतस्यार्हतः सम्यक्संबुद्धस्य मरणकालसमये नामधेयं श्रावयेयम् ।

yad nūnam aham eṣām matsyānām gambhīram pratītya-samutpādam dharmam deśayeyam/ratna-śikhinas tathā-gatasya arhatas samyak-saṃbuddhasya nāma-dheyam śrāvayeyam /

yad nūnam aham teṣām matsyānām gambhīram pratītya-samutpādam dharmam deśayeyam/ratna-śikhinas tathā-gatasya arhatas samyak-saṃbuddhasya nāma-dheyam śrāvayeyam //

我今当为　是十千鱼　解说甚深　十二因缘　亦当称说　宝胜佛名

我今当为　是十千鱼　演说甚深　十二缘起　亦当称说　宝髻佛名

तेन च समयेन तस्मिञ्जम्बुद्वीपे द्विधादृष्टिः सत्त्वानामभूत्।केचिन्महायानमभिश्रद्धयन्ति केचित्क्लेशयन्ति॥

tena ca samayena tasmin jambu-dvīpe dvi-dhā-dṛṣṭis sattvānām abhūt/kecid mahā-yānam abhiśrad-dhayanti kecid kleśayanti//

tena ca samayena tasmin jambu-dvīpe dvi-dhā-dṛṣṭis sattvānām abhūt/kecid mahā-yānam abhiśrad-dhayanti/ kecid kutsayanti//

时阎浮提中　有二种人　一者深信　大乘方等　二者毁呰　不生信乐

然赡部洲　有二种人　一者深信大乘　二者不信毁呰

अथ खलु पुनर्जलवाहनः श्रेष्ठिपुत्रस्तस्याः वेलायामुभौ पादौ जानुमात्रं तत्र पुष्करिण्यां प्रवेश्यैवं चोदानमुदानयामास।

atha khalu punar jala-vāhanas śreṣṭhi-putras tasyās velāyām ubhau pādau jānu-mātram tatra puṣkariṇyām praveśya evam ca udānayāmāsa/

atha khalu punar jala-vāhanas śreṣṭhi-dārakas tasyām velāyām ubhau pādau jānu-mātram tatra puṣkariṇyām praveśya evam ca udānayāmāsa/

时长者子　作是思惟　我今当入　池水之中　为是诸鱼　说深妙法　思惟是已　即便入水　作如是言

亦当为彼　增长信心　时长者子　作如是念　我入池中　可为众鱼　说深妙法　作是念已　即便入水唱言

नमस्तस्य भगवतो रत्नशिखिनस्ताथागतस्यार्हतः सम्यक्संबुद्धस्य पूर्वबोधिसत्त्वचर्यां चरमाणस्य एवं प्रणिधानमभूत्।ये केचिद्दशसु दिक्षु मरणकालसमये मम नामधेयं शृणुयस्ते ततश्च्युत्वा देवानां त्रयस्त्रिंशानां सभागतायामुपपद्येयुः॥

namas tasya bhagavatas ratna-śikhinas tathā-āgatasya arhatas samyak-saṃbuddhasya pūrva-bodhi-sattva-caryām caramaṇasya evam praṇi-dhānam abhūt/ye kecid daśasu dikṣu maraṇa-kāla-samaye mama nāma-dheyam śṛṇuyaste tatas cyutvā devānām trāyas-triṃśānām sabhā-gatāyām upapadyeyus//

namas tasya bhagavatas ratna-śikhinas tathā-āgatasya arhatas samyak-saṃbuddhasya pūrva-bodhi-sattva-caryām caramaṇasya evam praṇi-dhānam abhūt/ye kecid daśasu dikṣu maraṇa-kāla-samaye mama nāma-dheyam śṛṇuyaste tatas cyutvā devānām trāyas-triṃśānām sabhā-gatāyām upapadyeran//

南无过去宝胜　如来　应供　正遍知　明行足　善逝　世间解　无上士　调御丈夫　天人师　佛世尊　宝胜如来　本往昔时　行菩萨道　作是誓愿　若有众生　于十方界　临命终时　闻我名者　当令是辈　即命终已　寻得上生　三十三天

南谟过去宝髻　如来　应　正遍知　明行足　善逝　世间解　无上士　调御丈夫　天人师　佛世尊　此佛往昔　修菩萨行时　作是誓愿　于十方界　所有众生　临命终时　闻我名者　命终之后　得生三十三天

अथ खलु जलवाहनः श्रेष्ठिदारकस्तेषां तिर्यग्योनिगतानामिमं धर्मं देशयति स्म।

atha khalu jala-vāhanas śreṣṭhi-dārakas teṣām tiryag-yoni-gatānām imam dharmam deśayati sma/

atha khalu jala-vāhanas śreṣṭhi-dārakas teṣām tiryag-yoni-gatānām imam dharmam deśayati /

尔时流水　复为是鱼　解说如是　甚深妙法

尔时流水　复为池鱼　演说如是　甚深妙法

यदुतास्मादिदं भवत्यस्योत्पादादिदमुतपद्दते ।यदुताविद्याप्रत्यया संस्कारा ।संस्काराप्रत्ययं विज्ञानम् ।विज्ञानप्रत्ययं नामरूपम् ।नामरूपप्रत्ययं षडायतनम् । शडायतनप्रत्ययः स्पर्शः ।स्पर्शप्रत्यया वेदना ।वेदनाप्रत्यया तृष्णा ।तृष्णाप्रत्ययमुपादानम् ।उपादानप्रत्ययो भवः ।भवप्रत्यया जातिः ।जातिप्रत्यया जरामरणशोकपरिदेवदुःखदौर्मनस्योपायसा वृत्येवमस्य केवलस्य महतो दुःखस्कन्धस्य समुदयो भवति ।

yad uta asmāt idam bhavati asya utpādāt idam utpadyate/yad uta avidyā-pratyayā saṃskārā/saṃskāra-pratyayam vijñānam/ vijñāna-pratyayam nāma-rūpam/nāma-rūpa-pratyayam ṣaḍ-āyatanam/ṣaḍ-āyatana-pratyayas sparśas/sparśa-pratyayā vedanā/vedanā-pratyayā tṛṣṇā/tṛṣṇā-pratyayam upādānam/upādāna-pratyayas bhavas/bhava-pratyayā jātis/jāti-pratyayā jarā-maraṇa-śoka-parideva-duḥkha-daurmanasya-upāyasā bhavati evam asya kevalasya mahatas duḥkha-skandhasya samudayas bhavati/

yad uta asmāt idam bhavati asya utpādāt idam utpadyate/yad uta avidyā-pratyayās saṃskārās/saṃskāra-pratyayam vijñānam/ vijñāna-pratyayam nāma-rūpam/nāma-rūpa-pratyayam ṣaḍ-āyatanam/ṣaḍ-āyatana-pratyayas sparśas/sparśa-pratyayā vedanā/vedanā-pratyayā tṛṣṇā/tṛṣṇā-pratyayam upādānam/upādāna-pratyayas bhavas/bhava-pratyayā jātis/jāti-pratyayā jarā-maraṇa-śoka-parideva-duḥkha-daurmanasya-upāyāsās bhavati evam asya kevalasya mahatas duḥkha-skandhasya samudayas bhavati/

所谓无明缘行　行缘识　识缘名色　名色缘六入　六入缘触　触缘受　受缘爱　爱缘取　取缘有　有缘生　生缘老死　忧悲苦恼

此有故彼有　此生故彼生　所谓无明缘行　行缘识　识缘名色　名色缘六处　六处缘触　触缘受　受缘爱　爱缘取　取缘有　有缘生　生缘老死　忧悲苦恼

यदुताविद्यानिरोधात्संस्कारनिरोधः ।संस्कारनिरोधाद्विज्ञाननिरोधः ।द्विज्ञाननिरोधान्नामरूपनिरोधः ।नामरूपनिरोधात्षडायतननिरोधः । षडायतननिरोधात्स्पर्शनिरोधः ।स्पर्शनिरोधाद्वेदननिरोधः । वेदननिरोधनिरोधात्तृष्णानिरोधः । तृष्णानिरोधादुपादाननिरोधः । उपादाननिरोधाद्भवनिरोधः ।भवनिरोधाज्जातिनिरोधः ।जातिनिरोधाज्जरामरणशोकपरिदेवदुःखदौर्मनस्योपायसा निरुध्यते ।केवलमस्य महतो दुःखस्कन्धस्य निरोधो भवति ॥

yad uta avidyā-nirodhāt saṃskāra-nirodhas/saṃskāra-nirodhāt vijñāna-nirodhas /vijñāna-nirodhāt nāmārūpa-nirodhas/nāmarūpa -nirodhāt ṣaḍāyatana-nirodhas/ṣaḍāyatana-nirodhāt sparśa -nirodhas/sparśa -nirodhāt vedanā -nirodhas/vedanā-nirodhāt tṛṣṇā-nirodhas/tṛṣṇā-nirodhāt upādāna-nirodhas/upādāna-nirodhāt bhava-nirodhas/bhava-nirodhāt jāti-nirodhas/jāti-nirodhāt jarā-maraṇa-śoka-parideva-duḥkha-daurmanasya-upāyasā nirodhyate/kevalamasya mahatas duḥkha-skandhasya nirodhas bhvati//

yad uta avidyā-nirodhāt saṃskāra-nirodhas/saṃskāra-nirodhāt vijñāna-nirodhas /vijñāna-nirodhāt nāmarūpa-nirodhas/nāmārūpa -nirodhāt aḍāyatana-nirodhas/ ṣaḍāyatana-nirodhāt sparśa -nirodhas/sparśa -nirodhāt vedanā -nirodhas/vedanā-nirodhāt tṛṣṇā-nirodhas/tṛṣṇā-nirodhāt upādāna-nirodhas/upādāna-nirodhāt bhava-nirodhas/ bhava-nirodhāt jāti-nirodhas/jāti-nirodhāt jarā-maraṇa-śoka-parideva-duḥkha-daurmanasya-upāyāsa-nirodhas bhavati/evam asya kevalamasya mahatas duḥkha-skandhasya nirodhas bhvati//

此灭故彼灭　所谓无明灭则行灭　行灭则识灭　识灭则名色灭　名色灭则六处灭　六处灭则触灭　触灭则受灭　受灭则爱灭　爱灭则取灭　取灭则有灭　有灭则生灭　生灭则老死灭　老死灭则忧悲苦恼灭　如是纯极苦蕴悉皆除灭

说是法已　复为宣说　十二缘起　相应陀罗尼曰

怛侄他　毗折儞　毗折儞　毗折儞　僧塞枳儞　僧塞枳儞　僧塞枳儞　毗尔儞　毗尔儞　毗尔儞莎诃　怛侄他　那弭儞那弭儞　那弭儞　杀雉儞　杀雉儞　杀雉儞飒钵哩设儞　飒钵哩设儞　飒钵哩设儞莎诃　怛侄他　薛达儞薛达儞　薛达儞　窒里瑟儞儞　窒里瑟儞儞　窒里瑟儞儞邬波地儞　邬波地儞　邬波地儞　莎诃　怛侄他　婆毗儞婆毗儞　婆毗儞　阇底儞　阇底儞　阇底儞　阇摩儞儞　阇摩儞　儞　阇摩儞儞莎诃

尔时世尊　为诸大众　说长者子　昔缘之时　诸人天众　叹未曾有　时四大天王　各于其处　异口同音作如是说

善哉释迦尊　说妙法明咒
生福除众恶　十二支相应
我等亦说咒　拥护如是法
若有生违逆　不善随顺者
头破作七分　犹如兰香梢
我等于佛前　共说其咒曰

怛侄他　呬里谜　揭睇健　陀哩　旃荼哩地囇　骚伐囇　石呬伐囇　补啰布囇矩矩末底　崎啰末底　达地目契　窭噜婆　母噜婆　具荼母噜健提杜噜杜噜　毗囇　医泥悉悉泥沓（徒洽下同）　娓达沓娓　邬悉怛哩　乌率吒啰伐底　熲刺娑伐底钵杜摩伐底　俱苏摩伐底　莎诃

इति हि कुतेवते तेन कालेन तेन समयेन जलवाहनः श्रेष्ठिपुत्रस्तेषसां तिर्यग्योनिगतानामिमां धार्मिककथां कथयति स्म ।सार्धं पुत्राभ्यां जलाम्बरेण जलगर्भेण च पुनरपि स्वगृहमनुप्राप्तः ॥

iti hi kula-devate tena kālena tena samayena jala-vāhanas śreṣṭhi-putras teṣām tiryag-yoni-gatānām imām dhārmika-kathām kathayati sma/sārdham putrābhyām jalāmbareṇa jalagarbheṇa ca punar api sva-gṛham anuprāptas//

iti kula-devate tena kālena tena samayena jala-vāhanas śreṣṭhi-dārakas teṣām tiryag-yoni-gatānām imām dhārmikīm kathām kathayati / sārdham svaputreṇa jalāmbareṇa jalagarbheṇa ca punar api sva-gṛham anuprāptas//

善女天　尔时流水长者子　及其二子　说是法已　即共还家

佛告善女天　尔时长者子流水　及其二子　为彼池鱼　施水施食　并说法已　俱共还家

अथापरेण कालेन समयेन जलवाहनः श्रेष्ठिपुत्रो महोत्सवं परिभुज्य महोत्सवमत्तो शयने शायितः ।तेन च कालेन तेन समयेन महानिमित्तः प्रादुर्भूतः ।यत्तस्या रात्र्यामत्ययेन तानि दशमत्स्यसहस्राणि कालगतानि देवेषु त्रायस्त्रिंशत्सु सभागतायामुपपन्नानि ।

atha apareṇa kālena samayena jala-vāhanas śreṣṭhi-putras mahā-utsavam paribhujya mahā-utsava-mattas śayane śāyitas/tena ca kālena tena samayena mahā-nimittas prādurbhūtas/yad tasyā rātryām atyayena tāni daśa-matsya-sahasrāṇi kāla-gatāni deveṣu trāyas-triṃśatsu sabhāgatāyām upapannāni/

atha apareṇa kāla-samayena jala-vāhanas śreṣṭhi-dārakas mahā-utsavam paribhuktvā madvamadamattas śayane śāyitas/tena kālena tena samayena mahā-nimitta-prādurbhavas saṃvṛttas/yad tasyā rātryām atyayena tāni daśa-matsya-sahasrāṇi kāla-gatāni deveṣu trayas-triṃśeṣu sabhāgatāyām upapannāni/

是长者子　复于后时　宾客聚会　醉酒而卧　尔时其地　卒大震动　时十千鱼　同日命终　既命终已　生忉利天

是长者子流水　复于后时　因有聚会　设众伎乐　醉酒而卧　时十千鱼同时命过　生三十三天

सहोपपन्नानां चैषामेवंरूपश्चेतसः परिवितर्क उत्पन्नः ।केन वयं कुशलकर्महेतुनेह देवेषु त्रायस्त्रिंशेषूपपन्नाः ।

saha upapannānām ca eṣām evam-rūpas cetasas parivitarkas utpannas/kena vayam kuśala-karma-hetunā iha deveṣu trāyastriṃśeṣu upapannās/

saha upapannānām ca eṣām evam-rūpas cetasas parivitarkas utpannas/kena vayam kuśala-karma-hetunā iha deveṣu trayastriṃśeṣu upapannās/

既生天已　作是思惟　我等以何　善业因缘　得生于此　忉利天中

起如是念　我等以何　善业因缘　生此天中

तेषामेतदभूत् ।वयमस्मिञ्जम्बुद्वीपे दशमत्स्यसहस्राण्यभूवन् ।ते वयं तिर्यग्योनिगता जलवाहनेन श्रेष्ठिदारकेण प्रभूतेनोदकेन संतर्पिता भोजनवरेण च ।गम्भीरश्चास्माकं प्रतीत्यसमुत्पादधर्मो देशितः ।रत्नशिखिनस्ताथागतस्यार्हतः सम्यक्संबुद्धस्य नामधेयं श्राविताः ।तेन कुशलधर्महेतुना तेन प्रत्ययेनेह वयं देवेशूपपन्नाः ।यन्नूनं वयं येन जलवाहनः श्रेष्ठिदारकस्तेनोपसंक्रमेमः ।उपसंक्रम्य तस्य पूजां करिष्यामः ॥

teṣām etad abhūt/vayam asmin jambu-dvīpe daśa-matsya-sahasrāṇi abhūvan/te vayam tiryag-yoni-gatās jala-vāhanena śreṣṭhi-dārakena prabhūtena udakena saṃtarpitās bhojana-varena ca/gambhīras ca asmākam pratītya-utpāda-dharmas deśitas/ratna-śikhinas tathāgatasya arhatas samyak-saṃbuddhasya nāmadheyam śrāvitās/tena kuśala-dharma-hetunā tena pratyayena iha vayam deveṣu upapannās/yad nūnam vayam yena jala-vāhanas śreṣṭhi-dārakas tena upasaṃkramemas/
upasaṃkramya tasya pūjām kariṣyāmaḥ //

teṣām etad abhūt/vayam asmin jambu-dvīpe daśa-matsya-sahasrāṇi abhūvan/te vayam tiryag-yoni-gatās jala-vāhanena śreṣṭhi-dārakena prabhūtena udakena saṃtarpitās bhojana-varena ca gambhīras ca asmākam pratītya-samutpādas dharmas deśitas/ratna-śikhinas tathāgatasya arhatas samyak-saṃbuddhasya nāmadheyam śrāvitās/tena kuśala-dharma-hetunā tena pratyayena iha vayam deveṣu upapannās/yad nūnam vayam yena jala-vāhanas śreṣṭhi-dārakas tena upasaṃkramemas/ upasaṃkramya tasya pūjām kariṣyāmam//

复相谓言　我等先于　阎浮提内　堕畜生中　受于鱼身　流水长者子与我等水　及以饮食　复为我等　解说甚深　十二因缘　并称宝胜　如来名号　以是因缘　令我等辈　得生此天　是故我等　今当往至　长者子所　报恩供养

便相谓曰　我等先于　赡部洲内　堕傍生中　共受鱼身　长者子流水施我等水　及以饼食　复为我等　说甚深法　十二缘起　及陀罗尼　复称宝髻　如来名号　以是因缘　能令我等　得生此天　是故我今　咸应诣彼　长者子所　报恩供养

अथ तानि दशदेवपुत्रसहस्राणि देवेषु त्रायस्त्रिंशत्स्वन्तर्हितानि जलवाहनस्य श्रेष्ठिनो गृहे तस्थुः।तेन खलु पुनः समयेन च जलवाहनः श्रेष्ठ्युपशयने शयितः।

atha tāni daśa-deva-putra-sahasrāṇi deveṣu trāyas-triṃśatsu antar-hitāni jala-vāhanasya śreṣṭhinas gṛhe tasthus/tena khalu punar samayena ca jalavāhanas śreṣṭhi-upaśayane śayitas/

atha tāni daśa-deva-putra-sahasrāṇi deveṣu trāyas-triṃśeṣu antar-hitāni/jala-vāhanasya śreṣṭhinas gṛhe tasthus//tena khalu punar samayena ca jalavāhanas śreṣṭhi-dārakas upaśayane śayitas/

尔时十千天子　从忉利天　下阎浮提　至流水长者子　大医王家　时长者子　在楼屋上　露卧眠睡

尔时十千天子　即于天没　至赡部洲　大医王所　时长者子　在高楼上安稳而睡

तस्यैतैर्देवपुत्रैर्दशमुक्ताहारसहस्राणि शीर्षान्ते स्थापिानि।दशमुक्ताहारसहस्राणि पादतले स्थापिानि।दशमुक्ताहारसहस्राणि दक्षिणपार्श्वे स्थापिानि।दशमुक्ताहारसहस्राणि वामपार्श्वे स्थापिानि।गृहन्तरे जानुमात्रं मान्दरवपुष्पवर्षं प्रावर्षत्।दिव्याश्च दुन्दुभयः पराहताः।येन सर्वे जम्बुद्वीपाः प्रतिविबुद्धाः।अथ जलवाहनः श्रेष्ठी प्रतिविबुद्धः॥

tasya etais deva-putrais daśa-mutkā-hāra-sahasrāṇi śīrṣānte sthāpitāni/daśa-mutkā-hāra-sahasrāṇi pāda-tale sthāpitāni/daśa-mutkā-hāra-sahasrāṇi dakṣiṇa-pārśve sthāpitāne/daśa-mutkā-hāra-sahasrāṇi vāma-pārśve sthāpitāne/gṛha-antare jānu-mātram māndarava-puṣpa-varṣam prāvarṣat/divyās ca dundubhayas parāhatās/yena sarve jambu-dvīpās prativibuddhās/atha jala-vāhanas śreṣṭhī prativibuddhas //

tasya etair deva-putrair daśa-mutkā-hāra-sahasrāṇi śīrṣānte sthāpitāni/daśa-mutkā-hāra-sahasrāṇi pāda-tale sthāpitāni/daśa-mutkā-hāra-sahasrāṇi dakṣiṇa-pārśve sthāpitāni/daśa-mutkā-hāra-sahasrāṇi vāma-pārśve sthāpitāni/mahāntam ca mandāra-mahā-mandāra-puṣpa-varṣam prāvarṣat/divyās ca tūryās parāhatās/yena sarve jambu-dvīpe manuṣyās prativibuddhās/ jala-vāhanas ca śreṣṭhidārakas prativibuddhas /

是十千天子　以十千真珠　天妙瓔珞　置其头边　复以十千　置其足边　复以十千　置右胁边　复以十千　置左胁边　雨曼陀罗华　摩诃曼陀罗华　积至于膝　作种种天乐　出妙音声　阎浮提中　有睡眠者　皆悉觉寤　流水长者子　亦从睡寤

时十千天子　共以十千　真珠瓔珞　置其面边　复以十千　置其足处　复以十千　置于右胁　复以十千　置左胁边　雨曼陀罗花　摩诃曼陀罗花　积至于膝　光明普照　种种天乐　出妙音声　令赡部洲　有睡眠者　皆悉觉悟　长者子流水　亦从睡寤

अथ तानि दशदेवपुत्रसहस्राणि खगपथेनोपक्रान्तानि ।ते च देवपुत्रा राक्षः सुरेश्वरप्रभस्य विषये स्थानस्थानान्तरे मान्दारवपुष्पवर्षं प्रवर्षन्तो येनाटवीसंभवा पुष्करिणी तेनोपसंक्रान्ताः ते तत्र पुष्करिण्यां मान्दरवपुष्पं प्रवर्षन्तस्तत एवान्तर्हिताः पुनरपि देवालयं गताः ।तत्र पञ्चभिः कामगुणै रमन्ति स्म ।क्रीडन्ति स्म ।परिचालयन्ति स्म ।महतीं श्रीसौभाग्यतामनुभवन्ति स्म ।जम्बुद्वीपे च रात्री प्रभाताभूत् ॥

atha tāni daśa-deva-putra-sahasrāṇi kha-ga-pathena upakrāntāni/te ca deva-putrā rājñas sura-īśvara-prabhasya viṣaye sthāna- sthāna-antare māndārava-puṣpa-varṣam pravarṣantas yena aṭavī-saṃbhavā puṣkariṇī tena upakrāntās te tatra puṣkariṇyām māndarava-puṣpavarṣam pravārṣantas tatas eva antar-hitās punar api devālayam gatās/tatra pañcabhis kāmaguṇais ramanti sma/ krīḍanti sma/paricālayanti sma/ mahatīm śrī-saubhāgyatām anubhavanti sma/jambu-dvīpe ca rātrī prabhātā abhūt//

atha tāni daśa-deva-putra-sahasrāṇi kha-ga-pathena upakrāntāni te ca deva-putrā rājñas sura-īśvara-prabhasya viṣaye sthāna- sthāna-antare māndārava-puṣpa-varṣam pravarṣantas yena aṭavī-saṃbhavā puṣkariṇī tena upasaṃkrāntās /te tatra mahā-puṣkariṇyām mahā-māndārava-puṣpa-varṣam pravarṣya tatra eva antar-hitās/ punar api devālayam gatās tatra pañcabhis kāmaguṇais ramanti krīḍanti paricārayanti / mahatīm śrī-saubhāgyatām anubhavanti/jambu-dvīpe ca rātrī prabhātā abhūt//

是十千天子　于上空中　飞腾游行　于天自在　光王国内　处处皆雨天妙莲华　是诸天子　复至本处　空泽池所　复雨天华　便从此没　还忉利宫　随意自在　受天五欲　时阎浮提　过是夜已

是时十千天子　为供养已　即于空中　飞腾而去　于天自在　光王国内处处皆雨　天妙莲花　是诸天子　复至本处　空泽池中　雨众天花　便于此没　还天宫殿　随意自在　受五欲乐

अथ खलु राजा सुरेश्वरप्रभो गणकमहामात्यान्पृच्छति ।किमर्थमद्य रात्रावेतानि निमित्तानि प्रादुर्भूतानि ।ते ऽवोचन् ।यत्खलु देवो जानीयात् । जलवाहनस्य श्रेष्ठिदारकस्य चत्वारिंशन्मुक्ताहारसहस्राणि प्रवर्षितानि दिव्यानि च मान्दरवपुष्पाणि निर्गच्छन्ति । राजाह । भवन्तो जलवाहनं श्रेष्ठिनं दारकं प्रियवचनेन शब्दापयन् ॥

atha khalu rājā sura-īśvara-prabhas gaṇaka-mahā-mātyān pṛcchati/kim-artham adya rātrau etāni nimittāni prādur-bhūtāni/te avocan/yad khalu devo jānīyāt/ jala-vāhanasya śreṣṭhi-dārakasya catvāriṃśat-muktā-hāra-sahasrāṇi pravarṣitāni divyāni ca māndarava-puṣpāṇi nirgacchanti/rājā āha/ bhavanto jala-vāhanam śreṣṭhinam dātakam priyavanena śabdāpayan/

atha khalu rājā sura-īśvara-prabhas gaṇaka-mahā-mātrān pṛcchati/kim-artham adya rātrau etāni nimittāni prādur-bhūtāni/te avocan/yad khalu devo jānīyāt/ jala-vāhanasya śreṣṭhi-dārakasya gṛhe catvāriṃśat-muktā-hāra-sahasrāṇi pravarṣitāni divyāni ca māndarava-puṣpa-varṣāṇi nirgacchanti/rājā āha/ bhavanto jala-vāhanam śreṣṭhidārakam priyavanena śabdāpayata/

天自在光王　问诸大臣　昨夜何缘　示现如是　净妙瑞相　有大光明　大臣答言　大王当知　忉利诸天　于流水长者子家　雨四十千　真珠璎珞　及不可计　曼陀罗华　王即告臣　卿可往至　彼长者家　善言诱喻　唤令使来

天自在光王　至天晓已　问诸大臣　昨夜何缘　忽现如是　希有瑞相　放大光明　大臣答言　大王当知　有诸天众　于长者子流水家中　雨四十千　真珠璎珞　及天曼陀罗花　积至于膝　王告臣曰　诣长者家　唤取其子

अथ ते गणकमहामात्या येन जलवाहनस्य गृहं तेनोपसंक्रान्ताः।उपसंक्रम्य जलवाहनस्य श्रेष्ठिन एतदवोचन्। राजा सुरेश्वरप्रभस्त्वामामन्त्रयते।अथ जलवाहनः श्रेष्ठी महामात्यैः सार्धं येन राजा सुरेश्वरप्रभस्तेनोपजगाम। उपसंक्रम्यैकान्ते निषण्णः।

atha te gaṇaka-mahā-mātyās yena jala-vāhanasya gṛham tena upasaṃkrāntās/upasaṃkramya jala-vāhanasya śreṣṭhinas etad avocan/rājā sura-īśvara-prabhas tvām āmantrayate/ atha jala-vāhanas śreṣṭī mahā-mātyais sārdham yena rājā sura-īśvara-prabhas tena upajagāma/upasaṃkramya eka-ante niṣaṇṇas/

atha te gaṇaka-mahā-mātrās yena jala-vāhanasya gṛham tena upasaṃkrāntās upasaṃkramya jala-vāhanasya śreṣṭhidārakasya etad avocan/rājā sura-īśvara-prabhas tvām āmantrayate sma// atha jala-vāhanas śreṣṭdārakas mahā-mātrais sārdham yena rājā sura-īśvara-prabhas tena upajagāma/

大臣受敕　即至其家　宣王教令　唤是长者　是时长者　寻至王所

大臣受敕　即至其家　奉宣王命　唤长者子　时长者子　即至王所

राजा पृच्छति।जलवाहन किं निमित्तं जानीया यदद्य रात्रावीदृशानि शुभनिमित्तानि प्रादुर्भूतानि।अथ जलवाहनः श्रेष्ठी सुरेश्वरप्रभस्यैतदवोचत्।जानामि देव नियतं दशमत्स्यसहस्राणि कालगतानि।

rājā pṛcchati/jalavāhana kim nimittam jānīyās yad adya rātrau īdṛśāni śubha-nimittāni prādur-bhūtāni /atha jala-vāhanas śreṣṭhī sura-īśvara-prabhasya etad avocat/jānāmi deva niyatam daśa-matsya-sahasrāṇi kāla-gatāni/

rājā pṛcchati/jalavaāhana kim nimittam jānīṣe yad adya rātrāu īdṛśāni śubha-nimittāni prādurbhūtāni/atha jala-vāhanas śreṣṭhidārakas rājñas sura-īśvara-prabhasya etad avocat/ jānāmi deva niyatam daśa-matsya-sahasrāṇi kāla-gatāni/

王问长者　何缘示现　如是瑞相　长者子言　我必定知　是十千鱼　其命已终

王曰　何缘昨夜　示现如是　希有瑞相　长者子言　如我思惟　定应

是彼　池内众鱼　如经所说　命终之后得生三十三天　彼来报恩　故现如是希奇之相

राजाह ।कथं जानासि ।जलवाहन आह ।गच्छतु देव जलाम्बरस्तां महापुष्करिणीं प्रविशतु ।किं तानि दशमत्स्यसहस्राणि जीवन्ति अथ कालगतानि ।राजाह ।एवमस्तु ॥

rājā āha/katham jānāsi /jalavāhanas āha/gacchatu deva jala-ambaras tām mahā-puṣkariṇīm praviśatu/kim tāni daśa-matsya-sahasrāṇi jīvanti atha kālagatāni/rājā āha/evam astu//

rājā āha/katham jānāsi /jalavāhanas āha/gacchatu deva jala-ambaras tām puṣkariṇīm praṛyatu/kim tāni daśa-matsya-sahasrāṇi jīvanti atha kālagatāni/rājā āha/evam astu/

时大王言　今可遣人　审实是事　尔时流水　寻遣其子　至彼池所　看是诸鱼　死活定实

王曰　何以得知　流水答言　王可遣使　并我二子　往彼池所　验其虚实　彼十千鱼　为死为活　王闻是语　即便遣使及子　向彼池边

अथ जलवाहनः श्रेष्ठिदारको जलाम्बरं दारकमेतदवोचत् ।गच्छ कुलपुत्राटवीसंभवायां पुष्करिण्यां पश्य ।किं तानि दशमत्स्यसहस्राणि जीवन्ति अथ कालगतानि ।अथ जलम्बरो दारकः शीघ्रं शीघ्रं येनाटवीसंभवा पुष्करिणी तेनोपजगाम ।उपसंक्रम्य ददर्श ।तानि दशमत्स्यसहस्राणि कालगतानि महान्तं च मान्दारवपुष्पवर्षं दृष्ट्वा पुनरपि निवृत्तःपितुरेतदवोचत् ।कालगतानीति ।

atha jala-vāhanas śreṣṭhi-dārakas jala-ambaram etad avocat/gaccha kula-putra aṭavī-saṃbhavāyām puṣkariṇiyām paśya/kim tāni daśa-matsya-sahasrāṇi jīvanti atha kālagatāni/atha jala-ambaras dārakas śīghram śighram yena aṭavī-saṃbhavā puṣkariṇī tena upajagāma/upasaṃkramya dadarśa/tāni daśa-matsya-sahasrāṇi kāla-gatāni mahāntam ca māndarava-puṣpa-varṣam dṛṣṭvā punar api nivṛttas pitur etad avocat /kāla-gatāni iti/

atha jala-vāhanas śreṣṭhi-dārakas jala-ambaram dārakam etad avocat/gaccha putra aṭavī-saṃbhavāyām puṣkariṇiyām paśya kim tāni daśa-matsya-sahasrāṇi jīvanti atha kālagatāni//
atha jala-ambaras dārakas śīghram śighram yena aṭavī-saṃbhavā puṣkariṇī tena upajagāma upasaṃkramya dadarśa tāni daśa-matsya-sahasrāṇi kāla-gatāni/mahāntam ca māndarava-puṣpa-varṣam dṛṣṭvā punar api nivṛttas pitur avocat /kāla-gatāni //

尔时其子　闻是语已　向于彼池　既至池已　见其池中多有　摩诃曼陀罗华　积聚成积　其中诸鱼　悉皆命终　见已即还　白其父言　彼诸鱼等悉已命终

见其池中多有　曼陀罗花　积成大聚　诸鱼并死　见已驰还　为王广说

अथ जलवाहनः श्रेष्ठिदारकस्तो जलम्बरस्य दारकस्यान्तिकादिदं वचनं श्रुत्वा येन राजा सुरेश्वरप्रभस्तेनोपसंक्रम्यैतां प्रकृतिमारोचयति स्म ।यत्खलु देवो जानीयात्तानि दशमत्स्यसहस्राणि सर्वाणि कालगतानि देवेषु त्रायस्त्रिंशत्स्वुपपन्नानि ।तेषां देवपुत्राणामनुभावेनाद्य रात्रावीदृशानि शुभनिमित्तानि प्रादुर्भूतानि ।यदस्माकं गृहे चत्वारिंशन्मुक्ताहारसहस्राणि दिव्यानि च मान्दारवपुष्पाणि प्रवर्षितानि। अथ स राजा हृष्टस्तुष्ट उदग्रात्तमना बभूव ॥

atha jala-vāhanas śreṣṭhi-putras jala-ambarasya dārakasya antikāt idam vacanam śrutvā yena rājā sura-īśvara-prabhas tena upsaṃkramya etām prakṛtim ārocayati sma/yad khalu devas jānīyāt tāni daśa-matsya-sahasrāṇi sarvāṇi kāla-gatāni deveṣu trāyas-trimśatsu upapannāni/teṣām deva-putrāṇām anubhāvena adya rātrau īdṛśāni śubha-nimittāni prādur-bhūtāni/yad asmākam gṛhe catvāriṃśat-muktā-hāra-sahasrāṇi divyāni ca māndārava-puṣpāṇi pravarṣitāni/ atha sa rājā hṛṣṭas tuṣṭas udagra-ātta-manā babhūva//

atha jala-vāhanas śreṣṭhi-dārakas jala-ambarasya dārakasya antikāt idam vacanam śrutvā yena rājā sura-īśvara-prabhas tena upsaṃkramya imām prakṛtim vistareṇa ārocayati sma/yad khalu devas jānīyāt tāni daśa-matsya-sahasrāṇi sarvāṇi kāla-gatāni deveṣu trayas-trimśeṣu upapannāni/teṣām asmākam anubhāvena adya rātrau īdṛśāni śubha-nimittāni prādur-bhūtāni/yad asmākam gṛhe catvāriṃśat-muktā-hāra-sahasrāṇi divyāni ca māndārava-puṣpāṇi pravarṣitāni/ atha sa rājā hṛṣṭas tuṣṭas udagra-ātta-manā babhūva//

尔时流水　知是事已　复至王所　作如是言　是十千鱼　悉皆命终　王闻是已　心生欢喜

王闻是已　心生欢喜　叹未曾有

अथ खलु भगवान्पुनस्तां बोधिसत्त्वसमुच्चयां कुलदेवतामेतदवोचत्॥

स्यात्खलु पुनर्युष्माकं कुलदेवते ऽन्यः स तेन कालेन तेन समयेन सुरेश्वरप्रभो नाम राजा बभूव।न खलु पुनरेवं द्रष्टव्यम्।तत्कस्य हेतोः।दण्डपाणि शाक्यस्तेन कालेन तेन समयेन सुरश्वरप्रभो नाम राजा बभूव।स्यात्खलु पुनः कुलदेवते ऽन्यः स तेन कालेन तेन समेन जटिंधरो नाम श्रेष्टी बभूव।न खलु पुनरेवं द्रष्टव्यम्। तत्कस्य हेतोः।राजा शुद्धोदनः स तेन कालेन तेन समेन जटिंधरो नाम श्रेष्ट्यभूत्॥

स्यात्खलु पुनस्ते कुलदेवते ऽन्यः स तेन कालेन तेन समयेन जलवाहनः श्रेष्टिदारको ऽभूत्।न खलु पुनरेवं द्रष्टव्यम्। तत्कस्य हेतोः।अहं स तेन कालेन तेन समयेन जलवाहनः श्रेष्टिदारको ऽभूत्॥

atha khalu bhagavān punar tām bodhisattava-samuccayām kula-devatām etad avocat//
syāt khalu punar kula-devate anyas sa tena kālena tena samayena sura-īśvara-prabhas rājā babhūva/na khalu punar evam draṣṭavyam/tat kasya hetos/daṇḍa-pāṇis śākyas tena kālena tena samayena sura-īśvara-prabhas rājā babhūva/syāt khalu punar kula-devate anyas sa tena kālena tena samayena jaṭiṃ-dharas nāma śreṣṭī babhūva/ na khalu punar evam draṣṭavyam/tat kasya hetos/rājā śuddha-odanas sa tena kālena tena samayena jatiṃdharas śreṣṭī abhūt//
syāt khalu punar kula-devate anyas sa tena kālena tena samayena jalavāhanas śreṣṭhi-dārakas abhūt/ na khalu punar evam draṣṭavyam/tat kasya hetos/aham sa tena kālena tena samayena jalavāhanas śreṣṭhidārakas abhūt//

atha khalu bhagavān punar tām bodhisattava-samuccayām kula-devatām etad avocat/syāt khalu punar yuṣmākam kula-devate anyas sa tena kālena tena samayena sura-īśvara-prabhas nāma rājā abhūt/na khalu punar evam draṣṭavyam/tat kasya hetos/daṇḍa-pāṇis śākyas tena kālena tena samayena sura-īśvara-prabhas nāma rājā abhūt/syāt khalu punar te kula-devate anyas sa tena kālena tena samayena jaṭiṃ-dharas nāma śreṣṭī abhūt/ na khalu punar evam draṣṭavyam/tat kasya hetos/rājā śuddha-odanas sa tena kālena tena samayena jatiṃdharas śreṣṭī abhūt/syāt khalu punar kula-devate anyas sa tena kālena tena samayena jalavāhanas nāma śreṣṭhi-dārakas abhūt/ na khalu punar evam draṣṭavyam/tat kasya hetos/aham sa tena kālena tena samayena jalavāhanas śreṣṭhidārakas abhūt/

尔时世尊　告道场菩提树神　善女天　欲知尔时　流水长者子　今我身是

尔时佛告　菩提树神　善女天　汝今当知　昔时长者子流水者　即我身是　持水长者　即妙幢是

स्यात्खलु पुनस्ते कुलदेवते ऽन्यः सा तेन कालेन तेन समयेन जलवाहनस्य जलाम्बुजगर्भा नाम भार्याभूत्।न खलु पुनरेवं द्रष्टव्यम्। तत्कस्य हेतोः।गोपा नाम शाक्यकन्याराजा तेन कालेन तेन समयेन जलवाहनस्य जलाम्बुजगर्भा नामभार्याभूत्।राहुलभद्रस्तेन कालेन तेन समयेनजलाम्बतो नाम दारको ऽभूत्।आनन्दः स तेन कालेन तेन समयेन जलगर्भो नाम दारको ऽभूत्॥

syāt khalu punar kula-devate anyas sā tena kālena tena samayena jala-vāhanasya jala-ambu-ja-garbhā nāma bhāryā abhūt/ na khalu punar evam draṣṭavyam/tat kasya hetos/gopā nāma śākya-kanyā-rājā tena kālena tena samayena jala-vāhanasya jalā-ambu-ja-garbhā nāma bhāryā abhūt /rāhula-bhadras tena kālena tena samayena jala-ambaras nāma dārakas babhūva/ ānandas sa tena kālena tena samayena jala-garbhas nāma dārakas abhūt//

syāt khalu punar te kula-devate anyā sā tena kālena tena samayena jala-ambu-garbhā nāma bhāryā abhūt/ na khalu punar evam draṣṭavyam/tat kasya hetos/gopā nāma śākya-kanyā tena kālena tena samayena jala-vāhanasya śreṣṭhi-dārakasya jalā-ambu-garbhā nāma bhāryā abhūt /rāhula-bhadras tena kālena tena samayena jala-ambaras nāma dārakas abhūt/ arya-ānandas sa tena kālena tena samayena jala-garbhas nāma dārakas abhūt//

长子水空　今罗睺罗是　次子水藏　今阿难是

彼之二子　长子水满　即银幢是　次子水藏　即银光是

स्यात्खलु पुनः कुलदेवते ऽन्यानि तानि तेन कालेन तेन समयेन दशमत्स्यसहस्राणि बभूवुः।न पुनरेवं द्रष्टव्यम्। तत्कस्य हेतोः।अमूनि तानि जूवलनान्तरतेजोराजप्रमुखानि दशदेवपुत्रसहस्राणि तेन कालेन तेन समेन दशमत्स्यसहस्राणि बभूवुः।यानि मयोदकेन संतपितानि।भोजनवरेण च गम्भीरश्च प्रतीत्यसमुत्पादो धर्मो देशितः।रत्नशिखिनस्ताथागतस्यार्हतः सम्यक्संबुद्धस्य नामधेयं श्रावितः।तेन कुशलधर्महेतुना ममान्तिक इहागतानियेनैतर्ह्यनुत्तरायां सम्यक्संबुद्धौ व्याकृतानि।अतीव प्रीतिप्रासादप्रामोद्येन धर्मश्रुतिगौरवेण सर्वव्याकरणनामधेयानि प्रतिलब्धानीति॥

syāt khalu punar kula-devate anyāni tāni tena kālena tena samayena daśa-matsya-sahasrāṇi babhūvus/ na khalu punar evam draṣṭavyam/tat kasya hetos/amūni tāni jvalana-antara-tejo-rāja-pramukhāni daśa-deva-putra-sahasrāṇi tena kālena tena samayena daśa-matsya-sahasrāṇi babhūvus /yāni mayā udakena saṃtapitāni/ bhojana-varena ca gambhīras ca pratītya-samutpādas dharmas deśitas/ratna-śikhinas tathā-āgatasya arhatas samyak-saṃbuddhasya nāma-dheyam śrāvitas/ tena kuśala-dharma-hetunā mama antike iha āgatāni yena etarhi an-uttarāyām samyak-saṃbuddhau vyākṛtāni/ ati-iva prīti-prāsāda-prāmodyena dharma-śruti-gauravena sarva-vyākaraṇa-nāma-dheyāni prati-labdhāni iti//

syāt khalu punar te kula-devate anyāni tāni tena kālena tena samayena daśa-matsya-sahasrāṇi abhūvan/ na khalu punar evam draṣṭavyam/tat kasya hetos/etāni jvalana-antara-tejo-rāja-pramukhāni daśa-deva-putra-sahasrāṇi tena kālena tena samayena daśa-matsya-sahasrāṇi abhūvan /yāni mayā udakena saṃtarpitāni/ bhojana-vareṇa ca gambhīras ca pratītya-samutpādas dharmas deśitas/ratna-śikhinas tathā-āgatasya arhatas samyak-saṃbuddhasya nāma-dheyam śrāvitam/ tena kuśala-karma-hetunā mama antike iha āgatāni/ yena etarhi an-uttarāyām samyak-saṃbuddhau vyākṛtāni/ ati-iva prīti-prasāda-prāmodyena dharma-śruti-gauravena sarva-vyākaraṇa-nāma-dheyāni prati-labdhāni iti/

时十千鱼者　今十千天子是　是故我今　为其授阿耨多罗三藐三菩提记

彼天自在光王者　即汝菩提树神是　十千鱼者　即十千天子是　因我往昔　以水济鱼　与食令饱　为说甚深　十二缘起　并此相应陀罗尼咒　又为称彼　宝髻佛名　因此善根　得生天上　今来我所　欢喜听法　我皆当为授于阿耨多罗三藐三菩提记　说其名号

स्यात्खलु पुनस्ते कुलदेवते ऽन्यः सा तेन कालेन तेन समयेन वृक्षदेवताभूत्।नैवं द्रष्टव्यम्।तत्कस्य हेतोः।त्वमभूः कुलतेवते तेन कालेन तेन समयेन वृक्षदेवता।अनेन कुलदेवते पर्यायेणैनं वेदितव्यम्।यथा मया संसारे संसरताबहवः सत्त्वाः परिपाचिता बोधौ।ये ते सर्वे व्याकरणभूमिं प्रतिलप्स्यन्ते ऽनुत्तरायां सम्यक्संबोधाविति॥

इति श्रीसुवर्णप्रभासोत्तमसूत्रेन्द्रराजे जलवाहनस्य मत्स्यवैनेयपरिवर्तो ऽष्टादशः॥

syāt khalu punar kula-devate anyas sā tena kālena tena samayena vṛkṣa-devatā abhūt/ na evam draṣṭavyam/tat kasya hetos/tvam abhūs kula-devate tena kālena tena samayena vṛkṣa-devatā /anena kula-devate paryāyeṇa enam veditavyam/yathā mayā saṃsāre saṃsaratā-bahavas sattvās paripācitās bodhau/ye te sarve vyākaraṇa-bhūmim pratilapsyante an-uttarāyām samyak-saṃbodhau iti//
iti śrī-su-varṇa-prabhāsa-uttama-sūtra-indra-rāje jala-vāhanasya matsya-vaineya-parivartas aṣṭā-daśas//

syāt khalu punar te kula-devate anyā sā tena kālena tena samayena vṛkṣa-devatā abhūt/ na evam draṣṭavyam/tat kasya hetos/tvam abhūs kula-devate tena kālena tena samayena vṛkṣa-devatā //
anena kula-devate paryāyeṇa enam veditavyam/yathā mayā saṃsāre saṃsaratās bahavas sattvās paripācitās bodhau/ye te sarve vyākaraṇa-bhūmim pratilapsyante an-uttarāyām samyak-saṃbodhau iti//
iti śrī-su-varṇa-bhāsa-uttamāt sūtra-indra-rājāt jala-vāhanasya matsya-vaineya-pūrva-yoga-parivartas sapta-daśamas//

尔时树神　现半身者　今汝身是

善女天　如我往昔　于生死中　轮回诸有　广为利益　今无量众生　悉令次第　成无上觉　与其授记　汝等皆应　勤求出离　勿为放逸　尔时大众闻说是已　悉皆悟解　由大慈悲　救护一切　勤修苦行　方能证获　无上菩提　咸发深心　信受欢喜

（原载《华林》第三卷）

应时与治疗

——《金光明经·除病品》对“时节”的强调

《金光明经》，又名《金光明最胜王经》，是大乘佛教的重要经典。据说，诵读此经可使国泰民安、饥馑消除、疾病痊愈、战乱平息。在古代尼泊尔，它被奉为“大乘九宝”之一，是劳苦大众的医药圣典，经由人们日夜诵读、口耳相传，自古流行于该地区的故事和传说也得到了广泛的传播。《金光明经》在讲述终极解脱的同时，更强调了何谓“最胜”（uttama，含有“至高”之意），从受众的数量以及影响的范围来说，它不仅是一部抚慰人心的佛经，亦是治国安邦的法典，高居护国之经藏的地位，历来受到统治者的青睐。

其中，《除病品》讲述了佛本生故事。释迦牟尼的前世流水出于悲悯，向他通晓医学的父亲持髻长者求教，以解除生病众生的痛苦。苍老的父亲向他传授了“要素的诀窍”。流水用了四首偈颂提问，父亲则用九首偈颂来回答他。[①]无论儿子的提问还是父亲的回答，基本都围绕一个中心：时节。

当时，在天自在光王的国度里，千百众生染上了各种各样的疾病，万般折磨，苦不堪言。目睹此情此景，流水的心里滋生出巨大的悲悯。他前往父亲持髻长者那里，虔诚地向年迈的父亲请教病因和治法。他向父亲询问：

感官如何衰败？
元素如何转化？
在什么时间，

---

① 本文所选译文出自黄宝生主编《梵语佛经读本》，中国社会科学出版社2014年版，第529—545页。译文略有改动。

众生产生疾病？（1）

如何适时吃饭，
才能让人安适？
躯体内的身火，
方可不受损害？（2）

风、胆汁和痰
以及并发出现，
为了平息疾病，
应该如何治疗？（3）

风邪何时发作？
胆汁何时发作？
痰液何时发作？
人们倍受折磨。（4）[①]

持髻长者用九个偈颂对儿子的提问进行回答：

雨季可见三个月，
记住秋季三个月。
冬季也有三个月，
夏季同样三个月。（5）

如此一年依月序，
可以分为十二月；
三三区分为四季，
两月一季成六季。
应季消化饮与食，

① 黄宝生主编：《梵语佛经读本》，第535—536页。

医生体现这善巧。(6)

感官元素在体内，
流变相应年时节，
感官于是相流变，
众生疾病纷纭生。(7)

三月一季成四季，
也可区分为六季，
医生应知六元素，
饮食药草应季服。(8)

风邪发作在雨季，
胆汁发作在秋节，
并发治病逢冬令，
痰盛作祟趁夏时。(9)

雨季腻热咸酸味，
秋季宜食腻甜凉，
冬季适合甜酸腻，
夏季当进涩热辛。(10)

痰盛发作进食时，
胆汁怒发消化时，
风盛发动消化后，
三种元素如此发。(11)

应对风邪宜补益，
胆汁逆乱应泻下，
痰盛从内用催吐，
三管齐下并发时。(12)

风胆痰病及并发，
发作时节应知晓，
药草饮食须针对，
时间元素和对象。（13）[①]

这九偈可以视为印度医学《金光明经》体系的一个医学主旨总纲：他先强调了印度的时节，包括四季和六季的体系，[②]然后解释了疾病的发病机制：感官和风、胆、痰及并发诸元素在体内按照季节流变，众生因违背了时序而罹患种种疾病。然后，医生按照四季和六季的时序开出相应的饮食和草药：先指出各种元素对应的季节，再指出施治的味，并指出各元素发作的时间节点，随后提出补益、催吐、泻下和并用的治法。最后，持髻长者总结强调了对风、胆汁、痰的过盛为病和并发时节，对时节、元素与处所（对象，感官），以及对食物、饮料和药草的掌握。

这里提到了元素（dhātu）：风、胆汁和痰（黏液），加上并发，构成四种致病的元素。而病是元素过剩，这体现在加在元素后的词缀adhi上，如vāta-adhika（风盛）、pitta-adhika（胆汁盛）、kapha-adhika（痰盛）。很符合月满盈亏、过犹不及的道理。

元素dhātu古译"界"，来自词根dhā，放置。这里以一种朴素的方式直接对应了四种身体构成元素，并没有按照一般的处理，一定要和地、水、火、风这"四大"联系上。有趣的是《金光明经》各古汉译本都联系了四大，而梵语本则都没有。人的身体与时令相对应。伴随着季节变化，身体也会发生相应的改变。只有顺势而为才能保持身体的稳健，否则就会疾病缠身。所以"雨季腻热咸酸味，秋季宜食腻甜凉，冬季适合甜酸腻，夏季当进涩热辛"。人们应当看天行事，长者的回答言简意赅，通俗易懂。就这样，流水通过请教相关的病因和治法，了解了众生疾病的病因原理和应时施治的方针法则，掌握了所有八类医学，开始普济众生：

于是，善女天！流水长者子前往天自在光王国度里的村庄、城镇、聚落、乡野和都城，抚慰所有那些染上种种疾病、受种种病痛折磨的众多

① 黄宝生主编：《梵语佛经读本》，第537—541页。

② 印度古代的四季，分为雨、秋、冬和夏四季。而其特有的六季，迦梨陀娑在《六季杂咏》里用的是夏（grīṣma）、雨（varṣā）、秋（śarad）、寒（hemanta）、冬（śiśira）和春（vasanta）。

千百众生。"我是医生，我是医生。"他宣称自己，"我定会让你们摆脱种种病痛。"[①]

《除病品》的最后，流水在国内各处行医治病，国人全都痊愈，恢复了健康和体力，愉悦舒畅。这是对一种理想状态的描述，其叙述本身通常会忽略现实的复杂性。这也是佛经的可贵之处，用文学性的语言讲述深奥的道理，规劝人类与世间万物和谐相生，在念诵该经的时候不经意间就能做到心绪平和，心生欢喜，从精神上达到了祛除百病的效果。

本品并未对疾病的症状做任何描述，也没有去详述发病的机理，而对于元素、发病原因（元素过剩）、感官、作为药性的饮食和药草的味，以及补、吐、下等治法，只是一般性地提及，唯一反复强调的是"应时"：与时节相应。其逻辑是，不应时则病，应时则愈。在未病的时候按照元素的需要，适应季节饮食则无病。在已病的时候，适应季节的味，[②]饮食并进草药，兼以补、吐、下诸法治疗，疾病就会痊愈。而作为医者，需要知道元素和器官的发病时节，明了饮食和药草的应时配用。

"应时"是《金光明经》所载的医学体系的最高原则，他代表着某个古代印度族群对疾病乃至时空的理解，不能不说这是他们的一项思想发现，代表着他们世界观的某种深度。这种世界观似乎更接近某种古代中国思想：天人相应。因为"应时"这一理念不禁让人联想到中国儒家典籍《礼记》中的《月令》以及古希腊诗人赫西俄德（Hesiod）的代表作《工作与时日》，二者均认为世界是一个井然有序的多层次结构。一年分为春夏秋冬四季，对应木火金水，人们的身体状况、农耕劳作、出行祭祀、人事变迁等都紧紧围绕着时令而行。《月令》曰："孟春行夏令，则雨水不时，草木蚤落，国时有恐；行秋令，则其民大疫，猋风暴雨总至，藜莠蓬蒿并兴；行冬令，则水潦为败，雪霜大挚，首种不入。"又如《吕氏春秋》中的"十二纪""八览""六论"在深层结构上分别对应着"天""人""地"这三个对象，而其中最重要的"十二纪"又是依照"春生、夏长、秋收、冬藏"这样的神话思维来谋篇布局的，其实质都是对"植物"（主要是谷物）生长周期的模

① 黄宝生主编：《梵语佛经读本》，第542页。

② 味rasa，是非常重要的印度概念，常用来表达感情和修辞，是重要的诗学概念。这里第10颂里提到的味，有些不一定是"味"，如热、凉等，在中国古代医学里被归为"性"。

仿。[①]正所谓顺天而昌、逆天而亡。从这种角度来说,《月令》《除病品》《工作与时日》分别属于中国、印度、古希腊的自然法,反映着古人对自然法则的遵循、人与自然的和谐共处。

对自然法则的遵循贯穿古印度梵语经典,最早的诗歌集《吠陀》就收录了不少治病救人的咒语诗,如:"像太阳的光芒,迅速飞向远方,咳嗽啊!远远飞去吧,跟着大海的波浪。"[②]太阳、大海、光芒、波浪,疾病从自然界而来最终又在内心虔诚的祈祷下返回自然界。《金光明经·除病品》也同样体恤人民疾苦,为政者用来护国护法、安抚人心。天地四时有序,人民应时而行,从而在无形中遵从和融入了这样的秩序,再大的灾厄、再重的病痛都可以通过念诵经文得到驱除,借由这种神圣的治疗,国家安稳、百姓无忧。这样的文学无疑成为呵护人类精神生存的特殊家园,"对于调节情感、意志和理性之间的冲突和张力,消解内心生活的障碍,维持身与心、个人与社会之间的健康平衡关系,培育和滋养健全完满的人性,均有不可替代的作用"[③]。从这层意义上讲,《除病品》既是文学,亦是医学。

事实上,疾病和苦的关系是纠缠不清的,而"苦"的观念恰恰又是佛教教义的基础。流水父子通过强调应时而解决了苦的问题,也许是对传统佛教观念的某种不经意的颠覆。"应时"是否科学?它属于古印度古朴的医学,是解决人类疾苦的一种表述方式,正如人类学书写一样,它在本质上是文学的,而非纯科学的。[④]《除病品》关心的是人类的终极痛苦如何得到解脱,它是理想化了的佛经文学,试图通过佛经诵读、文学治疗,使得情绪得到缓解和宣泄。

流水父子的应时而医,赫西俄德的应时而作,帝王天子的应时而居,都是通过文学形式对人与自然关系进行表述。这些佛经圣典、诗学著作等文学作品往往通过对自然万物的探讨、对人类疾苦的追问而达到治疗身体病痛和精神疾病的目的。

(原载《百色学院学报》2019年第6期)

---

① 张玉:《神话历史与神圣王权的建构——〈吕氏春秋〉的文化阐释》,上海交通大学博士论文,2015年6月,第55页。

② 金克木选译:《印度古诗选》,湖南人民出版社1984年版,第43页。

③ 叶舒宪著:《文学人类学教程》,中国社会科学出版社2010年版,第256页。

④ 唐启翠、叶舒宪编著:《文学人类学新论——学科交叉的两大转向》,复旦大学出版社2019年版,第78页。

轮回里的变形记

——《金光明经》流水本生故事的构成

大乘佛经《金光明经》里存在着流水和舍身饲虎两个独立的本生故事[①],分别阐释了施与舍[②]的佛教观念。流水故事还把因果报应[③]的观念融合在对施的叙述里。

与舍身饲虎故事不同,流水长者子故事迄今只出现在《金光明经》及其相关文献、壁画、放生仪式等衍生物中,但却以治病、放生和报恩等主题在古代汉传、藏传佛教中,尤其在广义汉文化圈里广为人知。

流水故事的主人公是释迦牟尼某个前世名叫流水(Jalavāhana)时的长者[④]之子(śreṣṭiputra),称作“流水长者子”。他的故事存在于《金光明经》的授记、除病和流水长者子三品当中,其中授记品就是个引子,而除病品主要是一份印度医学总纲,可以视为插话,主体故事则基本都在流水长者子品中。其基本情节[⑤]如下:

有一万名天神之子(devaputra,古译为天子)来到正在做授记[⑥]的觉者(buddha,音译佛陀,佛)释迦牟尼这里。释迦牟尼也授记他们做未来世的觉者,

---

① 本生故事梵语与巴利语为jātaka,又译本起、本缘、本生谭、本生谈,略称生,音译阇多伽、阇陀伽、社得迦等,是佛典分类中九部经或十二部经之一,主要讲述觉者释迦牟尼过去转生为不同的生命形态而行菩萨道的故事。本生故事一般是部派佛教或曰小乘的作品,而它们在此出现在大乘经中,非同寻常。

② 施,即布施,梵语为dāna,音译檀那,来自词根√dā,给予。

③ 报应是印度因果律的佛教表达,做了什么,就有什么结果,所谓“善有善报,恶有恶报”。释迦牟尼的苦集灭道四圣谛是两重因果。集是因,苦是果,这说的是世间现状。道是因,灭(涅槃)是果,行道则苦灭,这说的是解脱之法。

④ 佛经常以“长者”翻译豪族巨贾中有声望者。

⑤ 流水故事在各种版本中细节略有出入,但情节一致。

⑥ 梵语原文为vyākaraṇa,即对被授记者将来成为觉者(佛陀)的预言和应许。该词另一常用意思是语法。

引起了菩萨道场女树神的好奇，于是他就说了以下的故事：

在无数世代以前，宝髻佛住世时，有位流水长者子。那时其国内疾病流行，流水心生悲悯，遂在父亲教导下精通了医道，治好了一国之民，名闻遐迩。

此后，一次他在路上遇到一个干涸的大池子，里面有一万条鱼正要死去。他心生慈悲，便折枝遮阴。这时，一位女树神出现，启发他找来水救活了它们，弄来食物让它们吃饱，再为它们说了十二因缘法，并念诵宝髻佛号，使其往生天界。

这些天神之子忆起生天因缘，就下凡报恩，现出种种祥瑞。国王和国人诧异，得知真相后，皆大欢喜。

最后，释迦牟尼说：流水就是当初的我啊。然后又把故事里的角色一一指认为当下的诸位，并断言一切众生都终将在轮回里以授记获得觉悟，成为觉者。

有说有听，方成故事。流水故事是三重听与说结对生成的立体环形结构：

第一重，阿难和信众。传统认为阿难凭记忆诵出了释迦牟尼佛的毕生所说，所以总是以"如是我闻"开始。阿难是第一叙述者，叙述对象是听众或读者。

第二重是释迦牟尼对发问的女树神说的故事，听众还有一万神子和其他在场者。

第三重是流水向一万条鱼讲述的过去佛宝髻的法门。

这三重故事重重相套，其中第二重是故事主体。这重故事是倒叙的。首先出现的是结果：授记；然后被提问，并讲述往世的一个关于行善布施、生天报恩的因果业报故事；最后揭开谜底，古今人物对应，又回到授记现场。这样，起始和结束、过去和现在合拢，成为一个前世今生的时空之环。

但这个时空之环并不是圆的：授记是应许和预言，它既和过去相连，又指向未来。过去、现在的环，向未来开放，形成呈螺旋上升的故事结构。在这个上升的方向上，主体故事的门也向第一重故事打开，因为授记也是对阿难的听众或读者的应许。

空间之环的另一次打破，是女树神对流水名字的点拨：流水正心生慈悲以树枝为鱼遮阴，女树神从树上现出半身来[①]，告诉他，名叫流水就注定要运水救鱼。流水和鱼的相遇，并非无缘无故。

这个故事有个不言自明的前提：众生平等。既然众生都将觉醒，那么，众生都是潜在的觉者。但觉醒的先后造成了先进帮后进的施与受落差，连环交错

---

① 《梵语佛经读本》，第549页。

的变形故事便造就了人物间的缘分：

生在人道的施主流水救助畜生道的诸鱼，重复他听到的宝髻佛法，便活着见证了受施诸鱼生于天道的奇迹，并受报扬名。这是众生对众生所做的善业，一场法布施使受者在六道轮回里越级转生。[①]这是一个回合。

此后，又经过了无数世代的转世，流水的本体终于跳出轮回，成为觉者，叫释迦牟尼。这时候，鱼转生的一万神子因缘具足，当面聆听觉者释迦牟尼说法。这是第二回合。

觉者具备判断并授记的资格和能力，觉者释迦牟尼为还是众生的神子说法、授记，预言将来他们也会觉醒、说法、为其他众生授记。这是被预言的第三回合。

在这一个个身份不断超越升级的时空里，布施者与受施者反复相遇，而每次相遇都须“刮目相看”。轮回中世代交错，时过境迁，惊奇之感刷新着听者或读者的眼界和感受，情节之谜吊着人的胃口。随着故事深入，谜底解开，那些艰深的道理便在人心里自然地生根发芽。

故事仿佛是反复缠裹的包装纸，层层打开后，呈现的是核心机密：法（dharma）。这是第三重故事里流水对鱼布施的宝髻佛的法。它既包括理性的教诲：十二因缘的因果理论推演，也包括感性的虔信秘义：称诵觉者宝髻的名号。[②]这一理性一感性的法力组合拳，被认为是变形记的力量源泉。它们最终使畜生道的鱼脱胎换骨，离苦得乐，再生天道。

法的威力称为法力。威力一词梵语原文为anubhāva，词根是√bhū，意谓“成为”，前缀anu意谓“跟着”。所以威力一词强调的是一种存在成为另一种的变形。诸鱼成神子的巨大的转变虽然只是第一步，却为再次听法变形、成为觉者打下了基础。而这种变形的过程，遵循的是印度古老的因果律：

因（hetu）由于外在的缘（pratyaya），引发业（karman，即行动，做）在另一个时空成熟为果（phala）。果是因变形成熟后在另外时空的存在，所以又叫作异熟（vipāka，旧译果报）。

---

① 印度佛教认为轮回有地狱、畜生、饿鬼、人、天、阿修罗六种依次降级的趋向，称为“六道”（ṣaḍ-gati）。从畜生道转世为天道，属于明显的越级。这是对“法力无边”的强调。

② 印度传统上认为声音是永恒的，是比其他物质更本质的存在，力量存在于声音中，这也是印度文化的特质之一。所以觉者的名号里蕴含着他的力量，而力量的意思就是成为其他的状态，亦即变形。所以称诵觉者名号将鱼转世成神子的变形记，恐怕也只在印度的文化背景下，才是顺理成章的。

施者流水和觉者释迦牟尼，受者十千鱼和十千天子，当时的女树神和道场女树神以及所有对应的角色，都是相同的本体在不同时空的异熟存在。以一万条鱼为例，它们本身是因，在缺水濒死、流水慈悲等条件（缘）下，因为流水的种种布施等所做的业，而成了一万神子，随后又被应许未来成为觉者。本生（过去）是因，今世是果，又是来世的因。觉者释迦牟尼也与众生一样，以这样的方式先一步觉悟。

轮回（saṃsāra）是这个因果律的逻辑基础。只有在轮回中，主人公的前世今生才是可能的，因果业报的演出才能开场。轮回潜身于整个故事之中，就像灵魂充满身体一样，未置片语，无处不在。也唯有轮回的存在，阿难口中的释迦牟尼才能既是讲述人，又是主角，穿梭于时空和叙述场域之间，自由开启“上帝视角”，在确信轮回的逻辑基础上，既令人体感身受，又具理性的可信，合情合理，引人入胜。

因此，故事里每个角色都是自己同时又是别人，人的存在就是所做业的结果。随着时空转换，前世今生，因果业报，每个“我”都不是“我”，每一个看似不变的生命，也不过都是随着业而变形不止的“三生石上旧精魂”。而释迦牟尼授记的故事现场就是在轮回里、觉醒之路上的又一次因缘际会。

人作为生命本体，通常都会贪生惜命，渴望不死。唯独印度人眼界不同，视生为苦。生命永世轮回是他们观察世界的基础。这是印度文化的底色。既然生命再生都成了规律，永生就是生死疲劳。能够指望的，也就是从这生死的无穷轮转中解脱（mukta），佛教称为“涅槃”（nirvāṇa），意谓“吹灭”，也就是彻底地死去。在印度，无论是正统还是异端，解脱是所有思想传统的目的，佛教也不例外。解脱的线性倾向打破轮回之环，建构了古印度人繁复奇巧的螺旋状心理世界，而印度故事就从它的沃土上破土而出。

流水本生故事是典型的印度故事，故事里套着故事。它简短精练，却跨越数个时空，曲折而幽深。这个变形记本身就是轮回、慈悲、布施、因果业报、授记、法和觉悟等道理的透彻阐释。

思维习惯的差异导致文化间的理解困难，何况印度文化这个另类。但是它所产生的文学，却能用其动人的魅力把印度文化不动声色地铺满人类的大地。像流水故事这样以因果律转换的变形记，勾起受众的好奇，又用惊讶进行满足，就像被特洛伊人当战利品拉回去的木马，最后把以轮回为首的全副印度观念送进了异文化的城中。

（原载 *Acta Orientalia*，第 80 卷，2021）

《金光明经·流水长者子品》梵汉本浅探[①]

一、缘起

陈寅恪先生在《金明馆丛稿二编·忏悔灭罪金光明经冥报传跋》中提到“合肥张氏藏敦煌写本金光明经残卷卷首有冥报传”，随即又列举《金光明经》诸译本，云：

> 据此诸种文字之数，即知此经于佛教大乘经典中流通为独广，以其义主忏悔，最易动人故也。至灭罪冥报传之作，义在显扬感应，劝奖流通，远托法句譬喻经之体裁，近启太上感应篇之注释，本为佛教经典之附庸，渐成小说文学之大国。盖中国小说虽号称富于长篇巨制，然一察其内容结构，往往为数种感应冥报传记杂糅而成。若能取此类果报文学详稽而广证之，或亦可为治中国小说史者之一助欤。[②]

日人编《大正新修大藏经》卷一六之北凉昙无谶译《金光明经》后附一感应记，当与此“冥报传”同类。

《金光明经》是大乘佛教的重要经典，为尼泊尔“大乘九宝”之一，被大乘的许多宗派奉为圣典。

深深影响着中国人内心世界的小说文学，同此类印度佛教经典之间竟有如此因缘！在这个因缘里，《金光明经》是否扮演着一个至今尚未被充分估计的重要角色？这些“义在显扬感应，劝奖流通”的“灭罪冥报传之作”，其源泉是否

① 这是作者硕士论文《〈金光明经·流水长者子品〉梵汉对勘及研究》的引言部分和研究部分中的几段。

② 《金明馆丛稿二编》，第256—257页。

正是在《金光明经》的文本当中？而这个文本的源流又是怎样的呢？在这个源流里，到底有什么传递了过来，又产生了什么？

《金光明经》中的《流水长者子品》可算作这种"显扬感应"的典型，以其作为个案，进行基础的梵本与二汉本的文本对勘和语词分析，究其文本间篇章结构、语法、构词、语气、修辞上的异同，搜求梵本的语言特点，同时考察译者的身世传承以及翻译过程中所用的方法，对于厘清梵本与汉本原本的关系，了解《金光明经》和其他佛教经典的语言、版本、故事母题流传演变的轨迹，发现中印文学关系中的一点蛛丝马迹，寻索中古汉语形成中的外来影响，以及与汉译佛经的关系，对于探究相差如此悬殊的两种文化、两种语言、两种思维方式的相遇、冲突、对话、影响、融合的潜在进程，"或亦可为之一助欤"？

时移境迁，倏忽千载，时空在轮替，音声言语也没有常驻。古老的梵语和古老的汉语同样都在不住地变迁，而人不可能两次踏入同一条河流。一部经典，跨越几种语言，经过了这么多的世代，它的每一个文本都打着时代的烙印，引人发兴亡之叹。某一个文本的语言，也许有一部分的含义在另一个世代仍能被准确把握，另一部分则使人惶惑难解。然而，每两个世代间各有其明白与费解处，将几个不同时、不同言的文本对照勘读，对原来的费解处的一部分便有可能豁然开朗。

面前的这三个本子，用了两种语言，一种是所谓佛教混合梵语(Buddhist Hybrid Sanskrit)，一种是所谓佛教混合汉语[①]，二者一个不是纯正的梵语，一个不是纯正的汉语，大量地混有第三种、第四种甚至更多的语言成分，而直接脱胎于中古、近古汉语的现代汉语有着许多来自这种佛教混合汉语的元素，这种来源也并未被清楚地认识。对这样几个本子进行梳理校勘，将会涉及佛学、印度学、语言学、比较神话学等许多领域。

二、版本

值得庆幸的是，历经浩劫，这部一度广为流传、曾被译为多种文字的经典[②]

---

① 《佛典与中古汉语词汇研究》，第225页，"佛教混合汉语(Buddhist Hybrid Chinese)"无疑是对"佛教混合梵语(Buddhist Hybrid Sanskrit)"的套用，然而，应当知道，这种"混合汉语"和汉语的关系与"佛教混合梵语"与梵语的关系并不一一对应。

② 《金明馆丛稿二编》，第257页。

至今还有两个相对完整的梵语原本存世。[①]

本文所用的南条文雄、泉芳璟校订《梵文金光明最胜王经》(下称南条梵本)是进入现代人视野的、经过校勘的第一部较为完整的《金光明经》梵本。

南条梵本可称得上是"百衲本"。它最早是日本的南条文雄博士于1881年在牛津学习时,从法国巴黎国家图书馆(Bibliothèque Nationale de Paris)和英国伦敦的皇家亚洲学会(Royal Asiatic Society, London)复制的文本,后来南条文雄博士又以剑桥大学所藏的写本对其进行了校订,回国后,他又以东京和京都的帝国大学所藏的写本进行了对校。这项工作完成于1915年。在南条文雄博士1927年辞世之后,泉芳璟又以昙无谶和其他人的汉译本以及三个藏译本进行了对照,并于1931年发表。尽管经过了这样的努力,按校勘者泉芳璟的说法,南条梵本依然不是一个令人满意的校勘本[②]。

此经另有印度"佛教经典协会"本十五品(1898年),不完全。尼泊尔等地的完全梵本二十一品[③]和Nobel校本(1937年)。

《金光明经》有过五次汉译,其中较完整的翻译有三个,两个译本至今尚存:

1. 北凉昙无谶(Dharmarakṣa)译于玄始年间(412—426年)[④]四卷,十八品(《大正藏》卷一六,663号,下称昙本)。

2. 南朝陈真谛(Paramārtha,548年来华,主要活动于陈朝,故名)在梁承圣元年(552年)译《金光明最胜王经》[⑤]于建康,七卷,二十二品,已佚。改订了北凉译本各品,并补译《三身分别》《业障灭》《陀罗尼最净地》《依空满愿》四品,足成二十二品。

3. 北周耶舍崛多(Yaśogupta)于武帝年间(516—577年)在北凉译本各品外补译出《寿量》《大辩陀罗尼》二品,五卷,二十品,已佚。

4. 隋大兴善寺沙门释宝贵于开皇十七年(597年)合其所集前有诸本为一书,另加隋阇那崛多补译的《银主陀罗尼》《嘱累》二品新译,八卷,二十四品,名

---

① 其一为南条文雄、泉芳璟校订《梵文金光明最胜王经》, *The Suvarṇaprabhāsa Sūtra, A Mahayana Text Called "The Golden Splendour"*. First prepared for publication by Bunyiu Nanjio(南条文雄), and after his death revised and edited by Hokei Idzumi(泉芳璟), Kyoto, 1931。其二为Nobel, J. *Suvarṇaprabhāsottamasūtra, Das Goldglanz-sūtra ein sanskrittext des Mahayanabuddhismus, nach den Handchriften und mit hilfe der tibetischen und chinesischen Übersetzungen*. Lepzig, 1937。

② 《梵文金光明最胜王经》, Foreword, vii。

③ 《中国佛教》第二辑,第75页。尼泊尔原本未见。

④ 《中国佛教》第二辑中作玄始年间(412—427年)。

⑤ 《中国佛教》第二辑,第75页。

为《合部金光明经》(《大正藏》卷一六,664号)。

5. 最后,唐求法僧义净于武周长安三年(703年)从自己自印度带回的梵本译出十卷,三十一品,名为《金光明最胜王经》(《大正藏》卷一六,665号,403—456号,下称净本),慈恩宗慧沼曾据以注疏弘扬,成为当时通行的本子,同时,还有法成藏译本、一个回鹘文重译义净译本、一个西夏文译本的底本。[①]

但藏文藏经中除了重翻义净译本之外,还收有直接从梵本翻出的两本,一胜友等译十卷本(二十八品,大同义净译,后又转译为蒙文本、满文本),一失译五卷本(二十品,大同昙无谶译)。此经还有藏、蒙、满、突厥系(回鹘等)、东伊兰(于阗等)文的全或残的译本。[②]其中有西域发现的于阗文译梵本断片(《梵品》至《忏悔品》,及《除病品》《流水长者子品》一部分)。

不过,在整部经译出之前,西晋竺法护译《菩萨十地经》,其内容与此经《净地陀罗尼品》同(其异译本鸠摩罗什译《庄严菩提心经》现存)。[③]

事实上,《流水长者子品》只存两个汉译本,宝贵本完全采用昙本。

本文用于对勘的梵语版本是南条文雄、泉芳璟校订,日本的东方佛教协会发行,出版于京都的《梵文金光明最胜王经》(*The Suvarṇaprabhāsa Sūtra, A Mahayana Text Called "The Golden Splendour"*. First prepared for publication by Bunyiu Nanjio, and after his death revised and edited by Hokei Idzumi, 1931, Kyoto)的第十八章流水度鱼章(XVIII jala-vāhanasya matsya-vaineya-parivartas),汉本分别采用在《大正新修大藏经》第十六卷中的《金光明经》(T16, No. 663)中的《流水长者子品第十六》和《金光明最胜王经》(T16, No. 665)中的《长者子流水品第二十五》。

三、故事内容

《流水长者子品》是经中佛为集善菩提善女天(boddhisattvasamuccayā kuladevatā)说法,对其所讲的一个独立成章的故事,义在显扬功德业报,倡言施舍,并与几乎所有的佛教故事一样,最后指出所讲之事就是在场诸位前世亲历之事。其情节如下。

在天自在光王的国内,有一个名叫流水的长者之子,是个大良医。一日,他

---

① 《梵文金光明最胜王经》,Introduction,xi。
② 《金明馆丛稿二编》,第257页。
③ 《金明馆丛稿二编》,第257页。

带着两个儿子行医，途经一个名叫旷野生的林中大池，见有一万条鱼于池中水涸待毙，便上下求索其因，发现此乃恶人为捕鱼而于上游决河断流，于是流水心生悲悯。这时，一位女神现出半身，劝请流水依名行事，运水救鱼。

于是，流水先折树枝为鱼遮阴，思量之后，便去向国王求助，借得二十大象与上百皮囊，去上游运水注于池中。

可是，流水发现，他走到哪儿，鱼就跟到哪儿。他想了想，就明白这是在向他求食。于是，他让儿子回家向爷爷长者求得全家人的吃食，回来喂了鱼吃。

鱼吃饱之后，他又生起了为其布施“法食”的念头。这样，他就先诵持了过去佛宝髻的诸种名号，后为这些鱼唱诵了十二缘起法偈。

他回去之后，这一万鱼一齐命终投生三十三天神所居的天庭，由“十千鱼”变成了“十千天子”。这十千天子饮水思源，便来报答流水。他们自天而降，到流水家和旷野生池，下了无数财宝雨和曼陀罗花雨，并敲响天鼓，震醒赡部洲众生，又自空中而归。

国王对此感到惊奇。流水就为他细说原委，使得他法喜充满，心花怒放。

讲完故事，佛就对这位善女天说：不要以为故事里的人们就是那时的某某，他们分别就是你我和在座的诸位啊！

四、汉语本的翻译

（一）昙本

1. 译者

关于《金光明经》的译者，《大正藏》题曰“北凉三藏法师昙无谶译”①。据梁释僧祐的《出三藏记集》②和梁释慧皎的《高僧传》③所载，昙无谶本中天竺人，少学小乘，后因得树皮《大涅槃经》本而专精大乘，通咒术。游于凉土，为北凉主河西王沮渠蒙逊所厚遇。译大涅槃、大集、大云、金光明、悲华等二十部经，后因欲行而为蒙逊所害。

昙无谶译经，十分严谨，初入凉土，“谶以未参土言，又无传译，恐言舛于理，不许即翻，于是学语三年，翻为汉言，方共译写”④。

---

① T16,663。
② 《昙无谶传第三》，第538—540页。
③ 《晋河西昙无谶》，第76—81页。
④ 《出三藏记集》，第539页。

由于汉梵相差过于悬殊，所以梵僧译经必须与汉僧或汉的居士合作[①]。当时的沙门慧嵩、道朗“独步河西”，译经时昙无谶“转易梵文”，慧嵩笔受，“道俗数百人疑难纵横，谶临机释滞，未尝留碍”[②]。可见翻译时是颇费了一番苦心的。

在译经的过程中，笔受者慧嵩是个十分关键的人物。我们今天看到的昙译经本，汉语流畅准确，多半应归功于他。《出三藏记集》里除此之外还有三个地方提到了慧嵩这个名字。他是僧伽跋澄与昙摩难提、僧伽提婆共执梵本，佛念宣译的《僧伽罗刹经》和《婆须蜜菩萨所集论》的笔受者[③]。这两部经是道安、法和对校的[④]。如果此慧嵩就是彼慧嵩的话，那么，我们手头的“昙本”便和道安以至佛图澄联系起来[⑤]。而著名的庐山慧远的老师道安是中国佛教史上一个极其重要的人物，为中国佛教的发展作出了空前巨大的贡献[⑥]。他是长安译场的“译主”和总勘[⑦]。另一大翻译家鸠摩罗什[⑧]也是由于他而来到长安的[⑨]。佛图澄的教理以般若为宗[⑩]。而《金光明经》与般若思想有着密切的关系[⑪]。这就是说，如果这两个名字指的是同一个人，那么，昙无谶所译经不但与当时的翻译主流联系起来，而且还与当时国内国际的大乘思想的主流联系起来了。

《婆须蜜》译就于苻秦建元二十年（384年）[⑫]。而《金光明经》译出于北凉玄始六年（417年），相差33年，笔受后者时慧嵩已经“独步河西”了，虽然相隔的年限较长，但一个人度过这样一段岁月而参与了两次译经不是不可能的。

在东晋、南北朝中原持续混乱的年代，凉州的相对稳定使其地的文化得以保存和发展，成为延续文化命脉之地。许多重要经典的翻译都和凉州沙门有关，如《长阿含经》，前文提到的佛念是它的译者，而佛念就是凉州人[⑬]。慧嵩既然在河西有着崇高的声誉，其佛学与汉语功底应当是十分扎实的，所以出经的

---

① 参见“佛经的翻译与翻译组织”，《中印文化关系史论文集》，第180页。

② 《出三藏记集》，第539页。参见《高僧传》，第77页。

③ 《出三藏记集》，第374、376、523页。《中国现代学术经典·汤用彤卷》，第150页。

④ 《出三藏记集》，第523页。

⑤ 道安是佛图澄的学生。参见《中国佛教》第二辑，“道安”条，巨赞撰，第20—26页。

⑥ 《佛教征服中国》，第355页。

⑦ 《佛教征服中国》，第333页。

⑧ 罗什学宗《般若》，特尊龙树。见《中国现代学术经典·汤用彤卷》，第233页。

⑨ 《中国现代学术经典·汤用彤卷》，第170页，前述二经的另一位对校者法和还参与了罗什的译场。《中国现代学术经典·汤用彤卷》，第169页。

⑩ 《中国佛教》第二辑，第25页。

⑪ 《印度佛教史》，第364页。

⑫ 《出三藏记集》，第375页。

⑬ 《出三藏记集》，第337页。《佛教文化与历史》，第16页。

质量较高不足为奇，从手头的《金光明经》来看，这一点是一目了然的。

可见，昙本这样的翻译经典是掌握着两种文化精华的学者们严谨推敲、苦心斟酌、群力协作的结晶，其中凝结着两个文化里的精英人物们艰难探索的心血和打通文化隔墙的深切愿望。

2. 译场与语言风格

与19世纪以来的翻译有别，古代佛经的翻译几乎没有一人翻经的例子[①]，而是靠着集体的努力，在译场中完成的。对于译场的运作，成本的著作如隋释明则的《翻经仪式》早已不传，只有一般的通例，散见于各书[②]。道安可能是最初的译场的创建者之一[③]。鸠摩罗什的译场设于宫禁之中，有国家主持，千人左右参加，北凉、梁、隋承袭此制[④]。昙无谶的译场也应如此。

译场的工作程序大致可分为传语、笔受、证义三个步骤[⑤]。如前引《出三藏记集》所言，在昙无谶"转易梵文"，慧嵩笔受之后，还有"道俗数百人疑难纵横"而由"谶临机释滞"之后方可定稿，其严谨郑重可知。

这样的翻译实际上是一个辩难、对话、研讨、释疑的过程。翻译者们可以从容不迫地细细体味经典里的幽微大义，并且可以集思广益、融会贯通，绝无抱残守缺、一意孤行的可能。然而，面对"道俗数百人"，要使人人能略得经义，明白晓畅便成为第一要务，属于原先语言所特有的隐蔽潜在之意便会让人无暇顾及，经义就有可能流于某种程度上的"俗讲"式的略传其义，但得其表，因为语言表达方式的不同而造成的理解困难极有可能因只求通达、不求甚解而被"快刀斩乱麻"式地一掠而过[⑥]。

昙无谶至罽宾时带着"大涅槃前分十卷、菩萨戒经、菩萨戒本等"写本[⑦]，到凉州时至多也就带着这些，没有提到其中有无《金光明经》。在姑臧时，"虑失

---

① 曹仕邦：《论中国佛教译场之译经方式与程序》，第243页，第247页注10，限于条件，曹书未见，转引自《如来智三昧经翻译研究》，第13页。这个结论也许不应下得那么绝对，但是，集体翻译是中国古代佛经翻译的重要特征却是无疑的。

② 《佛教文化与历史》，第30页。

③ 《中印文化关系史论文集》，第185页。

④ 《佛教文化与历史》，第29页。

⑤ 曹仕邦：《论中国佛教译场之译经方式与程序》，第318页，转引自《如来智三昧经翻译研究》，第14页。

⑥ 译经的方式会影响到一些具体的翻译问题的处理。一些翻译中的现象或许可以在此中得到部分的解释。

⑦ 《高僧传》，第77页。

经本，枕之而寝”[1]，可见不会太多。而在河西翻经时出六十万言[2]，按梵夹而计，绝不止“枕之而寝”之数，回顾谶二十岁时便“诵大小乘经二十余万言”[3]，可知其颇精口耳相传之学，因此，《金光明经》是有可能先由昙无谶凭记忆口诵而出，再翻为汉文的。这意味着昙本有可能在被译为汉语之前在相当长的时间里甚至一直是靠口传流传的，即这个版本的第一次写定是以汉译的形式出现的。流水的故事经过了漫长的岁月，最后因缘合和，在汉语中这样定格为经典的一部分，这是它第一次进入文字写就的汉语言的世界[4]。

昙本的语言从语体上看，是半文言的、完全合于通常的汉译佛经的风格的、既非纯粹的口语、又非一般的文言的一种特殊语言变体，即所谓“佛教混合汉语”[5]。它在文体上散、偈交替，无论散偈都不押韵。散文部分连写，基本上套用“四字格”的音步：四字一顿，每一顿又分为两个二字小顿，极富节奏感。文义倾向于照顾这种四字停顿结构，但也时常因照顾节奏而牺牲文义，间或与逻辑停顿不符。偈颂部分不采用诗歌形式[6]，亦不采用四字格的节律，较散文更散，以“所谓”标示。

如上所述，昙本语言流畅雅致，节奏朗朗，文气贯通，兼有口语文言之美。用词上复音词多，词汇丰富，表意细腻，较少重复。虽仿译词多，但生造词几无。间有小词（如“将”）取西北方言之义，须小心分别。

（二）净本

自昙本至净本，凡三百年，汉语言和汉字在强烈的外来影响下发生了一些变化。对比二汉本的异同非本文力所能及，留待日后来者。

关于义净的译经，季羡林先生和王邦维先生有过专门讨论，[7]此不再赘述。

五、前人之工作

《金光明经》以其自身的地位，在印度就有许多注疏本。[8]译为汉语之后，

---

① 《高僧传》，第77页。

② 《高僧传》，第77页。

③ 《高僧传》，第76页。

④ 印度人再怎样重视背诵的功夫，也不可能无限制地超越记忆、语言甚至人性的极限。口传的东西总是不如写就的东西在形式上更具有稳定性。这应当可以解释为什么属于同一部经典的这些文本有如此惊人的相异性。

⑤ 《佛典与中古汉语词汇研究》，第15页。

⑥ 通常提行分写，但《大正藏》中未将其与散文分开，不过它们在文体上的差异一目了然。

⑦ 参看《印度语言论集》，《大唐求法高僧传校注》《南海寄归内法传校注》《唐高僧义净生平及其著作论考》等。

⑧ 童玮编：《二十二种大藏经通检》，中华书局1997年版。

解经之作也是层出不穷。[①]

现代学术界或者说西方学术界将《金光明经》译为现代西方语言，大概开始于1832年。修弥笃（Isaak Jacob Schmidt）把其中的第三章译为德语，发表在《圣彼得堡帝国科学院学刊》政、史与文献学版第一期（*Memoires de l'Academie imperiale des sciences de St.-Petersbourg*. Sciences, politiques, histoires et philologies 1, 1832, 221–262）上，名为“Ueber einige Grundlehren des Buddhismus. 2. Abhandlung”，开了《金光明经》研究的先河。其后，1898年，如前引陈寅恪先生文中所提及，印度佛教经典协会的萨拉特·钱德拉·达斯（Sarat Chandra Das）和萨拉特·钱德拉·萨斯特利（Sarat Chandra Sastri）在加尔各答第一次将《金光明经》的梵语本编辑刊出，有十五卷。在随之而来的对此经的各种文字的片断（尤其是回鹘文Uigur）的翻译、转写、校勘（这里包括了W. Radloff、S. Malov、Paul Pelliot、Hoernle、Leumann、Erich Haenisch等学者的有益的工作）之后，便是本文所用的梵本的出版。[②]1933年（昭和八年），泉芳璟又为南条梵本作了梵汉对照，并译为日语。[③]

此后便是德国的约翰尼斯·诺贝尔（Johannes Nobel）对《金光明经》另一个梵本与其藏、汉译本的校勘、对比与研究。[④]另外还有艾默瑞克（R. E. Emmerick）、贝利（H. W. Bailey）等人对此经于阗语译文的校勘与研究。与本文相关的是，艾默瑞克曾为了他的于阗语文本的研究，据诺贝尔的梵本将此经译为英语。[⑤]从这个英译本看，诺贝尔梵本与本文所用的梵本有较大的差异。

六、对勘方法的说明

将梵汉文本按意思的对应关系分段，以句读的方式进行拉丁转写，将连音

---

① 《二十二种大藏经通检》。

② 关于《金光明经》的研究，我在互联网上查得的一个2000年11月15日的佛教研究列表中，找到了相关内容。其网址为：http：//www.alkhemy.com/sanskrit/web-interface 。

③ 名为《梵汉对照新译金光明经》，东京，1933年。获元云来（Unrai Wogihara）编的《梵和大辞典》吸收了这部作品的成果，可惜，国内条件所限，无法见到。此外，壬生台舜的《金光明经》（东京，1987年）是一本介绍性的书，认为梵本皆以Nobel本为底本，与昙无谶译本相近，而与义净译本及其藏译本所依之梵本并非同一原典。另外，南条梵本又被S. Bagchi编辑进Buddhist Sanskrit Texts 8，Darbhanga，1967。

④ Nobel, J. *Suvarṇaprabhāsottamasūtra, Das Goldglanz-sūtra ein sanskrittext des Mahayanabuddhismus, nach den Handchriften und mit hilfe der tibetischen und chinesischen Ubersetzungen*. Lepzig, 1937. Nobel, J, *Suvarṇaprabhāṣasūtra, Das Goldglanz-sutra ein sanskrittext des Mahayanabuddhismus. I-Tsing's chinesische Version und ihre tibetische Ubersetung*. Leiden, 1958.

⑤ *The Sutra of Golden Light*. Translated by R. E. Emmerick , Sacred Books of the Buddhists 27, London 1948, 1970, 1979, 1990.

的地方还原，复合词按其最小单位拆开，以“-”相连；每段按梵本、拉丁转写、昙本、净本顺序分列，附注南条梵本的现代汉语直译以便对照，并把梵汉本的异同概述其后。之后，逐词（或词组）分析词义和语法现象，尽最大可能追溯到词根，理清从词根到词的当下状况的构成脉络，以期能成为解释一些无法据字典义讲通的特殊用法之一助。[①]

梵本词汇如能与汉本对应，直接标注的英文意思主要从莫尼尔-威廉斯（Monier Monier-Williams）的*Sanskrit-English Dictionary*（Oxford, 1988年，文中不专门标出，须注明时，简称SE.）；语法从惠特尼（W. D. Whitney）的*Sanskrit Grammmar*，以及《波你尼语法华蔓》（即《月光疏精粹》*Sārasiddhāntakaumud of Varadarāja*，段晴译为汉语）；此三书中所无或无法解释通的，在埃杰顿（F. Edgerton）的*Buddhist Hybrid Sanskrit Dictionary*（简称BHS.）中查找标出。同时，其汉文意思能在荻原云来（Unrai Wogihara）编的《梵和大辞典》中找到的，径标于后，以D.为标识，只有一两种出处的，将其出处按原文的缩写标出；一些昙本净本有的词，是D.所未能涵盖的，可为该辞典的一个补充。有疑问或无法解决的问题，直接注在下面。汉语意思从《汉语大字典》（缩印本）、《辞海》（1989年版，缩印本）、杨树达《词诠》（1957年）、蒋礼鸿《敦煌变文字义通释》（1962年）。

七、三本的差异

（一）品名、品数

jala-vāhanasya matsya-vaineya-parivartas（鱼为流水所度化章）

昙本：金光明经流水长者子品第十六

净本：金光明最胜王经长者子流水品第二十五

南条梵本结尾为iti śrī-su-varṇa-prabhāsa-uttama-sūtra-indra-rāje jala-vāhanasya matsya-vaineya-parivartas aṣṭā-daśas（这就是在吉祥的《金光明最胜王经》中的流水度鱼品，是为第十八品）。二汉本无此句。

---

① 包括所谓混合梵语意思。佛经之所以能有所谓“梵文化”的进程，当是由于这两种（或更多）的语言间至少有很多相通的地方，甚至是同一种语言，只是方言间、方言与普通话或者雅俗之间的差别，就像古希腊语的爱奥尼亚和伊奥尼亚方言或者古典希腊语（柏拉图的雅典方言）与《圣经》希腊语的差别。既然有认为原始佛典语是半摩揭陀语（Māgadhā nirutti, Māgadhikā bhāsā, H.Lüders语，见季羡林《原始佛教的语言问题》，第10页），那么，这个梵语作品中无比频繁地提到的大王之都，其方言几乎一定是梵语的同源语，或者同一种语言。这意味着站在梵文化两端的一个词的两个形式是同根的，那么，追溯到词根也许对词义的理解会有帮助。

（二）结构

三本在总体框架上基本一致，可以看出是来自同一个母本。但是，在内容上，却有着值得注意的差别。这种差别主要表现在宣讲教义方面，内容上按昙本、南条梵本、净本的顺序有递增的趋势，其中净本增加的内容较多，发生了一些较为剧烈的变化。而在叙事方面，情节只有些无关大体的差异。

如南条梵本第168页6—8处，昙本、净本都有众生对流水尊重恭敬，“作如是言”的内容，而南条梵本无，而汉本众生所言的内容便成了世尊的叙述。

在对鱼施食之后，二汉本皆有“当施法食”的内容，而南条梵本无。

在说完十二缘起的“此生故彼生”之后，南条梵本和净本还有“此灭故彼灭”的一段偈颂，而昙本无。

在南条梵本、昙本所说的内容外，净本在偈之后还有一段咒语（陀罗尼），咒语之后更有“诸人天众叹未曾有”，以及四大天王“各于其处异口同音”所说的一段偈，并说了一部咒语。两段咒语皆为音译。在作为护法卫道者的四大天王的偈里有“若有生违逆，不善随顺者，头破作七分，犹如兰香梢”这样的对不信者进行惩戒恫吓的言辞，很有种“顺我者昌逆我者亡”的味道，与全文风格颇有不符，与流水慈悲的故事全不相干，应当视为后来加入的成分。

在文章的最后，昙本简单说完故事人物的今世，便迅速结束了此品，南条梵本与净本又谈到了为“生死中轮回诸有”授无上正等正觉记的事，南条梵本到此结束，而净本又有一段教训“汝等皆应勤求出离勿为放逸”，以激励听众，还有对大众“悉皆悟解”“咸发深心信受欢喜”的叙述，以及告知大众“由大慈悲，救护一切，勤修苦行，方能证获无上菩提”这样的修行门径。

总之，净本无论从故事的发展脉络上，还是从说教的内容上，都更加完整，而且多出的内容附加窜入的痕迹还十分明显，这应是净本原本后出的一个证据。从南条梵本与二汉本内容的交错有无的情况来看，昙本原本应当更早一些，净本原本是它的某种继承；但南条梵本与昙本原本间不太可能有承继的关系，它们应当是在更早的时候就已经在不同的时空中分头流传了。

（三）名字

流水一家的名字都与水有关，这与故事情节是相辅相成的[①]。

---

① 是否还有什么更深的意味？与佛教教义有关或者还有一个更为原初的故事母题？在所见到的各种材料中没有找到相关的母题。这些名字朦胧显示出多少有些神秘的内在关系。肯定有一些与它们相关的故事在岁月的流逝中消散了。鱼与水是古代神话的一对重要意象。

此家族的人名中，流水自己的名字三本完全一致，而流水长者子一名，净本作“长者子流水”，没有足够的例证以判断是原文语序如此，还是译者为之。二汉本皆在170.14以下多将jala-vāhanas śreṣṭidārakas（“流水长者子”）译为“长者”。

妻名jala-ambu-ja-garbhā，意为“在水中的水生者的胎藏（或胞胎、胚芽、后代）”“怀有水中莲花者”“水中莲花的胚芽”等义，所谓“水中莲花的胚芽”，或许是指人的娇嫩丽质，但另一层意思是“怀有水中莲花者”，或“水中的水生之物（莲花）的孕育者（藏）”，可仿译为“水莲藏”。昙本“水空龙藏”、净本“水肩藏”之“空”“龙”“肩”，当有另外的原文来源。Nobel本作jala-ambu-garbhā（参见BHS，第239页左）。

二子一名jala-ambara，意为“水中之天空”，或“水边”。可仿译为“水空”，同于昙本。净本的“水满”，未必是该词的翻译。另一儿子jala-garbhas意为“水中胚芽”“水中胎藏”。汉本仿译为“水藏”。以此推测，二子之命名，应皆与其母之名相关，此三种文本与原始文本或有讹异。昙本母名“水空龙藏”包含了“水空”“水藏”二子之名，是否可视为早出之证据？另外，文中被派去取食、察看十千鱼死活的，南条梵本全都作水空，不提水藏；净本作二子；昙本取食时作二子，而察死活时语焉不详，只说“寻遣其子”。

流水父长者，昙本的此品未提及，只在前一品中作“持水”；净本亦作“持水”；但南条梵本作jatiṃdhara，仿译为“持髻”，与水无关。这是否也可以作为昙本早于南条梵本的一个证据？

过去佛ratna-śikhin，昙本作宝髻，净本作宝胜，应是多义词的不同翻译，三本无异。但佛的称号，南条梵本作tathā-āgatasya arhatas samyak-saṃbuddha，昙本、净本作如来、应、正遍知、明行足、善逝、世间解、无上士、调御丈夫、天人师、佛世尊，分明有着不同的来源。

关于人物的今世，三本不尽相同，有的地方甚至相差悬殊：流水是佛陀自己，三本同；汉本皆未提及流水妻，而南条梵本说她是佛陀的在家妻子释氏女俱夷；二子之今世分别为罗睺罗和阿难，昙本与南条梵本同，而净本作银幢和银光，迥异[①]；流水父长者持水，昙本未提，南条梵本作佛陀在家父白净王，而净本

① 罗睺罗和阿难都是佛陀的早期弟子，到唐译本中他们的位置就被银幢和银光取代了，在佛教的信仰史上这到底意味着什么？

作妙幢；十千鱼为十千天子，三本同，只是二汉本未在此指明是以威德炽王（昙本）或最胜光明（净本）为上首的；天自在光王，昙本未提，净本作菩提树神，南条梵本作佛陀在家岳父执杖，相去甚远；“示现半身”的树神，昙本、南条梵本皆仍作菩提树神，而净本未提及此“示现半身”者，菩提树神前身是天自在光王。

列表：

前世				后世			
南条梵本	直译	昙本	净本	南条梵本	直译	昙本	净本
jala-vāhanas śreṣṭi-putras	流水长者子	流水长者子	长者子流水	aham（指佛陀）	我（佛陀）	我身	我身
jala-ambu-ja-garbhā	水莲藏	水空龙藏	水肩藏	gopā	俱夷		
jala-ambara	水空	水空	水满	rāhula-bhadra	罗睺罗	罗睺罗	银幢
jala-garbha	水藏	水藏	水藏	ānanda	阿难	阿难	银光
jaṭiṃ-dhara śreṣṭin	持髻长者	（持水长者）	持水长者	rājā śuddha-odanas	白净王		妙幢
sura-īśvara-prabhas rājā	天自在光王	天自在光王	天自在光王	daṇḍa-pāṇi	执杖		菩提树神
vṛkṣa-devatā	树神	树神	菩提树神	vṛkṣa-devatā	树神	树神	
daśa-matsya-sahasra	十千鱼	十千鱼	十千鱼	daśa-deva-putra-sahasra	十千天子	十千天子	十千天子
ratna-śikhin	宝髻	宝髻	宝胜				

由此可见，南条梵本中流水的家庭结构与作为其后世的佛陀出家前的家庭结构几乎完全对应（罗睺罗是佛陀的儿子，阿难是侄子，仅与二子稍有差异而已），昙本近于南条梵本，其严密程度稍逊，而净本则迥异于南条梵本。据此，再参照水莲藏、持髻的翻译，似可发现一点昙本早于南条梵本的迹象[①]。净本原本

① 然而，这些迹象并非没有问题，按另外的思路，似乎也能推出相反的结论。

较昙本和南条梵本为晚，几乎无可置疑，人物的后世对应者所出现的变化，当可作为这个故事在流传转接之间，于不失大意之前提下，出的分歧混淆[①]，以及信仰崇拜对象在漫长的年代中发生变迁之一证。

另外，印度人名都有意义，大多都是复合词，是由一个一个的意义单位组成，每一个这样的单位都能找到它的根源[②]。这与汉语颇为相像，因此，它为翻译提供了很大的方便。译者可以按每个意义单位直接搬来，而顺序不变，让那些知梵语者颇能体会原味，而原文的某些语法特征便不可避免地渗透进来，这就使汉语因为受到强烈的外来影响而发生变化成为可能。

八、南条梵本浅探

（一）专有之词

皆为不见于SE.、D.、BHS.的词，而又无法判定或者不应该是抄写错误。不包括那些南条梵本独有却已被D.收入的词。

matsya-vaineya：鱼被度化的。vaineya = vineya，为必要分词，有被动义。

aṣṭa-aṅga-āyur-vaidya：八支生命吠陀。同于aṣṭa-aṅga-āyur-veda。昙本：方药；净本：医药。

kīyanti：同于kiyant。昙本：几所；净本：几何。

nāga-śauṇḍika：昙本：治城人；净本：酒家。意为“第一流的酒家”“最上酒家”，或者“龙蛇酒家”“大象酒家”。

gaṇaka-mahā-mātya：昙本、净本：大臣。意为“卜筮之臣，史官，巫史”。

śabdāpayan：昙本：可……唤令使来；净本：唤取。应是祈愿语气复数第二（其标准形式是śabdāpayeta）或第三人称（śabdāpayeyus）。

trāyas-triṃśad：昙本：忉利天。参考BHS. trāya-timṣad，trayastriṃśa，trāyastriṃśa。

dvi-dhā-dṛṣṭi：昙本、净本：（有）二种人（？）。应是一不合标准梵语规范的

---

① 从这些名字的差异中，我们可以窥见几缕这个故事发展流传的脉络。在写定之前，它肯定经过了一个漫长的口传过程，而且，南条梵本和汉本一定是根据了不同时空中的口传版本，二汉本是否来自同一版本也未必不是问题。不同时代、不同地域的说故事人按照他们口耳相传的方式把一个故事按照他们自己的体会一代代讲下去。故事的主干是关注的焦点，一般不会有太大变动，至于名字，尤其是次要人物或者太长的名字，就会因为记忆的差错、不同语言或者方言之类的原因而慢慢变得面目皆非。

② 它是有根的。它直接植根于本民族的日常生活之中，与所处的环境息息相通。声音是有意义的，是亲切的。这种名字与欧洲基督教世界的名字的构成不同。

BHS. 阳性复合词。参考dvi-dhā：昙本、净本：二种。ind. in two ways or parts, twofold dividing. D. 二种，二品。dvidhā-dṛṣṭi-nivāraṇa：D. n. 难二种见，遮二见（之理）。

saubhāgyatā和śrī-saubhāgyatā：为saubhāgya，śrī-saubhāgya加tā。参见惠特尼SG. 1237，与saubhāgya，śrī-saubhāgya的词义相同，意为"胜乐"，而具有抽象的含义。

（二）专有之义

vi-cikitsaka：意为"疑病者"，"察病者"，即医生。参考BHS. vi-cikitsaka: vi-cikitsati plus-aka：m. doubting. D. adj. 疑惑。

kṛtaśas：昙本、净本：……之分。BHS.：postposition with prec. gen.（used like Skt. kṛtena, kṛte, but this form is nowhere recorded），**for the sake（of）**. D. adv. 为，为度，分，为利乐。①

dhārayamāna：昙本：读诵；净本：读。（√dhṛ: cl. 1. to hold, bear, carry. Caus. dhārayti. to hold fast, bear firmly, fasten. D. 受持，持，任持，护持，坚持，奉持，结。Q. Caus.part.）: mfn. being held, maintained. 声音的"被持"即"读诵"，这应与印度人"声常驻"的观念有关。

anu-bhāva：意为"神迹，神通"。anu-√bhū: to enclose; to be after; to notice, understand. anu-bhāva: m. sign or indication of feeling（bhāva）by look or gesture; dignity, authority, consequence; firm opinion, ascertainment, good resolution, belief. D. 力，势，力势，神力，威神，神通力；威，威德，威力，威神力，威德力。英文释义与汉译有出入，但BHS. 却无解释，《正法华经词典》亦无对应的内容。

iti：... lays stress on what precedes. sā nadī ... sā nadī iti是一种较特别的表

---

① 从词源来看，kṛta意为"被做的"，加上-śas可解释为"由于……而被做的（东西）"，即"为……而做的""属于……的"，也就是"……的份额"。同时，在kṛtaśas "为"的意思（一词多义）中，就如同现代汉语的"为了"和英语的"for the sake of "所表达的一样，既有"因为（since, because）"，又有"为了（for）"之意，即，既有所从来，又有朝之去的意思。这就隐含着"由于父母、兄弟姐妹、男女奴仆等的（恩惠、慈悲的）原因"，以及"为了他们（的利益）"之意。这体现了一个非常有意思的逻辑：由于某人的施舍，转而为其自己带来利益，在同一个"做"的过程中，因与果并无对立或者截然的界限，由于你，也是为了你，不一不异。对于"为"的解释，《汉语大字典》和《辞海》都作了原因和目的的双重解释，饶有趣味的是，这两本权威工具书都引了《荀子》作为例证。《汉语大字典》：1. 表原因，相当于"因"，"由于"，《荀子·天论》："天行有常，不为尧存，不为桀亡。"《辞海》：3. 为了，表行为目的，《荀子·大略》："天之生民，非为君也。"在同一部作品里的这两个"为"字，其意义的界限并不明显，二者都同时包含着原因和目的的成分在内。这种"对立统一"是否也算作中国古代辩证思想的一个例证？这是汉梵间的共通之处。

达，SE.、BHS.、D.皆无有关条目或例句解释类似情况。按BHS.此处重复了sā nadī以强调“正是此河”的意思，并使前后呼应。

（三）专有之翻译

指不见于D.中的翻译。

jambu-dvīpa：昙本：阎浮提。参考D.此国土*suv-pr*；音、阎浮处，赡部洲，剡浮洲，谵浮洲，南赡部洲。

kula：善。（√kul: cl.1.to accumulate, collect; to count）n. a herd, flock, number; a rice, family; a house. D. 族，宗族，家族，种，种族，种姓；性；亲；眷属；善家，家，户。

kula-devatā：昙本、净本：善女天（D.）。f. family deity. 即善家女天，族姓女天。善，当为“善家”之省称。kula由“家族”转义为“好人家”“善家”。按《大正藏》卷一六，665号，第447页注12，为bodhi-sattava-samuccayā kula-devatā（集善菩提善女天，首次出现于前一品《授记品》中）的简称。意为出身于众多菩萨汇集的家族（族姓）的女神。

（四）专有性数用法

saṃskārā：昙本、净本：行。阴性为此独有。参考saṃ-skāra：m. putting together, forming well, accomplishment, making; education; refining, polishing; correctness, purity. D. 行，诸行，行阴，业行，资助，将养，功用，所作，有为行，之余气，作非法之余气。

nāma-rūpa：昙本、净本：名色（D.）。m. du. name and form. 此处未用双数，而且用为中性，为南条梵本独有之用法。

viṃśati-gajā：昙本、净本：二十大象。f.是以另一种顺序结合的数词与名词复合词，在本品只出现于此一词中，通常的结合方式是gaja-viṃśati，而且，此词用了阴性（gaja是阳性），即viṃśati的性。

（五）错误或可疑的拼写

āroga：昙本：苦患；净本：病苦。当为roga（D. 病）之误写（前一词词尾为-ā，传抄、转写或整理时容易认为下一词词首有ā-与尾-ā融合，故有此衍文）。

upasaṃkramemas：昙本：当往至；净本：应诣。此用法与标准梵语语法不符，亦未在BHS.中查得。按上下文意（今当往至；今咸应诣），应是opt. pl. 1，准确的梵语应为upasaṃkramema。应当是抄写时多加了一个s。

prāsāda：应是pra-sāda之误。参考prāsāda：（for prasāda, *lit.* 'sitting on a seat'）：m. palace, temple. D. 阁，楼。pra-sāda（pra-√sad: to fall into the power; to settle down, grow clear and bright）：m. clearness, brightness. BHS. 1.faith. D. 净，清净。从上下文“以最上的、爱敬与清净的喜悦而听闻、敬重法”来看，不可能是“楼宇”的意思。

sam-tapita：净本：令饱。应是sam-tarpita（饱足）之讹。参考sam-tapita（sam-√tap: to scorch, dry up; to torture. Caus. to cause to be heated, burn; to pain by heat, torture）：SE.、D.、BHS. 皆无此形式，而其Caus. pp. 作sam-tāpita：mfn. burnt, tormented. D. 焚烧。*Divy.* 从上下文看，文意不通，不可能在本经中说诸鱼为我（世尊）所炙烤焚烧。

śṛṇuyaste或śṛṇuyas形式不合于梵语，BHS.中亦无，考虑到ye kecid ... te ...的呼应，以及汉本的翻译（昙本作“若……闻”；而净本作“闻”），应是śṛṇuyus（opt. pl. 3）。te，为抄写错误，将śṛṇuyus te写为śṛṇuyas te。

（六）动词统计

南条梵本中大量使用分词来替代动词的功能，较少使用动词，全品动词相加才112个，其中陈述语气40个，不定过去时26个，完成时21个，现在时命令语气10个，现在时祈愿语气10个，未完成时3个，将来时2个。

在这些形式中还包含着9个致使动词。

1. 陈述语气包括：

（1）被动语态3个；

（2）现在时陈述语气中间语态6个；

（3）主动语态31个，包括：

A. 加sma以表示过去的词17个，这中间又包括：

a. 现在时陈述语气加sma的词14个；

b. 致使式加sma的词2个；

c. 名动词加sma的词1个。

B. 现在时陈述语气主动语态13个，其中包括2个偈中的be动词（bhavat）；

C. 加强动词1个。

2. 不定过去时只包括两个词根的变位形式：√bhū（有，是，生，成。绝大多数是其单数第三人称形式abhūt）和√vac（说。几乎全是其单数第三人称形式

avocat）：

（1）abhūt等18个；

（2）avocat等8个。

3. 完成时包括20个重复完成时和1个迂回完成时：

（1）重复完成时大部分是√bhū（有，是，生，成。绝大多数是其单数第三人称形式babhūva）和√ah（说。几乎全是其单数第三人称形式āha）的变位形式：

A. abhūva等8个；

B. āha等8个，包括一个prāha；

C. 以√gam为词根的词3个；

D. 其他的2个，包括一个tusthus（√sthā）。

（2）1个致使式迂回完成时。

4. 命令语气10个。

5. 祈愿语气10个，包括：

A. 9个主动语态，包括一个后带sma表示过去的词，以及1个指示式祈愿语气词；

B. 1个中间语态。

6. 未完成时3个。

7. 将来时2个。

值得注意的是几种表示过去时态的词：不定过去时26个，完成时21个，加sma以表示过去的词17个，未完成时3个。[①]为什么不定过去时和完成时都只用在"有"和"说"上，而在其他词上没有一个用例？√bhū是一个表示存在的词根，属于梵语中最重要的词之一，它分头用了不定过去时和完成时，而二者的意义在最后的说前世因缘时是没有任何区分的，如：

---

① 季羡林在《再论佛教的语言问题》一文里指出：梵文化的程度越深，不定过去式的数目就越少，而完成式的数目就越多，完成式是比较年轻的。如此看来，南条梵本正处在梵文化的一个中间过程，其不定过去时和完成时的数目是不相上下的。《原始佛教的语言问题》，第38页。

syāt khalu punar kula-devate anyas sa tena kālena tena samayena sura-īśvara-prabhas rājā babhūva/ na khalu punar evam draṣṭavyam/tat kasya hetos/

aṇḍa-pāṇis śākyas tena kālena tena samayena sura-īśvara-prabhas rājā babhūva/

syāt khalu punar kula-devate anyas sa tena kālena tena samayena jaṭiṃ-dharas nāma śreṣṭī babhūva/ na khalu punar evam draṣṭavyam/tat kasya hetos/

rājā śuddha-odanas sa tena kālena tena samayena jatiṃdharas śreṣṭī abhūt//

syāt khalu punar kula-devate anyas sa tena kālena tena samayena jalavāhanas śreṣṭidārakas abhūt/ na khalu punar evam draṣṭavyam/tat kasya hetos/

aham sa tena kālena tena samayena jalavāhanas śreṣṭidārakas abhūt//

syāt khalu punar kula-devate anyas sā tena kālena tena samayena jala-vāhanasya jala-ambu-ja-garbhā nāma bhāryā abhūt/ na khalu punar evam draṣṭavyam/tat kasya hetos/

gopā nāma śākya-kanyā-rājā tena kālena tena samayena jala-vāhanasya jalā-ambu-ja-garbhā nāma bhāryā abhūt /

rāhula-bhadras tena kālena tena samayena jala-ambaras nāma dārakas babhūva/ ānandas sa tena kālena tena samayena jala-garbhas nāma dārakas abhūt//

如果不看关于二子前世的两句，这是三个结构完全一致的句群，说“似乎那时有一个……”（由syāt领，暂时简称syāt句）时和说“那是……就是……”（是说原因的，暂时简称hetos句）时，在同样的位置上是不区分的。

列表：

	syāt句	hetos句
天自在光——执杖	babhūva	babhūva
持髻——白净王	babhūva	abhūt
流水——佛陀	abhūt	abhūt
水莲藏——俱夷	abhūt	abhūt
水空——罗睺罗		abhūt
水藏——阿难		abhūt

这种表达同一种意思，而混用两种形式的现象，应当可以作为一种语言向另一种语言转化的证据。①

① 如果认为这个故事是逐渐扩大的，那么，“流水—佛陀”的组合应当所出最早，而这个组合用了不定过去时。如果这个判断成立的话，那么，不定过去时就应该是一种更原初的形式，就是说更加原始佛典语化，或者说俗语化。出于同样的理由，佛陀的子侄也是最亲近的弟子（阿难与罗睺罗）以及在家妻子（俱夷）全部用了不定过去时，也可以作为一个证据。

表示“说”的意思，不定过去时全部用√vac（avocat）而完成时全部用√ah（āha，pra-āha），绝无重叠，也一定不是没有原因的。[①]

此外，以加sma表示过去的方法在文中的大量出现，而且绝大多数是连串出现，描述在王土中或者天堂里快乐生活的情状。这是一种非屈折语（Inflected Language）的表达，[②]有些像现代汉语的表达方法：以附加某些独立的词来表达时态和语态，如加“曾经”“已经”之类。这是一个十分值得注意的现象。

（七）词汇、语法的非梵语用法例释

此即所谓佛教混合梵语。[③]

1. 词汇

这些词汇都有着古典梵语的形式，但按古典梵语的释义却无法读通。它们大多都在埃杰顿的字典（BHS.）中能查出相应的意思，但有的只能根据上下文义和混合梵语的特殊语法，甚至参照狄原云来字典（D.）中的意思来确定当下的词义。

Vaineya：BHS. 1. adj.or subst. m. = vineya. 此处vaineya是必要分词vineya的变体，有被动义，以属格为逻辑主语。jala-vāhanasya matsya-vaineya意为“鱼被流水所教导的”。

alpa-ā-bādha：BHS. adj.（=Pali appābādha），（almost）**free from disease**. *Suv.182.15.* 意为“出离病苦的”。

Paricāryati：Caus.（pari-√car: to move about, go round）: to surround; to wait on, attend to; to cohabit. paricāryate, to served or waited upon. BHS. paricāryati, reti（=Pali reti）1.**amuses oneself.** D. 承事，供养，瞻侍供给。ramanti sma，krīḍanti sma，paricārayanti sma：昙本：受诸快乐；净本：受安隐乐，（以自）欢娱。这里二汉本皆将梵语的同义反复节译。所以，paricāryati应取BHS.义：欢娱，行乐。

---

① 这或许说明它们有着属于不同语言的来源，其中一种形式是原来文本中的，而另一种则是后来窜入的。按照上引《原始佛教的语言问题》的说法，窜入者一定是完成时。

② 屈折语的语法关系是用屈折变化来表示，词缀和词根或词干紧密结合，成为词的一部分。见《语言与语言学词典》，第169页；《论人类语言结构的差异及其对人类精神发展的影响》，第126页。曲折与特性的保持与文化交流的频繁程度基本上是成反比的，如印欧语系中的英语就几乎看不出什么屈折的迹象了。因此可以推测，这种非曲折化表达方式的大量出现，正是不同的语言相接触时求简便的权宜之计。这应当也可以间接地推测出这些词的晚出。

③ 见Edgeton，BHS，perface，pXXI；《原始佛教的语言问题》，第26—28页。

anu-caṅkramati：昙本、净本：游行。BHS.（=Pali: anu-caṅkamati; cf. caṅkramati）wanders along.（另见BHS. 39. Intentive, 39.1）D. 经行，往返游行。*Saddh-p.* 此处为anu-√kram的加强动词之BHS.形式。

aṭavī-kāntara：昙本：大空泽；净本：空泽中深险之处。D. m.n. 旷野，大旷野；险难旷野，旷野险恶道，险道艰难之处，空旷之处。意为"森林""林中路""林野之地""林中险道"。参考：aṭavī：昙本、净本：空泽。（√aṭ: cl.1.to roam）f. "place to roam in", a forest. D. 大林，树林；野，旷野；险道；空泽。意为"森林"，将此词译作"旷野""空泽"，定有原因，但不知其所本。

anupūrveṇa anucaṅkraman anuvicarati：昙本：遂便随逐；净本：即便随去。参考：anucaṅkramyati：BHS.**wanders along** ... n.m. suv.185.2. anu-vicarati：BHS. **roams along, thru**; often follows anucaṅkramati. D.巡，随顺而行。*Dal-bh., Bodha-bh.*

mukha：昙本、净本：（死）门。n. the face, mouth, countenance. BHS. nt, seems to me to show no uses essentially different from Skt.; a few which have cause or might cause questions to arise are here listed: 1.**direction**; 2.**entrance, ingress**. D.口，口面，口门，口角；面，面门，面目，面部，颜，下颜，容；咽；门。mṛtya-mukha-praviṣṭa: 昙本、净本：将入死门。

vāhayitum：昙本：成；净本：济办，断。Caus.inf.（√vah）: BHS. vāhayati, vāheti; see bāhayati.（casts off, excel）（otherwise = Skt. vāhayati, as in *MSV.i. 57.1.* manasikāram vāhayati, **to work at, accomplish**）.

ārocayati：昙本：说，作……言；净本：作……言。Caus.（ā-√ruc：to shine near or towar）. BHS.（rarely）āroceti（=Pali id. usually -ceti）**declares, announces, tells**: usually with acc. of thing and gen. or dat. of person, but sometimes with acc. of person. D. 告，言，报，说，白，告……作如是言，高声唱言，请祷；欲，乞；作证。参考：arocayāmāsa：白……说（昙本），175.1.此词与其词根应有其内在的联系，"使……发光，透明"转而指"使……清楚明白"，特指说话，就是说使某事让人明白。以"白"字译之，更近于词根意。

abhi-saṃ-s-kṛta（abhi-saṃ-√kṛ: to shape form）: mfn. consecrated. BHS.（=Pali saṃkhata）pp.of skaroti；accomplished, effected, formed. D.造，造作，所作；所修，修治；所为；生起；有为，有所为作；严饰。abhisaṃskṛtam bhojanam，昙本、净本：可食之物。意为现成做好的食物，亦即可以吃了的东西。

ud-agra：昙本：踊跃无量；净本：跃。（√aṅg: to mark. agra: formost）: mfn.

having the top elevated or upwards, projecting; high, tall; increased, fierce, intense; excited; loud. BHS. 1.adj.**joyful, delighted.** 2. noun, prob. nt.（cf. Pali odagya）**joy.** D. 踊跃；勇猛；喜悦。*suv-pr.* 意为：高兴。此处或未用BHS.的意思。踊跃，当与英语意思over-toping对应，而无量，则与fierce，intense对应，这种把多义词的不同意义用两个以上的词翻译的方法，有助于充分理解原意，从而不失却那些潜在的含义。此词本义是指一种向上的动作，转为激动、强烈、最后、生出欢悦的意思。在后世佛教汉语的语境里，"踊跃"已与"欢喜"的意义无太大的分别了。据BHS.，这种状况在被译为汉语前就存在了（joy，joyful），不过，汉语译者分明知道此词的本义，才有这"踊跃"的译法。

antikāt：昙本：从……边。ind. from the proximity; near, closed by; within the presence of. BHS. adv. 1.**than with**（gen.）2.**on the part of**（gen.）D. 近，所，处。参考：antika: mfn.（with gen. or abl.）near, proximate.

nāma-dheya：昙本：名号；净本：名。n. a name, title, appellation; ind.by name. D. 名，名号，名字，首题名字，首题名号。此处意为"名字的被持，或被置于……"即人们念诵崇敬佛名这件事。参考：dheya:[（应）被抓住的，（应）被握住的，被（应）持的；国土。]（√dhā: to put, lay. D. 任持，能持。Gerundives）: mfn. to be held or taken. BHS. dheya（only ifc. = Pali dheyya）realm, sway, control（normlly subst. in Pali, despite PTSD，and in BHS.）.

pratītya：昙本：（十二）因缘；净本：（十二）缘（起）。（prati-√i: to go towards or against, go to meet; to come back, return）: n. confirmation, experiment; comfort, consolation. BHS. ger., also used virtually as postpos.（deserved from Skt. prati-√i = Pali paṭicca）,**dependent on, based on**. D. 因，依因，托，缘，缘起，缘生，因缘，籍。此处用BHS.义，"基于，依托，因着"之意，"缘"取"缘木求鱼"之"缘"义。

dṛṣṭi：见解。（√dṛś：cl. 4. to see, look）: f. seeing; view; eye, look, glance, beholding. BHS. f.（=Pali diṭṭhi）**view, opinion**; rarely in a good sense. D. 见，阅；邪见，妄见；朋党。从D.中"朋党"义来看，此词似可用以指人，即"见"指代为"持某种见的人（们）"，此词用单数，应为泛指。下句kecid……kecid……用复数，指持这两种见解的两群人，dṛṣṭi指这两群人的见解。

abhi-śrad-dadhāti：昙本、净本：深信。BHS. rarely -dhayati（？）（=Pali abhi-sad-dahāti, always with singles, pointing to a new MIndic prefixation of abhi; no in Skt.），**belives,** with gen. of person, acc. of thing（as in Pali）. D. 信，信受。参考：

śrat, śrad：ind.（accord to *Naigh.iii.10.*= satya，'truth, faithfulness'）. śrad-√dhā: to have faith or faithfulness; to credit.

pra-ṇi-dhāna：昙本、净本：誓愿。（pra-ṇi-√dhā: to place in front）: n. laying on; respectful conduct; vow; vehement desire. BHS.（=Pali pra-ṇi-dhāna; like pra-ṇi-dhi; n. act to pra-ṇi-dadhāti, pra-ṇi-dheti）, **fixation of mind**, and so **ardent dasire, earnest wish**, **vow**. D.愿，所愿，志愿，誓愿，思愿，本愿，正愿，胜愿；作愿，发愿，弘愿，弘誓愿；愿求，愿乐，欲乐。

trāyas-triṃśa：昙本、净本：三十三。（trāyas：pl. of tri in comp.）: mfn. the 33rd.（SE.中此词无"三十三天"意，亦无triṃśa一词）. BHS.（cf. Pali tāvatiṃśa, trāya-triṃśa, trayas-triṃśa）: adj. with deva（q.v.）or subst., **n. of a class of buddhist gods**.

sabhā-gatā：同类，群体。（SE.中意为mfn, one who appears before or is present at a Court of justice. 但是，此意与上下文意不符。）BHS.（to sabhā-ga., plus-tā）, **likeness, community,** 1. **the being one of a category or group**; 2. also in looser sense, **resemblance, likeness**. D. f. 同；共；同分；劫，等分；有分；同类；同行者。devānām trāyas-triṃśānām sabhā-gatāyām：昙本、净本：三十三天。意为"三十三位天神的同类""三十三位天神的群体"。

ni-rodha：净本：灭。（√rud: cl. 7. to obstruct, check, arrest, stop, withhold. ni-√rudh: to hold back, stop.）: m. confinement, locking up, imprisonment; restraint, check, control, suppression, destruction. BHS. supression, D. 灭，灭尽，灭度，灭坏，寂灭，寂静；灭定，灭尽定；舍。此词意为控制，压伏，定住，毁坏，此处译为"灭"，似未尽本意。

upa-śayana：卧处。BHS.?（m.or nt.）, perhaps **a small bed, cot**; or, **surface of a bed** *suv 195.12*（prose）. D. n. 高楼，楼屋，*suv-pr.179.* 来自词根√śī，其词义必与"躺"相关联（参考upaśaya: mfn. Lying near at hand or close by, lying ready for use; m. the lying near），BHS.的解释较为近其本意。śreṣṭhin upaśayana意为：上好的卧处，善卧室。

śabdāpayan：昙本：可……唤令使来；净本：唤取。参考：BHS. śabdāpayati: **calle**, **summons**. BHS. 43. Synopsis of verb forms. p. 233. Caus. śabdāpayati.这形式是这里独有的。应是祈愿语气复数第二或第三人称，即：śabdāpayeta或者śabdāpayeyus。

prāsāda：（见错误或可疑的拼写部分。）

prāmodya：欣悦，快乐。BHS.（and rarely prāmudya），nt.（=Pali pāmojja，pāmujja），**joy**. D. 喜，胜喜，欢喜，悦，欣，欢，乐，喜悦，欢悦，喜乐，欣乐，（自）庆，和悦予；踊跃。

samyak-saṃbodhi：净本：（无上）觉，（无上）菩提。BHS. f.（cf. prec.；=Pali sammā-saṃbodhi），**a perfectly enlightenment,** =（saṃ）bodhi. D. 正觉，正等正觉，正真之道；正真道。*suv-pr.*；音写三藐三菩提；正等菩提。

2. 语法

南条梵本中有许多地方，看似在按古典梵语变化，但按此理解，却是无法卒读。它们基本上都包含在埃杰顿的混合梵语语法所论述的范畴之内，但在偈颂部分，一些语法现象甚至埃杰顿也未涉及。

（1）属格用为为格

daśānām matsya-sahasrāṇām druma-śākhābhis suśītalām chāyām kṛtavān：“与作阴凉”“为作阴凉”之“与”“为”，一般情况下用于翻译为格，而这里和“与”“为”相对应的是属格（teṣām daśānām matsya-sahasrāṇām），翻译时将“十千鱼”略去了，据BHS. vol.1. § 7.63. **genitive for dative.**（The gen. in practically all the senses of the dative [excepting only that of purpose] is so familiar even in Sanskrit [and so universal in MIndic.] that it seems unnecessary to illustrate it.）知此处译者将这个属格理解为为格了。

在namas tasya bhagavatas ratna-śikhinas tathā-āgatasya arhatas samyak-saṃbuddhasya pūrva-bodhi-sattva-caryām caramaṇasya evam praṇi-dhānam abhūt（176.7–9.）一句里，namas的用法有些特别。它通常是跟为格，但这里却跟了属格（参见BHS. 7.63. Genitive for Dative. 见上），其意群似可从samyak-saṃbuddhasya 后断开。namas为主格，省略助动词，意为：“对……敬礼”。在这里，tasya bhagavatas ratna-śikhinas tathā-āgatasya arhatas samyak-saṃbuddhasya具有双重身份，它既是namas的对象，又作为独立属格tasya bhagavatas ratna-śikhinas tathā-āgatasya arhatas samyak-saṃbuddhasya pūrva-bodhisattva-caryām caramaṇasya的一部分，是“誓愿”的作者。意为“向……敬礼，他的在往昔行菩萨行时的如是誓愿产生了”。二汉本可作此解。[①]

① 昙本：“南无过去宝胜……宝胜如来，本往昔时行菩萨道，作是誓愿”；净本：“南谟过去宝髻……此佛往昔修菩萨行时作是誓愿。”昙本加上“宝胜如来”，而净本变通加上“此佛”二字，以明其主语。

（2）具格用为依格

yena ... tena ...（yena yena ... tena tena ...）: BHS. **7.30.** Instrumental for locative. In BHS, historic instr. forms are extensively used in loc. function（also abl., see below）; **7.32.**: Place where: yena ... tena ... 'where ... there'（Pali id.; Sen 23）is so constantly used that illustrations seem superfluous ... this usage, or at least yena 'where' is not quite unknown in Skt. 例如：yena yena jalavāhanas anucaṅkramati tena tena daśamatsyasahasrāṇi anudhāvanti一句，因jalavāhanas anucaṅkramati之意前句已有表述，故汉本未译出，以“亦复”译yena yena ... tena tena ...，表示流水长者子“行”到哪儿，鱼亦如是，这样，“而行”便与anucaṅkramati对应起来；“随逐”一词，既是anu-dhāvanti的翻译，也与yena yena ... tena tena ...的意思相合，如此，“是鱼……亦复随逐……而行”便是此句的精确翻译。yena引的是分句，故sā puṣkariṇī用体格。

aparena kālena samayena：昙本、净本：复于后时。意为：后来在……时候。本当是依格，却用了具格。这样用为具格的表时间的词在南条梵本中反复出现。

（3）具格用为从格

atha tāni daśa-deva-putra-sahasrāṇi kha-ga-pathena upakrāntāni一句（179.10–11.）中，kha-ga-pathena译为“空中”（昙本净本），ena意为“从空中（来）”，具格用为从格（参见BHS.7.35. Instrumental for ablative）。

（4）固定搭配

anupūrveṇa anucaṅkraman anuvicarati：昙本：遂便随逐；净本：即便随去。anucaṅkraman: BHS. **wanders along**. anuvicarati: BHS.（= Pali. id.; rarely in RV. and once in Skt. acc. to BR）, **roams along, thru**; often follows anucaṅkramati, q.v.: *suv* 185.3. 昙本：随逐；净本：随去。

（5）单数用为复数

druma-śākhām：昙本、净本，D.：枝叶。f. pl. acc. 此处druma-śākhām, f. pl. acc.，应是BHS.形式，见BHS.9.99. Acc. pl. -ān, - ām.

（6）词性沾染

在偈颂里，发生了一些词性“混乱”的现象，这些“混乱”与复合词有关。

偈颂中十二缘起都按同一种句式排比，前面带pratyaya的多财释复合词修饰后面的词，前后二词性数格绝对一致。[①]saṃskāra的词性颇为可疑，在yad uta avidyā-pratyayā saṃskārā中，用为阴性，而在saṃskāra-pratyayam vijñānam中又用为阳性（或中性，其本身是阳性），据BHS. 6.1.，[②]此处似可视为一种词性混乱的现象，然而，avidyā是阴性，saṃskārā与其同性，无独有偶，在jāti-pratyayā jarā-maraṇa-śoka-parideva-duḥkha-daurmanasya-upāyasā bhavati中，jarā-maraṇa-śoka-parideva-duḥkha-daurmanasya-upāyasā也变为阴性，与jāti同性，而在vijñāna-pratyayam nāma-rūpam中，nāma-rūpa也由阳性变成与vijñāna一致的中性。但除此之外，在偈颂中的其他地方，词性都与古典梵语完全符合，这说明此偈中的性并不是混乱的，它们是在不同的句子里遵循着各自的规则变化而已。在上举的三句当中，被修饰词的词性被修饰它的多财释复合词的前部的词性所同化、所规定，按多财释自身的法则，整个复合词又必须和被其所修饰的词一致，所以，全复合词最终也采取了这个性别。这三句所遵循的这种非梵语的与多财释有关的规则应当能证明它们的非梵语来源。[③]

在下面的一段偈里，[④]saṃskāra不再是阴性，jarā-maraṇa-śoka-parideva-duḥkha-daurmanasya-upāyasā却保留了阴性的词性。

viṃśati-gajā：昙本、净本：二十大象。f. viṃśati是阴性词，gaja是阳性词，按照依主释复合词的规则，复合词的词性应当取后部分的词性而为阳性，但此词却用了阴性，即viṃśati的性。

这几个词的构成并不一样，但在复合词前部的词性影响到整个复合词的词性，甚至被修饰的词的词性这一点上，是一致的。对于这种词性不合复合词规则的现象，不妨权且称之为“词性沾染”。至于这能否被视为一个规则，尚需要大量的例证和考据的工作。[⑤]

（7）体格的特殊用法

在yena ... tena ...句式中，yena引一个体格名词作为分句，如：yena sā

---

① 多财释是“两个以上的词，皆是以第一格收尾的……是为了修饰另一个词，……表达的是第一格以外的其余各格”（《波你尼语法华蔓》650），因此，如：saṃskāra-pratyayam vijñānam可拆为saṃskāras pratyayas yasya saṃskāra-pratyayam vijñānam，这样，其意思便是“识的缘（产生的原因）是行”。

② Gender in BHS. is in about the same condition as in MIndic generally; and perhaps specially close to *Apabhraṃśa*, in which *Hemacandra 4.445* flatly declares that gender has no rule’.

③ 这是否意味着十二缘起的形成也经历了一个历史的过程？

④ yad uta avidyā-nirodhāt saṃskāra-nirodhas|
... jāti-nirodhāt jarā-maraṇa-śoka-parideva-duḥkha-daurmanasya-upāyasā nirodhyate|

⑤ 查阅传统俗语语法著作应当是一件首要的工作。

puṣkariṇī tena upa-jagāma，sā puṣkariṇī用体格。这是不见于古典梵语的现象。

3. 音变

有时某些词汇发生一些声音上的非梵语的变化。它们可能有着一些非梵语的来源，或者还有着其他超出本文视野的更复杂的原因。

kīyanti（见上）：同于kiyanti，ī变为i。BHS. 3.17–3.19：ī for non-final i，并未涉及此种情况。这里应是发生在南条梵本中的特殊变化。

pari-cālayati：昙本：飞腾游行（？）；净本：飞腾（？）。pari-√cal（√cal: cf. √car, √cat: cl. 1. to be moved , quiver, swerve, fall off; to frolic. Caus. cālayati: to drive, remove or expel from; to disturb; to foster）: Caus. to cause to move round, turn round.（180.2.）原注1：r A.，即皇家亚洲学会本作pari-√car，见上。这里体现了一种为标准梵语所认可的r与l的混用。r变成l是“原始佛典语言”和摩揭陀语的特征之一。古代印度俗语文法学家再三强调，这是东部方言里的语法形式。[①]

九、结语

通过梵汉的对校，笔者总结出一些不见于所用工具书的特有的词汇和语法形式，发现了一些特殊用例和错误（或者有疑问）的拼写，总结出一些所谓混合梵语的词汇和语法形式以及某种可算作翻译的程式的标志梵语原文语法的汉语词汇。通过对勘，发现南条梵本在语言上含有大量的非梵语成分，属于所谓混合梵语，正处于一个“梵文化”的过程中间，而且远未达到这个过程的最后阶段，虽然拼写已经梵语化了，但在语法、词汇方面，其来源语的痕迹十分明显；汉译本也不完全是纯粹的汉语，而是一种受原典和翻译本身所影响、制约的特殊的汉语，属于所谓“佛教混合汉语”范畴。三本相比，昙本原本应当更早出一些，它与南条梵本之间当无承继关系；许多迹象支持净本晚出的结论：其形式更加成熟，发生了一些引人注目的变化，某种程度上标示着崇拜对象的后世人物的转变（如水空水藏的后世由昙本和南条梵本的罗睺罗、阿难变为银光、银幢），以及长段的陀罗尼的增入；昙本与净本的关系远较与南条梵本的关系密切。梵本与二汉本原本应该属于同一故事母题在不同时地的不同流传版本。它们在写定之前应当都经历了一个相当长的口传时期。此外，在对勘的工作中

① 参见《原始佛教的语言问题》，第25，39—40页。

也可以窥见些许汉本译者的良苦用心、翻译技巧以及在翻译这两种相去甚远的语言时的艰辛和得失。

（未刊稿，硕士论文节选）

书山有路

奔丧龟兹

在我们这个危脆的世界上，有些东西一旦逝去，就再也不会回来了。

曾经有一个日本人去问英国史家汤因比（Arnold Joseph Toynbee），如果生命能再来一次，他愿意生在什么地方。汤翁答道：塔里木盆地的库车，因为人类的四大文明都在那里交汇。

库车，就是龟兹，是不同时代的同名异译，是塔里木盆地里塔克拉玛干大沙漠西北边缘上的绿洲城邦。这个盆地曾被那个写《古代社会》的摩尔根（Lewis Henry Morgan）称为“人类文明的摇篮”。

龟兹曾是唐帝国安西大都护府的治所，在远不只运载丝绸的丝绸之路上，这个差不多是世界上离大海最远的东方印欧人的绿洲小邦，就像一块海绵，吸足了东南西北富含海洋气息的文明因子——天竺、波斯、华夏，希腊、罗马，闪米特的两河、希伯来以及后来的阿拉伯，再加上那个动辄就潮水般席卷中国、西亚和欧洲的游牧大草原，都把他们的物质的、精神的货物倾注在这里，成就了独特的龟兹文化，并向远方，尤其是向东贩运、照耀或辐射。于是，龟兹就成了一面镜子。今天的中国、印度、“近东”和欧洲都能在这里映出自己的面孔，照出自己年轻时候的模样，而在自己的身上，也会时不时地感到它踪迹迷离的影子和声响。

龟兹人曾经大量涌入中原。史书上记载着一个叫“龟兹县”的地方，应该是被赐给龟兹移民居住的土地；而在来华的西域僧俗的姓氏里，“白”和“帛”基本上被认定是梵语pushpa的音译，“花”的意思，是龟兹的王姓。成书于南北朝时期的《出三藏记集》就记载着七个拥有此姓的佛经译者。陈寅恪先生在《元白诗笺证稿》等作品里曾经考证过白居易的龟兹血统及其对创作的影响。这些人和“裴”“尉迟”等姓的西域王族以及“竺”“安”“康”“支”等姓的印度、中亚移民都成了“汉人”，并在中原世代繁衍，把他们的血统散布在我们当中。

龟兹的乐师常常是中原宫廷里的座上宾，其所受之尊崇远非巴赫、莫扎特可比。唐诗里对“琵琶”“胡旋舞”之类西域音乐、舞蹈的描写俯拾皆是；在自汉至唐的宫廷乐舞里，龟兹乐总是名列前茅，其中携带的印度、伊朗、中亚乃至更远方的希腊、罗马气息对中国的表达方式——传统音乐、戏曲、文学等——的“影响”，会是一个很有趣的话题。

还有响在我们嘴里的话。我们挂在嘴边的“世界”“未来”“心田”“爱河”“因缘”“平等”“无名业火”“粉身碎骨”“回光返照”“味同嚼蜡”等词语可不是来自我们上古的祖先，而是翻译来的。历时千年的佛经汉译在人类翻译史和经典传播史上可谓“史无前例”。如果我们将《大正藏》五十五卷的翻译部分和《圣经》的翻译，甚至和同时期的本土文献的数量对比一下，便会发现“现代人”到底忽略了什么。

佛教从印度北部兴起，大约1世纪时候蔓延到当时的西域，在那里勾兑、发酵、过滤，最后由大量的龟兹、于阗等西域诸国僧侣传播到中原，蜕变成中原生活方式不可或缺的组成部分，然后风靡朝鲜、越南，并渡海到了日本。佛教传来的不仅仅是现代意义上的宗教，更是从内到外、从语言到气质、从风习到思考方式方方面面催变了人的生活。译经运动把以不太纯正的梵语和西域“胡语”为主的印欧语文献翻为汉语，最后流向民间，参与改变了汉语的语音、词汇甚至说话的方式——语法，催化了所谓第一次汉语的“印欧化”，让“上古汉语”变成了“中古汉语”。说汉语的人们从此有了对自己声音的自觉，开始了音韵的探索。而后改变的是人类灵魂的另一基本方面——文学。目录学的鼻祖僧祐极善文辞，《文心雕龙》的作者刘勰就是他的弟子，这种传承关系可以从他的《出三藏记集》（又称《祐录》）序的华彩文风里一目了然。从《世说新语》里，我们可以知道谈玄论佛成一时之风，而六朝的骈骊之风和广泛流传的佛经诵读之法关系密切。音韵的探索开辟了诗律的领地，为唐诗的盛宴准备了一个花园，而宋词更是充满了西域音乐的味道，许多词牌就直接取自胡乐。小说就不必说了，按陈寅恪先生所说，“佛教经典之附庸”，亦可“渐成小说文学之大国”。各种神怪故事、笔记小说、评书、弹词直至辉煌之明清长篇小说——如《西游记》说的直接就是取经故事——与本于经典和壁画的佛教故事流行方式是扯不清干系的。

译经和今天的个人翻译不同。在国家主持的译场中，为翻译一部佛经而同时在场的人数可达到五百人，规模巨大，分工详明，精益求精。翻译的风格有着明显的地域特色，存在着一些潜在的翻译学派或传统，于阗、龟兹和本土译者的翻译应该是其中最主要的。而在所有的译品里，龟兹僧鸠摩罗什的翻译是流布最广，最通达畅快、朗朗上口的。鸠摩罗什是姚秦皇帝的帝师和密友，国家译场的主持者，差不多是一国的宗教领袖。《金刚经》最流行的版本就出自他的笔下。而很多最常见的佛教词语如"恒河""须弥山"等据考证是译自吐火罗语，而非梵语。

吐火罗语是龟兹和另一个古国焉耆的日常语言。这种死语言在前几年中国知识分子的语境里几乎成了艰深学问的代名词。塔里木盆地出土的吐火罗语古卷是用古印度的婆罗谜字体写的，而用同系字体所写的佛教梵语，则一度是龟兹的经典语言。主要以梵语、吐火罗语、于阗语和回鹘语写就的"沙海古卷"的发现和解读，是20世纪西方学界具有里程碑意义的事件。这些材料主要来自斯文·赫定（Sven Hedin）、斯坦因（Marc Aurel Stein）、格伦威德尔（Albert Gruenwedel）、勒科克（Albert von Le Coq）、伯希和（Paul Pelliot）等人在塔里木盆地和吐鲁番盆地的探险所获，他们带走的还有以各种手段获得的雕塑、壁画等精妙绝伦的艺术品和价值连城的文物。这些探险家大多自己就是杰出的学者。他们之外，在西域佛教史、印度语言和龟兹壁画的研究方面最负盛名的学者是德国的瓦尔德施密特（Ernst Waldschmidt）。此公是陈寅恪的同学、季羡林的导师。而对吐火罗语的解读，则要归功于德国的西额（E. Sieg）和西额林（W. Siegling）的杰出工作。他们的辛劳凝结为一本吐火罗语语法书。西方学者苦心孤诣地解读吐火罗语可不是赶时髦。除了对知识和"历史的真实"的广义兴趣之外，他们关注的也许是自身的根和源。吐火罗语属于印欧语系，事实上它的流行区域几乎是古代该语系所达到的最东边界。然而让语言学家吃惊的是，虽然吐火罗语处在印欧语东支Satem语组的梵语、古波斯语的东面，却属于印欧语系的西支Centum语组，就是说它和希腊语、拉丁语、古凯尔特语以及今天的法语、意大利语等更为亲近，而与公元前2000年在小亚细亚建立了有史以来第一个印欧帝国的赫梯人的语言关系尤为密切，因此，它极有可能是迄今发现的最古老的印欧语之一。而说这种语言的种族却可能是"从东方来的"，因为有学者认为大月氏人说的也是吐火罗语。那么，这个东方又在哪里呢？

龟兹出土的数量可观的梵语古卷大多都和曾经活跃在中亚的部派佛教的说一切有部、法藏部等有关，而这些部派被当作"小乘佛教"，没有真正传播到"大乘佛教"一统天下的中土。有研究认为佛教3至6世纪在龟兹达到极盛，玄奘7世纪时还曾见到那里有"伽蓝百余所，僧徒五千余人"。今天库车县东北的东西两座雀离大寺废址依然在河岸上断壁巍峨、残塔耸立，虽是寺庙，规模却要比许多古城遗址大出数倍。

然而，那个曾经显赫过的城邦消失了，流行其国的教派也在宗教战争中湮灭无闻了。但是，作为业已消逝的灿烂时光的见证，虽然屡经丧乱，以克孜尔为中心的龟兹石窟寺群却还赫然存留在耸立的岩壁之上。

龟兹石窟是整个丝绸之路北道最重要的古代遗存——这是我们与那个辉煌的消逝的文明及其复杂的血统之间血脉相系、微弱但却是最关键的脉管。它的壁画，按照德国的勒柯克所说，是"在中亚任何地方所能找到的最优美的壁画"，而意大利中亚美术史家布萨戈里（Mario Bussagli）也称之为"中亚艺术的顶峰"。百年前被勒柯克割走的那些壁画残块是盛誉广被的德国柏林印度艺术博物馆的骄傲，其中有许多毁于"二战"期间盟军的轰炸。这一直是学界的惨痛心事。

尽管今天的龟兹石窟只剩下岩壁上有画、无画的石室了，但它们依然存留着往昔的气息，与其所处的位置、与消逝在时间里的历史血肉相连，依然是打开无数迷宫的钥匙，而在这些"丝绸之路上的洋鬼子"劫余的以万平方米计的壁画里依然充斥着让后世艺术汗颜的"杰作里的杰作"，蕴藏着有关故事流变、风格影响、民族迁徙、文化交流、宗教传播和风俗沿革的有待辨析的信息之海。

龟兹石窟的壁画确实美得让人窒息，让人心碎。实际上，龟兹壁画所用的颜色种类十分有限，但画在那些奇妙的形象上，经过千百年自然之手的抚弄，却色彩异常丰富，让人目不暇接。龟兹壁画的内容，因为羁留了南来北往的文明质素，常常令今人的想象力显得贫乏苍白。随便举几个例子吧！许多洞窟券顶的天象图里，画有阿波罗一样坐在战车上的太阳神，有中国小说里常见的风神、雨师，有身上飘扬着舞带和水火纹的闲适安详的飞佛，还有金翅大鹏鸟，它时常被画成西方战旗上的双头鹰形象；在佛陀的听众里面，常常会有印度神谱里拿着金刚杵的因陀罗、蓝头发的梵天、半裸舞蹈的乾达婆，身段曼妙的树神、天人、菩萨、比丘、比丘尼和供养人，以及我们在《西游记》里认识的老朋友四大天王；有一尊神戴着狮头冠，被认为是希腊神话里的大力士赫拉克勒斯；有的争舍利的国王或说法图里的骑士身穿波斯盔甲；有类似汉代铁铧的耕具出现在一个洞窟甬道壁的牛耕图里，而另一幅耕作图中一个农夫使的"坎土镘"至今还在维吾尔族农民手里用着；有个洞窟中，国王头上的梵文婆罗谜字体题记被解读出来，正是玄奘提到的龟兹王"金华（Suvarnapushpa）"；供养人里面有许多留着考究的分头、着长裙长靴、高领佩剑、气宇轩昂的龟兹绅士和束腰挺胸、长裙及踵、典雅宁静的龟兹王妃、仕女；还有眼噙泪水的天人、裸体婉转的少女、眉目传情的乐师、会心微笑着的弟子；那个门楣上方的未来佛弥勒，也绝不是大腹便便，喜笑颜开，而是宽肩细腰、交足洒落、隽朗神清，若有所思；佛的头光、身光大都冒着火焰，空中落着冒火的摩尼宝珠，而一些宝珠里分明绘着十字图形……这一切似真似幻，让人感到每一笔触和形象的背后都深藏着无数的大千世界，纠结着不为人知的历史，和我们常见的佛像、佛画绝无雷同。龟兹壁画里的人物形象打着明显的希腊、印度和犍陀罗艺术的烙印，提醒着这些沙漠里的形象和那些遥远文明之间的骨血相承。

石窟的造法颇为讲究，窟顶或券，或藻井，或穹隆，巧妙地分解着山体的压力，又使空间显得完整而空旷；许多高达十几米的大像窟庄严宏伟，它原来的“大像”在气势上一定不让巴米扬大佛；固定塑像的孔槽错落有致，阔大的后室飞天飘舞、诸佛天人环绕、宝器繁花缤纷，诸色纷呈，壮丽辉煌；典型的僧房窟里有装门框的精巧凿槽，有床，有造型别致的壁炉，还有面向山谷的窗子；而典型的中心柱窟则是十足的故事画长廊，精心安排的壁画串联着故事，每窟都是一整套的叙事体系，从本生、因缘到本行、譬喻，讲述着佛与人的前生、今世和未来。

确实有某种东西隐秘地活在那些被时间漂洗了一两千年的线条、颜色、泥皮和变化多端的形象的背后。在洞窟里这些前生今世的轮转里，集纳了许多在印度、中国、中亚和欧洲的各个角落里都在讲着的故事。它们链接着整个人类的故事讲述之网。这些绚烂凝重的色与线的面纱后面，也许深藏着一部“故事母题”(Motif)的奥德赛。

还有一种时间本身留给人们的“故事”。许多洞窟经过几百年的使用，被反复重新敷泥、粉刷、绘画，毁弃后再经剥蚀、烟熏、人为破坏，在同一个洞窟的不同部位会显现出许多不同层次的使用痕迹、绘画和刻画，成为另一种时空旅行的标本：不同时期不同的社会风习、技术手段、宗教倾向、信仰状况、艺术风格和心理结构及其变迁都化为谜语，凝结在一个小小的空间里。而有趣的是，古代的石窟使用者自己也被蒙在鼓里。同样有趣的还有石窟的构成。考古学家认为，这些古老的洞窟不是孤立的，它们有着一种打着时间烙印的秩序：洞窟以某些特定的方式组成许多寺院，一度居住着文化背景不同的教派。它们的日常生活是怎样的呢？它们和印度的经典之间存在着什么样的关联？在漫长的传承中曾经饱吸了哪些地区的文化，并记录着怎样的内部组织和思想的变迁？又是如何与世俗社会互相影响，进而转承、塑造了远方的文化？

学者们确信，在窟前的地下，必定还有大片地面建筑的遗存，窟前虚土里肯定还埋葬着未发现的洞窟，未知的遗物、遗书。千百年来，许多洞窟或零零散散或整块整块地从崖壁上塌陷下来，带着无数雕塑、壁画、器物的碎块，埋进风蚀剥落的沙土中间，以及时间黑暗的深处。对这里的系统发掘会为佛教考古、中西交通、美术史和佛教史尤其是部派史等许多学科的研究提供可以“预流”的新材料，带来不可估量的突破性进展。那也许是消逝了的文明和宗派留在我们手里的一束束的命运之线，断掉一根，某个谜底的风筝就会消失在深不见底的虚无的苍穹里。

今天下榻库车县龟兹宾馆的人们会在大堂的墙上看到几幅供养菩萨的巨幅摹品，它们的原作就在因施工而偶然发现的库木吐拉新一、新二窟里。同时发现的还有一座精美绝伦的犍陀罗风格的泥塑坐佛，这在雕像几乎被宗教纷争损毁殆尽的塔里木盆地是弥足珍贵的。而这两个洞窟正是塌陷后被埋在石块和沙土下面的，被发现前，人们看到的就是石壁下的虚土堆。同样情况的还有保存相当完好的克孜尔新一窟。

所谓“文化遗产”是包括环境在内的。以龟兹石窟的中心窟区克孜尔石窟为例，明屋塔格山的深谷里渗出一股名叫“泪泉”的清泉，千百年来养育了无数的草木，或许还曾养育过住在这里的僧团。山谷里，无拘无束的枝条在燥烈的空气里如云似雾，流泉穿行在任意屈伸的树林中；树下古老的红柳丛丛，石壁下的芦苇高可数米，微风吹过，飒然作响。而上面，是石窟，是一动不动地待在石壁上近两千年的神界和人间的形象，以及在南疆的阳光下闪闪发光、寸草不生的山崖，幽蓝莫测的天穹，扑朔迷离的民间传说与未知的历史。然而，泪泉今天真是在流泪了。龟兹石窟面临着它新的一劫，和新疆、和全国的许多遗址一样。

2004年7月19日，当我进入克孜尔所在的木扎提河谷的时候，充耳所闻的是机器的轰响。推土机在人工湖边和湖靠洞窟的一侧的道路上推土、挖土，离洞窟约200米远的路面被挖下超过1米深的路基。在离洞窟50米左右的地方，一条两侧有半米深的石子路正在铺就。山谷外不远的林间道路正中，一个几十米见方、深三四米的深坑被挖了出来，里面灌满了泪泉流出的水。而整个谷东和谷西长达2千米左右的石窟群的前面绵延着深1米多的电线沟！然而，这些还只是序曲。7月31日，推土机冒着黑烟，隆隆地开到了洞窟的面前，推倒茂密的芦苇丛。到了8月3日，推土机竟然沿着整个谷西和谷东窟群，在虚土里挖出一条1~3米深的大坑来。我亲眼看到编号139的大像窟下面的一个残窟（139a）被拦腰截去了一半。幸亏当时两位北京大学的教授在那里考察，在他们的努力下，推土机才暂时停止了它们的窟前作业。我亲见人们在被推掉的虚土断面里捡出很多彩色的残泥块和陶器的残片。一切都发生在遗址的范围内，大部分和石窟近在咫尺。而《中华人民共和国文物保护法》第十七条规定："文物保护单位的保护范围内不得进行其他建设工程或者爆破、钻探、挖掘等作业……" 克孜尔石窟是国家一级文物保护单位。这些工程得到了谁的同意呢？

当然，克孜尔的浩劫绝不是今天才开始的。不同时代蒙昧的人们，摧毁雕像，刻画墙壁，拆走精美的木构，剥去金光闪耀却绝无多少黄金的大面积的金箔，乃至以艺术和考古的名义切割、剥离、损坏最精美的壁画。自然本身的灾害自不待言，克孜尔主要的盗取者勒科克曾经不无心痛地提起过1916年的地震对多个新疆石窟的损害。不过自然对人的东西，既能毁坏，也能保护，甚至成就。在实施保护之时，克孜尔还有很多完整的无画洞窟和70多个保存着1万多平方米精美壁画的石窟，即使那些今天还未加保护的露天小残窟的壁画也依然色彩艳丽，形体鲜活。这与塔里木盆地干燥的自然条件是分不开的。实施保护之后，龟兹石窟一度被有效地管理起来。克孜尔的第一任文保所老所长知道很多催人泪下的往事。为了石窟的保护和研究，第一批石窟工作者甚至付出过生命的代价。今天的许多谷内区和后山区里没有被旅游开发的洞窟，还用着他们当年肩挑背扛翻越陡峭的达坂运来的砖砌成的台阶。"文革" 一结束，一些杰出的研究者来到这里，老所长以谦恭而积极的态度为他们提供一切能够提供的条件，今天许多著名的教授还会说起当初和这位老所长同吃同住、同在洞窟里潜心揣摩的时光。这位因为出身原因没有受过大学教育的老所长非常注意保护石窟周围的环境，使这些流泉、灌木、古树得以保持原貌直到近年。

然而历史没有放过这远离风暴中心的山沟沟。"文革" 的时候，当时唯一的洞窟管理员尼雅孜老人因为与一位前三青团员同名，被带回克孜尔乡揪斗了两个月。在误会弄清之前，洞窟的壁画上又多了许多划痕和盗割的不规则残痕。而改革开放以后，又出现了 "保护性破坏" 的问题。克孜尔有过一次大规模的维修。今天游客能安然进入洞窟有赖于那时的工作。然而，诸如修复墙或者加固灰泥盖住了壁画、修复废料四处抛弃、修复墙把原不相属的洞窟组合打破重组造成研究的障碍的事情，让后来人啼笑皆非。而来自另一个著名石窟研究机构的工作人员对覆盖在烟灰下面壁画的失败清洗，让这些有可能在更先进的技术下完整重现的壁画永无重见天日的机会了。更有甚者，在谷东区二层171—172窟四围的岩面上凭空伸出一个被戏称为 "咖啡厅" 的飞檐琉璃瓦小阁楼。这还远不是全部！近年来，克孜尔建了一个很大的人工湖，而在靠近木扎提河边的地方，还建有一个据说是南疆最大的露天游泳池，5万平方米见方，岸边建着艳丽的西式小更衣室，分外醒目。两块新诞生的水域都在建构着遗址的新环境，成为一个“新人文景观”。在挖这个以佛教翻译家鸠摩罗什的母亲之名命名的人工湖时，工人们“发现”了不止一个遗址。今天，克孜尔的文物展厅里展览着一件无比精美的陶祖（雕着龙纹的男性生殖器模型），就是造湖时候捡出的。挖土机巨大的铁铲下去，还有多少件、什么样的陶祖不会香消玉殒？

有一件被当作故事讲的事儿。石窟保护单位的主要领导曾经向一位国家文物研究所的老先生介绍，他们打算在窟群间的凹陷里再建一尊现代佛像，以收取香火钱。这可绝不是笑话。今天每个去克孜尔的人都会看到在人工湖中间，已经存在着一个现代造的大肚弥勒雕像了。

一百年前，斯文·赫定、斯坦因、勒科克、伯希和、华尔纳、橘瑞超等这些探险家，从当时国人无意关注的废墟里以考古、非考古的方法掘开墓地，尽取所好，把完整的壁画切碎割裂（这对他们也是一种不情愿的破坏），并大量收购、骗取写着各种文字的古卷……最后搬回他们“自己的”国家，放在博物馆或图书馆里精心保存，从而成就了那些最了不起的东方学教授，使他们得以发千古之幽隐，辨证来者之源流，让包括我们自己的历史在内的一些消逝的时间明朗起来。我们必须承认这些人的才华、胆识、冒死入险的勇气和百折不回的精神，但用这来掩盖这些帝国爵士、名校教授们的窃贼身份却无济于事。这倒并不只是因为“他们”拿走了“我们”的——这所有权的观念倒还真是“他们”硬塞给“我们”的——而是因为他们毁掉了我们共同的。正是他们把那些从大地深处涌现出来的事物硬生生从其骨肉相连的环境里扯下，把作为整体的壁画切开，固定在远方博物馆里那无根的背景下。然而，和克孜尔的推土机不同的是，他们真的是把这些掳获当成宝贝。而与此同时，我们自己一个多世纪来却从来没有停止去自掘祖坟，没有停止安慰他们作为窃贼的良心。

一位毕生从事石窟研究的先生说他再也不想到那些石窟去了，因为他的心脏实在无法承受目睹当年日夜相对的那些国之瑰宝惨遭蹂躏的景象。一位教授看着克孜尔被铲开的虚土层里的陶片、土块和被腰斩的残窟时那种心痛欲绝的铁青脸色，大概算是对被虐杀古迹的一点告慰吧！

克孜尔只是个缩影，难道该对老汤因比的孤魂说：如果他还没改变主意的话，转生的事儿就抓紧些吧，否则生在库车和生在曼哈顿就没有什么区别了。

（原载《读书》2005年第5期）

我们所不了解的印度文明

印度自称婆罗多，古代曾被称为赡部洲、天竺、身毒等，位于南亚次大陆，是我们的近邻。印度文明是人类古代四大文明之一，和中国一样，是依然活着的古老原生文明。印度文化不断地吸收外来的新鲜血液而成长壮大，并在屡屡向外发展，变成别的文化的阳光雨露。印度的影子时时处处隐现在我们的生活中，只是我们未必发觉。

然而，印度的思维却和我们极为不同。印度人不记历史，直到穆斯林到来。古印度人相信声音是永恒的，所以不重书写。因而印度是口传神话和故事的海洋，却是文字记载历史的荒漠。整个印度中世纪史主要是靠中国求法僧法显、

阿旃陀壁画（《我们所不了解的印度文明》原刊配图）

玄奘、义净等人的记载“照亮”的。印度人相信轮回，人生所有的努力都是为了寂灭，或曰解脱，而不是追求不死。印度人强调因果，原因加上行动，就是结果，果是因在另一个时间的体现。印度人产生了四大皆空的思想。梵语语法上说，一切名词都来自动词，那些摸得着看得见的东西，究其根本不过是一些动作或状态的结果。

印度的历史对我们来说，似乎是清楚的。相信人类非洲起源的分子人类学的最新观点认为，整个东亚、北亚乃至美洲大陆的所有人类，都是从非洲经过南亚次大陆辗转迁徙而来。而考古证明，古印度人在4 500年前就开始住在带浴池的城市里的砖砌楼房中，捏制一些精美的偶像，在印章上刻下美轮美奂的形象，以及可能是文字的符号了。

但真正有迹可循的文献是四部叫作《吠陀》的诗歌集。它们是后来被西方人叫作“雅利安人”的多神教族群的圣诗和咒语。这些说印欧语的族群是三千多年前从次大陆北部山口骑着马涌进印度的。但这些“文献”不是通过文字流传下来的，而是被当作神的语言，靠口口相传了两千多年才被写下来。它们逐渐适应了印度的水土，和更古老的印度文化磨合、交融，慢慢衍生出各种文学、神学和哲学性的经典，产生了古典梵语、哲学思想、种姓制度和印度独特的社会、宗教习俗。四部《吠陀》奠定了印度文化的基础，确立了印度之为印度的文化身份，在以后与希腊、北方草原、伊斯兰、基督教文化和现代科学的冲撞和融合中，成长壮大，生生不息，愈加个性鲜明。

在《吠陀》之后出现的《梵书》《森林书》和《奥义书》堪比先秦诸子以及古希腊哲学。《奥义书》是后世一切印度思想的源泉。它已经摆脱了对祭祀的热衷，在探讨“梵我一如”(世界的本体和个体灵魂同一)了。它还提到了轮回和因果业报。这正是孔子、苏格拉底的时代，印度在异常活跃的思想活动中产生了耆那教、顺世论和佛教等反正统的沙门思潮，以及正统的婆罗门教六派哲学。主张中道的佛陀释迦牟尼是这时产生的思想群星中最为灿烂的一颗。他出于对众生相残和生老病死的巨大悲悯，悟出苦、集、灭、道四种圣谛，创立了佛教。佛教强调一切生命平等，都可通过持戒、入定和智慧，熄灭妄想和欲望，达到解脱。它的灵活豁达使其能在迥异的文化环境中焕发巨大的生命力，从而改变世界的历史面貌，影响世世代代生活的方方面面。

亚历山大大帝的短暂征服使印度获得了一个和希腊文化面对面的机会。留守的希腊王公开始信仰印度教和佛教。一部叫《弥兰陀王问经》的佛经把印度和尚和希腊国王之间的精彩论辩描述得栩栩如生。同时，佛教徒开始在印度西北部犍陀罗地区雕刻拥有东方宁静和希腊美的造像。摩揭陀帝国孔雀王朝的阿育王和大月氏贵霜帝国的迦腻色伽王对佛教大力支持，使印度的佛像背负着佛陀的教诲和印度的文化走遍了东亚的每个角落，佛教成了世界性宗教。在数次变迁中，佛教发展出一种全新的般若思潮。它慢慢和民间崇拜结合，形成了大乘佛教。大乘佛教后来产生了中观和唯识的深邃思想，涌现出龙树、法称、无著、世亲和陈那等一大批伟大的思想家，以及马鸣等伟大的梵语诗人和戏剧家。而主要存留在印度之外的佛教梵语大乘佛经和巴利语佛经的写本成为今人打开古印度思想和历史文化密室的一把钥匙。

印度向世界奉献了《摩诃婆罗多》和《罗摩衍那》两部波澜壮阔的梵语大史诗。这两部足以让荷马汗颜的鸿篇巨制是此后印度文学，尤其是口传文学的源泉。史诗里的情节被反复书写，在生活中下意识地重复，它们塑造的形象又不断塑造着印度人的思维、价值和行为模式，参与着每一个印度梦境。主人公是大神化身下凡的说法让史诗人物在后来的虔信运动中成为神祇，至今依然矗立在印度城市乡村的每一个角落，以供来来往往的人们参拜。历史变成文学，文学又变成宗教，这是典型的印度方式。

印度在中世纪的纷争中，有过笈多王朝和戒日王朝的短暂复兴，也曾受过来自北方草原的白匈奴的短期入侵，随后不得不起身迎接接受了新兴伊斯兰教的伊朗、中亚和北方草原的秉性迥异的文化挑战。笈多王朝的伟大诗人迦梨陀娑把梵语文学推上了巅峰，他的大诗和戏剧也是世界文学的高峰。伴随着文学的繁荣，《舞论》和《诗庄严》等诗学著作横空出世。而在民间，堪称神话故事的海洋的数十种梵语《往世书》广为流传。民间故事书《故事海》《五卷书》和佛教故事集《本生经》等印度故事集深深影响了阿拉伯人、欧洲人和中国人，而那种故事套故事的讲述方式也随之四处蔓延。有研究认为东至敦煌、西到伦敦的看图讲故事也是来自印度的石窟寺，它甚至影响了电影的产生。

婆罗门教经过对佛教的吸收和整合，开始以化身的理论把无数神祇及其信仰融铸为梵天、毗湿奴和湿婆三位一体的印度教。一位伟大的思想家和宗教改革家商羯罗开始向内外俱损、密教化了的佛教挑战，最终佛教在印度教的“吸收”和伊斯兰教的打击下在印度本土销声匿迹。

梵语文学的衰落和印度教的统一，为一直存在的各地俗语文学让出了发展的空间。它们伴随着穆斯林统治期间的苏非、虔信运动，铸造了一个百花齐放、息息相通的印度精神共同体，把被宗教隔开的印度重新联结在一起，并以鲜明的特色应对西方文明和现代性的冲突，通过泰戈尔、甘地和奥罗宾多等，一直延续到今天。

在殖民统治时代，对印度的"发现"同时成了西方的自我发现，考古的进展令无数失落在时间深处的古代历史重见天日，而对梵语的语言研究兴起了比较语言学，最终导致了对印欧语系的构建，并映照出了其他语言的特点，产生亚欧一体思想。而对古印度文献的探索催生了如比较文学、比较宗教学等新的领域，持续更新着人类的视野。

印度文明最终在全球化的时代摆脱了殖民统治，与它的东方兄弟一样，以沉潜着的巨大生命力抵挡着西方的意识形态。

人类有限的认识总是受到时间的限制，在那些被记载、被研究的东西之外，还有无数活生生存在着的事物从来都没进入人们的视野。我们已经看到了的印度只是西方望远镜里的景物，印度文明中还有更广阔的世界等待我们靠智慧和眼界去发现，这也是我们发现自己的过程。

（原载《光明日报》2013年9月9日第12版）

马的故事与人类文明

一、法国的国礼

不久前，法国总统马克龙对中国进行国事访问。他送给中国领导人一匹法兰西共和国骑兵卫队的八岁的褐骝色战马，名叫维苏威火山。

马克龙送来的这匹法兰西骑乘马属于一种1958年命名的育成温血马。西方的高头大马并不是自古就有的。它是中世纪诺曼战马在近现代人工杂交繁育的后裔。

主要以法兰西骑乘马为坐骑的法兰西共和国骑兵卫队被称为龙骑兵。作为一个兵种，龙骑兵其实是诞生于法国的骑马赶路、下马射击的非专业骑兵，龙是对火枪的火舌齐发的形容。法国骑兵确以骁勇善战著称，曾经跟随拿破仑横扫欧洲，一路打到莫斯科。根据托尔斯泰同名小说拍摄的苏联电影《战争与和

法国拉斯科洞中的“中国马”(《马的故事与人类文明》原刊配图)

平》里，展现了他们身披红色战袍，头戴罗马式闪闪发光的金色头盔，跨马疾驰，宛若游龙的风采。不过，拿破仑的大军被俄国人用马上民族的大纵深佯败战术打得悻悻而归。

法兰西共和国骑兵卫队马的入门标准是肩高1.66米，而蒙古马的肩高只有1.35米。作为一个有着悠久骑士传统的国家的门面，法国骑兵卫队的马享有“已经超出了国界”的威望。据说以法兰西共和国骑兵队的“龙骑兵”战马作为礼物，这还是第一次。

马作为国礼并不新鲜，中国古代的朝贡活动里总少不了马的身影。在欧洲，马是“政治动物”，古希腊、古罗马时代就作为贵族的权势和身份的象征，当作“动物国礼”授受不绝。而近世的法国更有四百年“骏马外交”的传统。路易十四曾把摩洛哥王献马之事视为效忠和寻求庇护，而突尼斯大公献给路易十五的柏柏尔马竟沦落在巴黎街头拉车，但几番辗转之后，成为英国纯血马的三个始祖之一，今天在马术场上扭着洛可可式舞步的纯血马身上都流着它的血脉。

世上应该没有哪种动物比马更深入地参与人类的生活了。有过骑马经验的人都不会忘记第一次骑上马背的那一瞬间的感受：广阔的天地迎面扑来，世界从眼前延伸至无穷，豪迈之感油然而生。马在高度、广度、速度和难易度上刷新了人的存在感。

二、马的演变史

百科全书上说，马的拉丁语学名叫*Equus caballus*，是哺乳纲奇蹄目马科马属食草家畜。它的祖先是大约5 000万年前在北美洲起源的狐狸大小的始新马，200万年前进化成遍布北美、欧、亚的草原野马。马是由草原野马驯化而成的。有些马的种类是独立演变的。而国内的马化石证明中国是东方马的起源地之一。

如今仅存的野马是所谓普氏野马（*Equus przewalskii*），即草原野马或蒙古野马。它的染色体有66条，比普通马多出两条。这意味着它们和普通马分家很早。而一般认为的马的直系祖先是欧洲野马（*Equus ferus*，或*Equus gmelini*），主要分布在法国南部及西班牙东部至俄罗斯中部，19世纪末灭绝。法国和西班牙石室壁画上的马，应该就是它们。1万年前，野马在其故乡美洲消失。这决定了两个大陆不同的命运。

据信，斯基泰人6 000年前在中亚阿姆河和锡尔河地区驯养了最早的马，但马应该是同时在不同地方被分头驯化的。那些古代良马产地如两河流域北岸、南俄草原、蒙古高原以及黄河流域，应该都是马的故乡。在我国大汶口文化和仰韶文化遗址中，发现好几个距今6 000年左右的已被驯化的野马变种。

马的视力差，听力好，这是马容易受惊的原因。马站着睡觉，靠奔跑避敌。马嗅觉灵敏，能辨别饲料、水质和方向，可以寻找道路。在古代，无论中国、印度还是西方，都不厌其烦地对马分类命名。中国古代根据马的毛色和花色把它们叫作骠、骝、骃、骅、骊、骐、骓、骢、龙、骍等，而母马叫骒，小马叫驹，阉马叫骟，劣马叫驽，壮马叫骁，好马叫骏，老马叫骥……中国古代大英雄的马都有个好听的名字，项羽的叫乌骓，关羽的叫赤兔，刘备的叫的卢，而李世民则给他的“六骏”都起了好听的三音节名字，如“飒露紫”等。

马的分类标准五花八门。近现代以来，除了颜色，还可以根据马的产地及环境、性情、功用、体型、育成方式等进行分类。如东、西方，乘、挽用、拖曳，大、小、轻型，冷、热、温血，草原、沙漠、山地、森林，自然、培育、育成等，或直接根据功用称之为速度马、障碍马、舞步马、猎狐马、牛仔马、马球马等。对马的命名则可用育种人、名人、国家或地方的名字，如奥尔洛夫马、布琼尼马、苏维埃重挽马、阿拉伯马等。目前世界上马匹存栏量约有7 000万匹，被分为300多个品种。其中汗血马、阿拉伯马和蒙古马是历史上最著名的战马。

三、马与游牧民族

马进入人类生活之后，成为人绝好的朋友和助手，是古今各种文艺作品里的角色，丰富了人类的心灵世界，推动了文明的进步和历史的发展。但这远远不是重点。文明世界过去相当长时期都把北半球的亚欧大陆称为旧大陆。它几乎就是文明世界的代名词。为什么？因为马。

因为马的存在，在亚欧大陆北部茫茫的大草原及其周边的戈壁、沙漠、绿洲和森林地带，在形形色色的游牧民、游猎民中间，产生了马上民族。他们一度成为整个人类历史舞台上最生动的主角和文明延续的种子。我们知道古希腊神话里的人头马——人头马身浑然一体，这是对马上民族最生动的概括。后来，罗马人也转述过哥特人的话，说匈奴人就像钉在马上一样，人马不分。

没人知道谁是最早的马上骑手。人类泥板竹简上记载的最早的骑兵是亚述人，而几百年后中国的赵武灵王以“胡服骑射”与人争天下。斯基泰、匈奴等马上民族是他们的老师。

马背上的游牧民最早的南袭是“世界性”的。马匹把世界融为一体。游牧民的主体是史前的印欧人,时间大概就在公元前2千纪。那时候,哥特人从北欧进入中欧,亚该亚人(Achaean)进入希腊,赫梯人进入小亚细亚,东击巴比伦,南征埃及,斯基泰人进入南俄草原,而所谓雅利安人,即吠陀人和阿维斯塔人,分别进入印度和伊朗。

除了斯基泰人继续保持游牧以外,上述各族的游牧民最终几乎都定居下来,成为不同地域新的历史创造者。而斯基泰人的继承者就是匈奴人。

这些游牧人和定居者生存之道不同,生活与思维方式也大相径庭,所以二者的交流方式也迥然不同。在印度口耳相传了数千年的《梨俱吠陀》歌颂他们的战神、被唤作城市摧毁者的因陀罗杀死恶龙的故事,据研究恶龙是指印度河文明时期修建的河坝,而这些古代雅利安战士则让人想起蒙古将军们给成吉思汗提的建议——推倒城市,复农田为草原。

尽管定居者也反复学习马上民族的作战方式,但学来的不大可能成为本能。习惯于面对面凭体力打架的他们还是千百年来一而再、再而三地被对方经久不变的诱敌战法打得鼻青脸肿。希腊的希罗多德最早记载了斯基泰人诱敌深入,坚壁清野,把波斯帝国的大流士大帝逼退的故事。而中国的史书则记下了几百年后,以鸣镝(响箭)为号弑父而立、灭东胡和月氏、以月氏王的头骨为酒器的匈奴冒顿单于,把大汉王朝的创立者汉高祖刘邦的军队以佯败诱敌的战术一点点引进包围圈,围在晋北白登山七日七夜,但就在胜利在望之际,却绝尘而去的故事。而把这种战法发挥到极致、成就经典的,是成吉思汗的蒙古军队。

历史上定居者与游牧者的每一次交手,都会分别引起东方和西方的连锁大动荡:东方的马上民族被打散西逃,往往会在西方和南亚揭开历史新的一幕。《史记》的作者司马迁实况记载了刘邦的子孙汉武帝刘彻对匈奴的反击。司马迁死的时候,战争还没打完。汉武帝曾经从大宛乌孙等地大规模引进汗血宝马、西极天马等名马,但对战争并未造成决定性的影响。定居的汉帝国倾举国之力"打跑"了匈奴,在苦寒的草原深处勒石记功而返,但消失的匈奴骑手却让人忐忑不安,游牧生活还在继续。之后,匈奴内讧,分裂为南北匈奴。南匈奴后来投靠汉朝,被安置在草原南缘和伸入中原的山西高原,作为定居者开始参与华夏的历史。

北匈奴在汉朝和南匈奴的联合打击下西逃。后来南匈奴不愿放弃游牧生活的人们又回归草原,建立新的北匈奴,然后再次西逃。数百年后,西方和印度都出现了自称匈奴人的马上民族,他们洗劫印度之后逐渐融入、消失,而在西方却带起一场声势浩大的民族大迁徙，甚至波及北非。在这场洪流里，西罗马帝国土崩瓦解，各种蛮族开始在罗马的废墟上建立多个民族国家，开启了千年的中世纪。

差不多与此同时，保持了某种游牧天性的定居匈奴和新崛起的马上民族一起参与了华北分分合合的历史。几经组合，中国再次统一为一个带有马上民族色彩的大帝国——唐朝。它和新崛起的马上民族突厥又重演了一遍汉与匈奴的故事。于是，欧洲再一次经历了动荡和迁徙。

四、蒙古马与成吉思汗

定居者其实很早就开始培育马，所以马的种类繁多，比如那些高大敦实、吃苦耐劳的拉车重挽马，或者那些用于马戏表演的小矮马，还有那些满足人对速度乃至审美需求的马，如各种军用大马和矫健的赛马、马术马。培育的马住马厩，吃精饲料，据说古波斯的马吃的是小麦和苜蓿，古代中国的骏马要吃小米，而西方名马则需要更精细的饲养。作为回报，它们中的极品，如上述英国纯血马，扭动着能引起人类某种想象的躯体，踏着洛可可风格的舞步，来满足人类心中某种复杂的情愫。

所以，散养和饲养才是马与马之间最根本的分野，前者露宿野外，后者安居马厩，恰如游牧人和定居人。无论是否杂交繁育，那些住在天穹之下、奔驰在旷野之中的马匹基本上是天然的造物，保留着更多的野马天性和本能。它们和骑手之间是生死与共的朋友，互相依靠，互相成就，而不像饲养马，是员工和老板的关系。蒙古马、汗血马、乌孙马、阿拉伯马，以及广阔的亚欧草原和其他地区的各种自然放养马都是一类，而其他的属于另一类，即使它们都被用作军马。

半野生的蒙古马产于蒙古高原，在与草原上另一个主人草原狼的斗争中练就了机智敏捷、坚忍不拔的特性。蒙古马比其他战马个子小，省草料，皮厚毛粗，任劳耐寒，有着其他马无法企及的耐力。它们喜食草尖，不挑饲料，而且容易繁殖，生命力强大。它们的视力比别的马好，因此沉静勇猛，不易惊乍。蒙古马不是为赛事和选美而生的。它们是广阔战场上的骄子，生来就是为了在大地上怒涛般汹涌奔袭，为了让蒙古军团迁徙式的万里征服奇迹般地在历史上掠过。

成吉思汗的蒙古军中，通常每个骑手都带四五匹战马。它们可以整天不吃不喝连续奔驰，稍稍放牧就可恢复，它们可以在雪地里觅食，而士兵可以喝马奶就着自带的风干牛肉充饥，不需要军需粮草。传说蒙古骑手甚至可以躺在拴在一起的几匹马的马背上在飞驰中酣睡，这样，蒙古铁骑才能完成奔袭、迂回、诈败和纵深穿插这样复杂的战术，而奔袭的大军才可以像疾风吹动的云影，日夜兼程，掠过茫茫的原野，在远方如梦初醒的人眼前突然间涌现。

成吉思汗的军队是弓骑兵，占六成的轻骑兵和占四成的重骑兵都各带一张拉力50~75千克的双曲复合轻弓，重骑兵再带上一张强弓。短小的轻弓杀伤范围达300米，而西方弓箭只有70米。马上民族都擅长佯败诱敌，逃走过程又是机动过程中反身射箭的好机会。这是蒙古人最擅长的。蒙古人总是会安排大量的哨骑（古代叫斥候）在四围侦察，所以没听说蒙古军队被伏击过。

成吉思汗把马上民族熟悉的各种战术进行了革命性的改进提高。这些战术建立在马上民族千百年的生存、生活和作战的经验之上。马上民族不练兵。他们围猎，蒙古人称其为“捏儿格”（nerge），打猎就是练兵。骑手两面包抄猎物，逐步收紧包围，然后适时放开一个口子，在猎物落荒而逃的路上捕猎。这种包围穿插、迂回侧击、机动性极强的功夫，是欧洲大马无论如何都练不成的。而这种“云”作战的方式，也是那些习于短距离高速重型冲锋的定居者无法想象的。事实上，哪怕今天最好的战车部队也无法重复蒙古人的“云战术”。蒙古铁骑曾在实战中无数次对这种战术进行了精彩的演绎，敌众我寡的情况下也不例外，因为完成它不需要大量的部队。

当然这些马上的战斗技术并不只是带来征服的成功，它其实教会了人类和历史更多东西。被距离隔离的生活逐渐开放交汇成一个世界，东西方在双方不知情的情况下被熔铸为一体。

孟子说：“入则无法家拂士，出则无敌国外患者，国恒亡。”真是至理名言。历史上旧大陆的文明社会就是这样，在占据着一切舒适怡人地区的定居者和“苦寒之地”的游牧者从欧洲到中国辽远漫长的战线上时松时紧的张力中，无选择地倾覆，有继承地再生，文明的血脉在无序中听从天命，进而绵延不断。而每次再生，后世都能较大程度地消受着前人扬弃、升华了的文明成果。

而马的起源地美洲却时运不济，成了新大陆。那里文明的遗迹仿佛一个个片断，在森林覆盖的大陆上留下一个个互不相关的金字塔、宫室房屋的遗迹和曾经繁荣昌盛的影子。人们常常老死不相往来，没有联系，没有冲突，没有血泪情仇，没有刻骨铭心，甚至没有遗憾。

成吉思汗和他的蒙古帝国让蒙古马成为马在文明史上空前绝后的最光辉

的一章。马上民族和游牧生活方式就是倏忽而来，绝尘而去。

我们用一首杜甫赞美大宛马的诗来追思逝去的游牧马上民族吧：

胡马大宛名，锋棱瘦骨成。
竹批双耳峻，风入四蹄轻。
所向无空阔，真堪托死生。
骁腾有如此，万里可横行。

（原载《光明日报》2018年2月7日第13版）

印度传统与现代梵语教育

其实这次讲座是一个被放大了的事儿。这个事儿的起源是米媛老师参加了一个梵语口语班，感到很有心得。我就想让她回来跟大家说一说。党素萍以前也参加过梵语口语班，所以我希望她俩给大家讲一讲，给大家提高一下信心。后来慢慢就扩大成了今天这个样子。

我想大家都是热爱印度文化的人，像刘英华老师就只身去过印度很多地方。我们在尼泊尔看过很多文献，住在婆罗门家里学习，慢慢就会对梵语有一些体会。怎么能学好梵语？口语对梵语的学习有没有帮助？我们面对的是这样一个问题。

2018年11月1日报告实况

有一个传说，说季先生提倡，把人推到水里去，然后就能学会游泳了。这可能是他随便说的一个故事。是不是这样的？我觉得有一定的道理。我对梵语的很多体会，其实就是自己在慢慢摸索中得到的。教材是一本干巴疵咧的书，就是原先施坦茨勒那本蓝皮儿的书。字典呢，当时在北大图书馆上面只有一本破破烂烂的莫尼尔–威廉斯字典[①]。比方说我在做一些文学作业的时候需要Apte字典，字典里的例句可能就是我当时在读的那个作品。我遇到过好几次这样的情况。我想找一本Apte字典，但是图书馆（开架阅览室）没有，要用的时候只能求着图书馆馆员从地下室给拿上来。后来，有一个德国学者皮特·达斯来访问我们系的时候，看见我们都没字典。最后他快要离开时问我有什么需要。我说我需要一本字典，结果他就从印度买了一本又大又厚的莫尼尔–威廉斯字典不远万里寄过来了。虽然多年没见达斯教授，但是我对于这个还是铭记于心的。

关于学梵语这个事，我觉得三本书是不得不看的。一个是《梵语入门》，黄宝生老师、郭良鋆老师、葛维钧老师把一些例句和语法练习做了解析，然后附上了当年他们学梵语的时候金克木先生和季羡林先生编的两个读本。这本书特别重要，因为我们可能琢磨半天得出了一点经验，但其实季先生和金先生已经说得清清楚楚了。季先生的《梵语语法讲义》和金先生的《梵语文法》当时是油印本。季先生还翻译了施坦茨勒的一个读本，在前面加了概述，但是没有收入书里。

还有一个特别重要的东西就是这个表格（见下页）。

我们的书里边有这个表格。在多数梵语读本里，只是把五个发音部位给列出来，然后是辅音。但是后面呢？元音、半元音、气音，所有这些音，是哪个部位发出来的？右半部分，其实就这么点内容。但是要是没有这个，我们得经过多长时间的磨练才会体会出来咝音到底是清音还是浊音啊！大家谁能告诉我咝音，śa，ṣa和sa是清音是浊音？对，是清音。这个你可能得体验很长时间才能琢磨出来。季先生在开头语音标准这块，把很多同学在学梵语当中遇到的各种各样的问题都回答清楚了。

梵语和巴利语是古代语言。印度现在只有小部分知识分子能说梵语。但是它是不是死语言呢？它是活的语言。一般人会说梵语是死语言。这是一个错误的论断。印度的小部分知识分子能说梵语，西南缅甸的和尚能说巴利语，

① 指英国莫尼尔·莫尼尔–威廉斯编纂的《梵英词典》(*Sanskrit-English Dictionary*)，1872年初版。——编者注

a) 元 音

简单元音： अ a आ ā इ i ई ī उ u ऊ ū ऋ ṛ ॠ ṝ ऌ ḷ

双元音： ए e ऐ ai ओ o औ au

b) 辅 音

1.	喉音:	क ka	ख kha	ग ga	घ gha	ङ ṅa
2.	腭音:	च ca	छ cha	ज ja	झ jha	ञ ña
3.	卷舌音：	ट ṭa	ठ ṭha	ड ḍa	ढ ḍha	ण ṇa
4.	齿音:	त ta	थ tha	द da	ध dha	न na
5.	唇音:	प pa	फ pha	ब ba	भ bha	म ma
6.	半元音:	य ya	र ra	ल la	व va	
7.	咝音:	श śa	ष ṣa	स sa		
8.	气音:	ह ha				

辅助符号: ं ṃ (Anusvāra) ँ ˜ (Aunāsika)， ः ḥ (Visarga)

注 1. ळ ḷa（卷舌音）仅见于吠陀典籍。

注 2. 人们常说 Devanāgarī（天城体）而不说 Nāgarī （城体），特别是在南印度，以区别于 Nandināgarī（南弟城体）。

注 3. 以前将 Retroflexe称为 Cerebrale是因为对古印度术语的误解。

注 4. 确切地说，喉音应称为软腭音。

（《梵语入门》中的梵语字母表）

但都不是用作现代思想表达工具的，而是作为经典（语言）。就像我们的古汉语，它不是用来表达现代思想的。因此学习语音不是为了说话而是为了读书。我们学习梵语的目的也是为了读书，大部分人是为了读佛经，比如居士、出家人，都是为了读书。而印度的佛经是印度文化的一部分，它承载了印度文化特有的一些特点，是用严格的记音方法记录下来的。在大约两千五百年前，它们的发音口耳相传直到今天，因为有严格的传承。印度教、佛教、耆那教等，他们对发音是极端重视的。大家学印度哲学就知道“声常驻”。印度哲学认为声音是永恒不变的。但这并不能算作一种哲学观点，而是老百姓心中共同的观念。他们认为声音是需要认真保存的，所以一直保存到今天。梵语中的好多声音其实和两千年前是一样的。如季先生在书中所说:“语音正确可以对了解和记忆有很大帮助。印度重视口耳相传,所以语音有较高程度的定型化,和我国古汉语的情况大不相同。”中国社科院语言所刚刚去世的郑张尚芳先生,曾经读了一些古音。像读《诗经》,上古的发音其实我们完全听不懂,很像南欧的语言,带着很多卷舌音。一直到了中世纪,我们可能多多少少才能听懂一点。但是在印度,情况完全不同。古代的音,一直经由吠陀口耳相传。到什么时候?因为这是神的语言,一直到13、14世纪,慢慢地才有人敢写下来。再后来,西方人——最早可能是威廉姆·琼斯或是别的学者——说服了一些婆罗门,让他们愿意把吠陀等经典写下来。

西方文化和中国文化有一个相像的地方,就是受了犹太文化的影响,重书写。婆罗门把经典书写下来之后,西方学者才开始做研究,西方人才知道了有Veda(吠陀)这样一个事情。其实佛经里不是特别重视这个Veda。他们一直都是口耳相传,就像是一个密教。大家知道毕达哥拉斯当年就是一个密教,所以后来有了希腊的哲学。其实吠陀、婆罗门也是密教,他们只是在一定的范围之内以梵语进行交流的时候才会把这个东西创作出来,但是外人,比如刹帝利要是去学了,就是犯罪,所以只能偷偷学。一个吠舍或首陀罗是绝无可能去学吠陀的。在《罗怙世系》中有一段,说在印度教或者婆罗门教世界里修行是需要有一定资格的,也就是要有好的出身。有一个人在修行后得了很多恶果,最后悲惨地死去,因为这个人是首陀罗,属于低种姓,是不可以修行的。语音也是如此。语音实际上依靠婆罗门密教才保存到今天,在中世纪曾遭遇穆斯林的巨大压力。

季先生说:“现代语音基本上是按照两千几百年前的书所描述的读法,大体上是统一的。印度各地读音多少受当地语言的影响,但标准是一样的。”比方说,现在英语中有“Sanskrit”这个词,其实Saṃskṛta的梵语读音分南方和北方两个系统,北方读“Saṃskrītam”,现在英语中的“Sanskrit”这个词一定是北方记录下来的,发[i:]的音。但是到了南方,到了浦那,读“Saṃskrūtam”,偏向于[u:]这个音。北方是[i:]打卷([ri:]),到了南方是[u:]打卷([ru:])。一个印度人可能只消说三五句话,你就会知道他用的是南方还是北方的梵语。但是总的标准是一样的。这个细微的差别在以前没人说过。至少我没读过。没有人说过南北方发音是偏[i:]还是偏[u:],因为这个太细枝末节了。但是它发生了。

再就是印度的南方和北方,因为受到外来语言的影响,发音的时候会带着自己特有的错误,比方说“śiva”到了拉贾斯坦直接就读“siva”,还有像“kṣa”,

比如“kṣaṇa”（刹那）这样一个词，它在很多地方也是有不同的发音，还有“jña”这样的发音。但是这些都是细枝末节。你能听到它所来自的地区，但是不影响你去理解和记忆你所听到的梵语。然后季先生说，这是北方的贝拿勒斯（波罗奈，就是今天的瓦拉纳西）所传授的读法。

几百年里，印度读书人学习古文的中心，其实就两个，其中一个是瓦拉纳西。瓦拉纳西有一个BHU（Banaras Hindu University，贝拿勒斯印度教大学）。大家有机会的话可以到那里去学梵语。那里是一个梵语中心。

这个说来话长。印度在19世纪中叶形成一种民族主义的势力和思潮，思潮带动起来的一股政治势力，在北方叫“ārya-samaji”，圣舍。关于阿利耶（ārya），大家都知道圣观世音菩萨，“圣”字一般是对应梵语的阿利耶（ārya），意思是高贵的。这些人基本上全是正统的婆罗门，强调要回归到古代的传统当中去。他们在19世纪中叶大量地用梵语写戏剧，并且到民间去演出。老百姓能不能听得懂呢？就像我们现在听京剧一样，比方说现在的京剧用一些黄梅话，大家其实多多少少是可以听得懂一点的。他们靠梵剧在民间一度引起轰动，最后成立了一个大学，就叫作贝拿勒斯印度教大学。这个学校的核心就是梵语中心。他们到今天依然用Paṇḍita（班智达）和Ācārya（阿阇梨）作为博士和硕士学位来发放证书。班智达是博士，阿阇梨是硕士。他们的教学完全无视现代的一切学术规则，他们还是像古代一样用正统的六派哲学，最后对学位的认定是通过辩论，谈论弥漫差，谈论吠檀多，用的当然是梵语，绝无可能是其他的语言。可以引用少量别的词汇，但是基本上是梵语。他们还保存着这样一个传统。

如果大家可以放下宗教之间的隔阂，不妨去参与一下。他们现在很欢迎外国人。外国人在他们眼中都是刹帝利，所以我们去了以后是当作刹帝利被接待的，甚至有一次我去的时候享受到了婆罗门的待遇，为我砸椰子和奉献食物。但是很遗憾，我根本没法跟上他们的辩论。

这样一个民族主义运动后来慢慢产生了一个有意思的组织，叫作“Saṃskṛta-Bhāratī”（梵语口语）。这个组织的目的是复活梵语，把它作为一种生活的语言。就像我们今天如果出现一个组织，要复活古汉语，用古汉语作为母语来说话，会用类似于“汝今缘何至此”这样的方式，或者用佛经的方式说话。

我2005年在印度的时候，当时有一个同学是斯里兰卡人。他本科毕业于瓦拉纳西的梵语大学（Sanskrit University），学校里边有一个阿育王石柱，然后他又在BHU（贝拿勒斯印度教大学）读硕士，在浦那大学读博士。他读博期间，我们住在同一栋楼——国际学生宿舍。我对梵语的口述传统非常感兴趣，但是苦于没有机会去接触，而且我当时还有一个计划就是要到印度各地去看一看，无暇在学校里久留。他建议我说，最适合我的就是德里的Saṃskṛta-Bhāratī。

后来我有一个机会要去德里参加一个RCCR（类似我们的留学基金委）组织的在拉贾斯坦的访学。去之前我大概有两个星期的空余时间，就参加了德里北部的在一个杜尔迦神庙里边举办的Saṃskṛta-Bhāratī的口语班。虽然叫口语班，实际上目的还是引向唱诵、引向经典，所以口语一定是一个过程当中的事件。不是说会了梵语口语就万事大吉了，就像季先生说的，目的还是为了读书。

但是为什么要强调口语的重要性呢？可能以前的先生们以及今天从西方留学回来的一些学者们都会反对这个观点，或者至少不以为然。他们觉得口语在学术研究中没有用处，尤其是德国的传统也不强调口语。但是德国人这本梵语教材前面的例句都是口语，其实也是在强调口语。经典里的语句同时也是日常用语。比如“punar-darśanāya”，字面意思是为了再次见到你，就是再见。“punar”是佛经里常用的，“darśanāya”（darśana）用的是为格，是为了再次相见。这样，我们在读文学作品、读诗句的时候，这些东西会成为我们的语感。

我读研究生的时候，老师告诉我，梵语对我们来说就是数学，但是用数学的方法去解梵语的话是解不开的，因为它有多种可能性，可能一百种可能性对一个句子。尤其是我们要通过英语字典去理解，英语又有很多不同的意思在里边，所以想把一个句子给弄清楚，如果想象力单调的话，也许能把大致意思给捯饬出来，但是如果稍微想象力丰富一点的话，就会发现有一万个可能，那么要选择哪一个？每一个枝杈都可以拥有无数枝杈，哪一根可以到最后的叶片上去？这是一个难解的问题。在这个问题上，我个人对梵语这一点点（我只能说一点点）的把握，应该感谢Saṃskṛta-Bhāratī的口语班。通过这个班，最后我可以感觉到慢慢产生了一种东西，叫作“语感”。我在读东西的时候，会觉得它肯定是说的这个事，不可能是那个事。虽然有时候也可以靠语法的精确性把它解释成另外一种意思，但是我会知道这绝无可能，因为不符合人的发音、思维的方向。所以大家还是应该去学一下口语，同时把你自己人生的各种经验、各种思考加进去，最后让梵语在你的脑子里和嘴巴里变成一种活的语言。

季先生说：“印地语虽然形式上包括了梵语的全部的音素，而且许多梵语词是它的……但是它是北方口语实际上取消了并且改变的一些梵语的音素，而且读的词法及语调也很不相同，所以它只是语音系统和大多类音素方面和梵语相同，它的语音规则不适用于读梵语和巴利语。”所以大家不要觉得学过印地语就可以套用在梵语和巴利语这里。

Saṃskṛta-Bhāratī非常有意思。在神庙里边，还有一个吠陀学校，对我来说这是一个惊喜。这个吠陀学校里有各种各样的小孩，特别好玩。同去的还有一位泰国的比丘，和一位斯里兰卡的比丘叫Upāli（优波离）。Upāli的梵文非常好，但是他带着很重的兰卡口音。

有了表达的欲望以后，人对语言的感觉会慢慢上来。我们遇到很多人，会把梵语说得神乎其神。我这里有一个自陈其说的怀疑：其实梵语并不像他们说的。梵语不过是一种语言，而且并没有那么离奇、那么难解。它能说，也能听。只要你有了一种语感，习惯了以后，其实很多东西都是可以慢慢地解出来的。

黄（宝生）老师说，现在好多字典里的意思他可以放弃不用，因为字典说得并不准确。他翻译的时候会把自己的一些东西拿出来，或者在注释里推断说这个地方肯定是抄错了，应该是另外一个词。梵语也会慢慢地活起来，而活着的东西要比那些死的字典好得多。梵语就不再是一种像数学一样难解的东西，就像数学对于懂的人来说也是很简单的。

而且梵语和英语相比是一种特别“土”的语言。为什么说它土呢？因为它每一个概念、每一个东西都来自于一些简单的动作、简单的状态，来自于词根。而所有的都是一些实实在在的东西。我们说实实在在，是一种典型的中国人思维。它是来自一些最简单、最容易的东西。它不像英语，每一个词都有无比伟大的历史，来自希腊语、来自于拉丁语。英语的原有词只占百分之三，它的词汇的主体来自法语，而法语有好多词又是来自拉丁语。法语本来就是像普通话一样，实际上是外来的野蛮人说的洋泾浜拉丁语。而梵语的“土”，就是因为它的一切东西都是从自己来的，哪怕是一个外来语，也会被它拆掉。这是另外一个话题。梵语拆掉外来语后，让它符合梵语的构词法。比如希腊人“Hellas”，在梵语中以希腊人的主体亚乌那人（Yauna）为源，把这个词写成了“yavana”。《弥兰陀王问经》的主角弥兰陀王是一个希腊国王。他们这些希腊人，主体民族是Yauna，梵语就根据自己的拼词法管他们叫“yavana”。

（中国社会科学院语言研究所语言学沙龙第399次学术报告
2018年11月1日录音整理）

西域纪行

郑国栋2011年在尼泊尔迦毗罗卫遗址考察

朝向圣河源

一方水土养一方人。地理决定文化。

人类古老的四大文明无不是其地理的赠礼，更简单地说，是大河的赠礼。

印度次大陆的板块挤上欧亚大陆，把世上最高耸雄伟的喜马拉雅山脉朝着天穹越挤越高。从中原直上辽阔高蹈的青藏高原，越过雪域喜马拉雅，山势便陡然跌落。从高寒缺氧、朝万米高努力的不毛高山，到烈日炙烤、低湿闷热得喘不上气的南亚次大陆的平原，似乎只有一掌的距离。

消融的雪水从山顶流下，汇为河流，激荡叫嚣着冲下原野，灌溉着那里的土地，养育着那里的文化。这山河——迅疾降落的山势和从极寒向酷热里流淌的大河，孕育了光辉灿烂的印度文明。

恒河是这些河流里最大最长的河流。它从喜马拉雅的雪山顶冠上落下，汇总了无数支流，自西向东横贯整个印度北方，最后从喜马拉雅东部脚下的孟加拉铺张着涌入大海。信仰世沃（传统译为“湿婆”）的人们怀着感恩之情，自古以来就把她当作神灵朝拜。

古老的神话和信仰里隐藏着历史的踪迹。看似荒谬的事物往往是真实的另一种表达。生长在炎热的平原地区的人们喜爱象征清凉的月亮，所以古老的印度王族追溯到月亮，信奉着维世努神（传统译为“毗湿奴”），印度两部伟大史诗之一的《摩诃婆罗多》里的维世努的化身之一黑天王的家族就属月亮世系。生长在寒冷的高山雪域的人们崇拜光明温暖的阳光，所以那边的甘蔗王世系以太阳为祖先，崇拜着瑜伽苦行大神世沃，另一史诗《罗摩衍那》的主角罗摩和佛教的创始人释迦牟尼都是甘蔗王的后裔，而据传说，恒河就是他们太阳世系的福车王求下凡间的。这两位大神和韦陀（传统译为“吠陀”）文献里世界本体大梵的人格化神梵天，归并为今天印度教生成（梵天）、护持（维世努）和收摄与再生（世沃）的三位一体的大神崇拜体系。

喜马拉雅，雪的阿赖耶，雪的胎藏，雪的居所，是大地上最高最广的山脉。它挺立在中国西藏境内的冈仁波切山，被认为是大神世沃的化身。在它的南坡，恒河及其最大支流雅木那河的源头以及商羯罗所建的山中大寺田主庙和枣主庙是印度教徒志在必达的四大圣地。而从枣主庙直上越海拔7 000米左右的末那山口，就是神秘的古格王国故地。

这条古老的朝圣之路至少历经了一千四百年而不绝。玄奘西天取经时，在到达雅木那河中下游月亮世系维世努崇拜的圣地秣菟罗之后，不知为何，便向北折返，溯河而上，到达恒河上游，亲睹那里崇拜"外道"天神的盛况。

不知是何种前生后世的因缘，一千四百年后，我也踏上了这条朝向圣河源头的古道。

2006年夏的德里，炎炎如蒸，酷暑让人昏沉无力到脑袋不转的地步，气温高达46摄氏度，汗水不断流下，把眼睛糊上，让人对"清凉"生着绝望的向往。告别了莫卧儿帝国那昏昏欲睡的破败的克什米尔门，我坐上到北域州首府德赫拉敦的汽车，但其实热昏了的脑子里对于如何去圣河源、能否去圣河源头毫无思考。

到达德赫拉敦时已是晚上，上山的车没有了，我就住在风扇整夜转个不停的崭新的车站招待所里。我在车站门前的小饭馆里吃了饭，是米饭和菜的塔利，但味道比德里的重，也许是这里清凉了一些，饭也鲜香起来。小老板与我攀谈起来，和德里压抑的人们相比，他显得分外淳朴自在。

这是第一天。

翌晨，一早起床，坐车直上慕索里，海拔2 000米的当年英国殖民者所建的避暑山城。城建在山顶上，和雪域州的首府西姆拉相似。旁边坐着一个黑黑的胖胖的年轻人，他和另一个男人一起上山度假。他们带着英国派头预订了酒店，拖着箱子，来这里避暑休闲。

天阴沉沉的，草木绿意欲滴，小城融在云气里面，建筑陈旧而滋味悠长。房舍依山而建，错落有致，墙面斑驳，卷着英式铁纹饰的老街灯参差错落，电线在简陋的电线杆上肆无忌惮地横来拐去，斜坡和山边堤岸顺着山势和建筑曲曲折折出其不意地转着弯，高高的石头台阶从拱形门前荡下，再从街岸边奔上或奔下另一层街道。游荡在这些空中街市，不时会从某个胡同猛然走到面向云气乳海的岸边，于是，从云里冒出来的远处山坡就会直跃眼前……一切都像洗旧了的衣物，或者被时间焖熟了的记忆。

路边斑驳的山体上伸出一个头颅硕大、用棚子遮着的大狮子浮雕，不远处是一幅描绘着当地人歌舞——男人都是白衣，佩戴喜马拉雅山区典型的卷边帽，女人则不穿莎丽，着厚重的裙子和对襟上衣——的拙朴的街画。一群白衣耆那教徒擦身而过。我来到一个小摊吃饭。一个沉默的小伙子独自经营着这个饭摊，铺窗朝外，墙上挂着甜蜜地闭着眼睛的世沃苦行画，他的旁边竖着三叉戟，背后是晴天和雪山。我要了一盘炒面——黄色的面条加酱油等料炒熟。前面的斜坡上，是一群藏服打扮的妇女在搭着摊位架。

我打听着到了去雅木那河源附近的哈努曼加蒂的车站。中午了，路边摆小摊的老人脱了鞋，陷在路边铁栏杆上的沙发里打盹，三轮车夫们也仰着愁苦的脸在自己的车子上睡着了。许多人拖家带口、大包小包地来到这山顶小广场上等车。

据说车一点钟到，然而，一点半、两点、两点半，每次问车站的人，回答都是一点钟到。天下起雨来。我在车站棚子里和人们挤在一起避雨。下坡路的路口拱顶上那圣雄甘地喜爱的“不听不看不说”的三只猴子蹲在雨中各自捂着耳朵、眼睛和嘴，仿佛让我不要着急。三点钟，车来了，但终点站是巴尔高德。车下山，又上山，在山路上爬行。中途停在一个小镇吃东西。饭馆的对面是一栋依山而建的楼，也有饭馆茶摊，小伙计坐在嵌在楼体里的水龙小间里兴高采烈地洗碗，而二层的小姑娘奔到阳台沿上向远处张望。这里的少男少女有着在山下极难遇到的羞涩，但他们却不拒绝相机，一种内向的喜悦让他们朝向镜头期待着，鼓励着你把镜头转向他们。

六点钟的时候，车到了巴尔高德，所有去哈努曼加蒂的车都没了。一个黑黑矮胖、表情滞重的老板把我引到他的旅馆住下。在这发着异味但却清静、只收五十卢比的顶楼房间里，我先睡了一小觉，然后出门趁着暮色在小镇里兜了一大圈。过了桥，沿着大河沟的岸边小路向下走去，河沟向远处汇入大河，一排排房子间的街道曲折着伸向河的方向，那应该就是流过德里、秣菟罗，最后汇入恒河的雅木那河吧！空气里弥漫着炊烟的味道，时而迸出犬吠。人们坐在房顶上絮絮地说着话，仿佛某个中国乡村。

回到旅馆和衣睡下。半夜闷热的乱梦里，身上一下下嗞嗞地疼痒，躁恼难忍，开灯起来，捉到的竟是一些透明龟形小虫，稍一捏，便是一小摊血，是臭虫。以前只听老人说过，此刻算是尝到了滋味。想换房，看看别的房间也好不到哪去，便撤去一切床单被褥，脱去一切衣物，拿出自己的布单裹上，在躁痒和困乏的争战中浑然睡到天明。

这是第二天。

早晨，六点半多出门。下着雨，街上已是热闹非凡。原来昨夜滞留在这里的人不止我一个，来自各地的朝圣的人们挤在一辆一辆的吉普车上。我上了一辆斑驳的军用吉普，坐在尾部，车上都是上了年纪的人们，都是穿着白布的老农打扮，但对面有一位六十岁上下，穿着旧化纤西裤和肥大衬衫的和善朴素的长者。

他是罗摩拉里·乌德巴禅依，一位瓦拉纳西著名的祭司的儿子。后来我在瓦拉纳西再次见到他时，发现当地的人们无论年龄多大，都称他为班代吉，意为“师尊”。他见到我时，很印度地左右摆着头，用本地化了的英语温文尔雅地和我说话，似乎努力留意避免那些导游式的过分问题。我感到很亲切，而且知道他也是从这里开始他的“雅德类”，即朝圣之旅的，就问能否和他同行。他高兴地满口答应。

罗摩拉里是政府职员，在瓦拉纳西的一个什么局里工作。这是他退休前一年获得的一次政府休假，作为虔诚的世沃派婆罗门的他就跑来朝圣了。他说话做事极其和善，不斤斤计较，对信仰充满热情，待人诚恳单纯，同时又有些也许是公务员工作带给他的诚惶诚恐。他对我一直称“sir”（先生），让把他当成叔叔的我颇感愧疚，但他拒不改口，而且在和我同舟共济时，始终像老派英国人对待一个Sir那样和气恭敬。但这种态度却是朝向所有人的，包括路上遇到的那些可以肯定来自低种姓的农民朝圣者。他的政治观点保守，甚至认为英国统治时代比现在更好，因为那时候有秩序，而且如果谁“bargage”（疑为bargain之误）就坐监狱，我想这bargage应该是指商业欺诈而不是讨价还价吧！他的信仰态度却并不是把外国人视为异教徒，加以怜悯蔑视；他也不像许多西式印度知识分子那样对中国充满怒气和敌视；他绝对素食，连喝我瓶子里泡着丁香的水都会问一问是不是素的。他独处的时候，会透出一种严肃深思的神情。其实他对外界不太关注。他的热情有着自己的方向，那是他的虔信，他的大神世沃。他盼望已久的事情是弄一个中国的入境签证去朝拜中国境内的冈仁波切，须弥卢神山在大地上的化身，伟大的世沃神圣的居所。可是尽管他是公务员，办个护照却要一年的时间，这还不包括无数次地让他“come tomorrow”（明天来）。他其实是个非常胆小的人，但是在同行的朝圣路上，我不止一次看到他成功地心无旁骛，克服危险和内心的畏惧，走向他雅德类的目标。那真是一次充满内心净化和喜悦的朝圣。

挤满人的吉普车颠颠簸簸上山。身体挨着身体，那些黝黑结实的老农躯体上发散着泥土和槟榔杂拌的味道，在身旁热烘烘地挤着，仿佛回到某个童年时代的马车上。车外开始透进冷潮的气息。屁股下的潮乎乎的木板不时把人掀起来，空落落地在前面落空。不时有当地年轻人挂到车上，过一会儿再敲车让停下来，挂上别的人。没有人收钱。车终于在哈努曼加蒂停下来，空气凉爽，江南式的陡孤青山青翠欲滴，但我们随即换上另一辆吉普继续上山。到了坚基加蒂，前面的路就只能步行了。天色尚早，饱浸绿意的山体直耸进浩淼的云气中间，一座铁索桥横跨过深而窄的雅木那河，桥是在印度喜马拉雅山区以及中国新疆常见的那种，两个堡垒一般的桥头堡拉着铁锁，挂着摇摇晃晃的窄桥。正下着雨，人们穿着简易雨衣、打着伞，配着女人们鲜艳的纱丽和长衣鱼贯而过。我们把东西寄存在一个饭馆兼旅馆里，步行上山去六公里以外、海拔3 235米高的雅木那河源。

雨下下停停，山路曲曲折折，紧处台阶缓处路，回环缠绕。路两边郁郁葱葱，绿意和雨水一起向外渗出来，让我想起那些泰山里、终南山里雨中的路，只是少了中国山路沿途或优美或恶俗的书法石刻。

山上朝圣的人们络绎不绝。上下山的人们互相喊着“jaya Matadi”或“jaya Mataji”致意。前者是后者的地方发音，jaya在印度雅利安语里意为“胜利”，命令语气，基本相当于“万岁”或“乌拉”，通常用于欢呼王者和天神。mata意为“母亲”，ji是敬称。朝圣者视雅木那河为神明，称其为母亲。近代印度民族主义的“印度母亲”崇拜喊的也是这句口号，常常被喷在装饰繁琐的汽车顶上。

我一路上也随着罗摩拉里和人们这样招呼着上山。路贴着左手的山坡，不时一抬头就会和对面瀑布山景面面相觑。朝圣者大多是农民，各种年龄的人都有，但以体力尚好的老人和妇女为多，和后来在恒河源见的不同。这些贫苦而虔诚的人们通常把吃穿住用一股脑地装在一个大尼龙编织袋里，顶在头上，拄着棍子，主要靠双腿去朝拜圣地，以期得到解脱，而朝圣也许是他们祖先游牧习性的某种遗存。和他们同行的，是披一块布、拎着食盒的印度教行僧。此外是从城市来的中产阶级家庭，就和爬中国名山的人们差不多，兴奋雀跃。他们大多选择骑马，或者妻儿骑马，男人步行。另外，还有雇人背上山的朝圣者。他们多是很老的老人。我看到一个白发苍苍的小老太太蜷缩在背篓里，皮肤耷拉着，神情像是在梦中。这该是她此生最后一次朝圣了吧！我也看见好几个胖胖的中年人，穿着拖鞋，满脸印度富人的英国式傲慢，带着阴沉疲惫的目光，嘴角撇着烦恼、愠怒和不屑，像一堆肉被四个人抬着。还有的不舍得花钱，竟然覆盖在一个瘦小背夫的背上，颠着他欺人太甚的轻蔑，眼看就要从背篓里溢出来。

背夫基本是尼泊尔山民，被称为夏尔巴，一个藏语词。他们身上都有着那种劳动者特有的质朴、挺拔和健旺，表情、眉宇、一举一动间，隐约浮现着儿时伙伴们的影子，他们猛然见到我时也会瞬间掠过族人相见时的惊奇，然后淡淡一笑。他们的工具是两杆一椅四个人抬的轿子和一个人背的圈手椅背式背篓。抬轿子的人们为了提高效率一般都飞奔上山，飞奔下山，协作得极好，而背背篓的则让他的顾客仰在他背上，一晃一晃，步履维艰。他们以大约二三十元人民币的价格把一个也许比他沉一倍的人沿着陡峭的山路背上或抬上6公里远的山上。他们健康、羞涩，而且相当乐观，但在他们久违的兄弟眼里却会点起切·格瓦拉的火焰。

路沿着山崖蜿蜒而上，对面的山岩间白瀑如练，夹在绿茸茸的草木间流淌。我们时而要踏着泥泞，穿过岩石上落下的临时瀑布。每遇到美景，老罗摩拉里都会停下来拿他的简易相机拍下风景或者请我为他拍风景里的自己，权作休息。忽然，或蹲或坐在路边休息的一溜儿四个熟透了的老头儿，面容淳朴庄严，笑着向我们招手。他们每个都须发如雪似银，映衬着面孔上蜿蜒的皱纹和黝黑的秃顶。他们上身穿着被汗水浸湿了的白长衫，外罩一件薄塑料布做的雨衣，下身按照印度方式缠一块白或黄的布，有人用一块红布缠在头上。他们每人带一个铁桶食盒，拄一根棍，让我们给他们照相。镜头里他们一个个都腼腆而憨厚。他们圣人的形象让我觉得他们是苦行僧，但罗摩拉里说他们只是比哈尔的农民，并应承代我把照片寄给他们。

然后我们遇到了从山上下来的比利时人沙赫莱。因为都是外国人，我们便用英语交流，聊了半天印度哲学。他开始时带着无奈的表情说他叫查尔斯，当我用法语发音把他的名字还原为沙赫莱时，悒悒不乐的他就像所有在乡愁里泡了很久的人一样，突然兴高采烈起来，仿佛遇到了故知。他热心地介绍着上面的路途。当我突然发现罗摩拉里在旁边悻悻地插不上嘴而且沙赫莱也很不情愿和他说话时，我便告辞了。

一群男男女女的壮年朝圣者和我们打了声招呼就匆匆超过了我们，其中许多人打着赤脚。后来在恒河边，我再次遇到了他们。终于，在山谷尽头，一条白练从云间细细地洒落，在它的脚下和伸向我们脚下的溪流之间，一座神庙把两条水流扭结于一处，或者可以说，把一条水流截为两段。远处的庙顶是喜马拉雅风格的塔形，中部开始向上缓缓变细的四面塔身戴一个帽式塔顶。一路上没有茶摊，带的水也喝光了。我们开始走下一条缓坡，穿过一条由小饭馆和茶摊棚子夹成的胡同，跨过一座石桥，来到神庙的台阶下，台阶旁是几层石砌池子，池子里热气升腾，许多人在里面沐浴。

拾级而上，我们来到塔下右侧的温泉源头。这就是人们认为的雅木那源头了，尽管它上方还有那白练落下来。也许这就是当年商羯罗和弟子溯源而来，止于此而定下的源头吧！传说中的大仙阿私多曾经住在这里。以这里为这条母亲河的源头，也许是因为温泉。就像母亲的胎藏，灼热的生命之水从大地深处汩汩而出，千万年不息，被石头水池容纳并满溢而出，顺着山势伸展为一条水路，从喜马拉雅奔流而下，一路总纳支脉，养育了半个西北印度丰饶的土地，以及其上生长出来的伟大城池，然后在北印度中部和恒河合二为一，涌向孟加拉湾。也许这就是婆罗多母亲的象征，一个源源不断、滋润了人类身心的古老文明的伟大母亲。

一个长得像甘肃大叔的老祭司，一脸好奇地问我从哪里来。我说“cinadesha”(中国)。满面虔诚的老罗摩拉里连忙说他是来印度学梵语的。憨厚的老祭司一把抓住我的手，就像见了亲人似的用印地语和我说了半天。一个气度端正的小黑男孩不等老罗摩拉里翻译，就绅士一般自告奋勇地告诉我：“老祭司说，他在这里待了大半生还是第一次看见来到这里的中国人。”一股受宠若惊里带着心酸的味道涌起来。很多人把米包成包，往泉水里放。小绅士继续用他稚气的声音热心却一本正经地跟我介绍，好像他是整个印度选出的代表：“这些米在这雅木那河源里煮熟，可以让不生孩子的母亲得到孩子。”他来自南方印度半岛上的海德拉巴德，长着一副标准印度雅利安人的脸，和他的父母、姐姐们一块儿来朝圣。后来我又反复在各个朝圣点遇见他们一家。

我和罗摩拉里一起来到桥边幽暗的茶摊里坐下。茶一概五个卢比一杯。也许是因为敬畏吧，没有人哄抬物价。下山后，我住在坡上的一家小旅馆里，白天苍蝇四处飞扬，晚上山风冷峭，直沁骨髓。旅馆背后正对着奔腾的河流，在寂静的夜间涛声壮烈，浩气如虹。

罗摩拉里给家里打过电话，向我说起他的儿女和孙子孙女们，最后在潮湿但极厚重的被子里各自酣然睡去——盖厚被子睡觉可不是一般的印度经验，想想此刻在酷暑中煎熬的德里吧！

这是第三天。

次日一早起来，我跟罗摩拉里坐上他谈好价钱的吉普去恒河源，说好到恒河源头下的市镇上迦尸，每人一百卢比（相当二十元人民币）。车上还有几对古吉拉特来的老农夫妇。

车过哈努曼加蒂不久就停了。山洪把路冲断了。人们等着，并不焦急，上方云气蒸腾，山势若神，层峦叠嶂，笼罩其上的云雾优柔沉着地飘移着，好像冒着大汗的头上腾起的水汽。雨后的空气露出干爽的倾向，被冲过的地面沉静而实在。我被人们的听天由命深深感染，便学着凝神屏息，呼吸着这雨后的气息。水有渐小之势，一队驮着袋子的马队涉过岸来，沿着水沟边的小路上了山。我随着人群跑到下游岸边看水。没有人注意也没人在意我这个外国人，这在炎热的平原印度的旅游点上是绝无可能的事。

有人在水上架起一块木板，引着朝圣的人们过往。年轻人自告奋勇去扶掖老人，而或缠着头的或穿着纱丽的老人们背着包，拄着棍，被两岸的人手递着手护过“桥”去。下面是咆哮恣肆的浪涛，独木桥上串着一串手手相牵的人，远远看去，颇为动人。一个词滑稽地涌到脑子里——助人为乐。水又少了，水流不那么急了。有人试着涉水，我随大家涉了过去，水没到大腿。

对面也停着一溜车，等着上山。身边三个古吉拉特的老人，两个老头和一个老妇，长得都像四川人，或者毋宁说像京郊人。一个没剩几颗牙的拄棍老头儿掏出一个陶烟管，填满草料点着，两手在根部弄成梨状，狠劲吸着，于是，管里的火头就忽悠忽悠地红起来，烟气妖娆地升腾，卷曲成兰草的形状，潮湿的空气里顿时飘起干燥浓郁的大麻香气。印度管大麻叫“呵谁是”，在任何地方抽大麻都是违法的，但以宗教为目的的除外。

终于下山了，车又在巴尔高德出入一次，从一个路口盘山东去。路边满是杉树，笔直入云。车在山梁的高处停下检修，从这里穿行到杉树林的崖边，可以把穿插进山谷的泥黄色雅木那河尽收眼底，而从山梁的另一边下去，就到恒河河谷了，颇似喜马拉雅那边的三江并流。中午时，车从雅木那河流域翻过山梁。环境明显干燥起来，丛林浓密。车至恒河边一个破败而尘土飞扬的小镇而止，我们只得搭公车到上迦尸。

车上无座，只得站着。一位白发老妇人因为我挤着了她而使劲推我。正觉得她不通人情，罗摩拉里却和他们攀谈上了，并决定一同上山。上迦尸得名自迦尸城，就是瓦拉纳西的另一个名字。我们在上迦尸再换了车去恒河源，却在一个好像叫帕达瓦利的小镇上，因为落石断路，滞留下来。整个下午过去了，天色渐晚，道路却依然没通。无奈只能和罗摩拉里、老夫妇，还有一位瑜伽师，共同住在一个沿着路边下坡修建的幽暗潮湿的小旅馆里。

这里与其说是小镇，不如说是小驿，因为这里几乎没有什么居民，只是一些为朝圣者准备的简陋小旅馆和卖甜茶与简单食物的馆子。村庄在山下河谷里，河谷很深，对面半山腰的一个小小的村落背靠着从云气里挂下瀑布的山体，身下横着一道道的梯田，在傍晚和清晨的光里显得分外神奇。

这条路上到处可以看见大大小小、有精有糙的世沃画像和雕塑。恒河流域是他不容置疑的地盘。他是瑜伽苦行之神，最常见的形象是：眼睛半闭入定，头发盘为顶角，一弯新月挂于其上，第三只眼长在额心，黑色脖颈有一蛇盘绕，并挂一髑髅花环，身青色，涂白灰，斜披虎皮、鹿皮或象皮衣，四臂四手，右手持斧（也常持弓、箭、剑或投枪、盾，以及细腰法鼓、斧、螺、髑髅杖、索等密教法器），左手擎鹿，另一右手前伸，施无畏印，左手略垂，作与愿印，常趺坐于虎皮上，骑公牛南丁，持或旁插一杆三叉戟。他最受广泛崇拜的是其象征物林伽（本意为表征、性别，此指男根），置于象征其妻雪山神女的、有些像中国农村的石磨盘的女阴之上，象征着世界的再造和人的生命力。

同屋的瑜伽师在中央邦有一个自己的静修所。他按照苦行者的规矩绝对素食，每天往自己的头上横涂三道作为世沃派标志的白灰。朝圣是他瑜伽修行的一部分。他五十岁左右，精神矍铄，但很安静。当我和他谈及瑜伽的时候，他耐心地解释着，但他的印度英语表达水平和我的听力实在有限，许多时候要靠揣测，加上那些基督教神学式的拗口英语词，听起来非常别扭。

瑜伽今天在中国继琼瑶小说之后差不多成了大小资产阶级的新玩具，照旧是西方小资玩腻之后扔到东方殖民地的新时尚，是“派对儿”上的新谣言和玩命赚来的钱的新去处。其实，瑜伽（Yoga）本义不仅是把身体弄软，或者打打坐什么的。它的梵语本意是“上轭，束缚”，和英语等印欧语的“车轭”（yoke）是同源词，但瑜伽的目的却不是控制人，而是解脱——从这梦幻泡影的无穷轮回里摆脱出来。这对矛盾就像希腊的“一”与“多”，中国的“阴”与“阳”一样，贯穿着整个印度文化。早在成书于1世纪（相当于东汉初年）的《薄伽梵歌》中就有业瑜伽、信瑜伽和智瑜伽等方法，而8世纪的世沃派大瑜伽师商羯罗提出了十种瑜伽法。印度共和国的国父圣雄甘地终生奉行的是业瑜伽。他一生都在行世间的事情，作为达到解脱的方法。他搞的是政治，但他是个行者。

苦行是印度教的修行方法。世沃是瑜伽苦行的象征。但“苦行”的翻译并不完全相应，它的本义和“苦”的概念来源不同，而是派生自词根tap，发热、炙烤。修行者通过克制自己，以太阳热力炙烤等手段在体内积聚起创造之火，最终在和宇宙本体大梵或大我合一的极乐中脱掉生命的束缚，达到解脱。所以苦行只是一种瑜伽方式，而绝非西方式或耆那教的禁欲，是靠放弃执著——欲爱、贪著、激情，愤怒、嗔恨，痴迷、愚妄，包括被世沃第三只眼睛里喷出的火焰化为灰烬的爱欲之神所代表的那种被欲望控制、情不自禁、不由自主的爱情——从而坚定集聚，无欲则刚，击破烦恼，从无穷轮回的苦海脱身而出。巨大苦行力可以在自由无我、天人合一的欢爱狂喜至于极乐之中，和天地宇宙共振调和，智慧和慈悲合而为一。在印度传统里，世沃和妻子雪山神女乌玛的性爱代表着整个宇宙的进程，而林伽矗立在女阴之上的形象是其表记，他们的儿子鸠摩罗或室建陀的出世象征着新宇宙的生起。

这是第四天。

我的卢比已经不多，道路修好不知要到何时，于是我决定早上下山直奔著名的恒河圣城雷世盖示。天已经放晴，大朵的白云在高天上飘游，阳光明媚。

九点到了上迦尸，我刚下车，就遇见了在去雅木那河源路上聊过天、背着巨大背包的沙赫莱。他说他要到恒河源过他的三十岁生日。听了我带来的关于断路的消息，他颇为泄气。正犹豫间，一辆吉普车停在旁边，维尼德出现了。维尼德的名字听起来像是英语的“we need”（我们需要）。他是山下雷世盖示恒河边悯喜静修所里的一个瑜伽行者，工科大学毕业后直接到了修道院里学梵语古代哲学，现在正趁学期中间脱了修道服出来“徒步”。他个子高高，身体健壮，神情朗润，英语很好。他和我们打了招呼，弄清原委后，便以不容置疑的态度说，已经到这里了，怎么能错过恒河源！而且他确知被阻断的只是汽车路，人可以通过，可以租车到断路下，到对面换一辆车上山，因为上面也有车下不了山，傍晚一定可以到达恒河源的。最后，他颇具鼓动性地说：“Let’s go! I’ll be with you!”

没有任何理由不去了。我们于是挤在一辆吉普车的屁股里，讨论着吠檀多哲学、符号的普世性、印度传说里的世代的可信性和隐喻性、西方的传说和印欧人的关系等，不觉回到了帕达瓦利。再次耽搁了一两个小时，我们搭上另一辆车，沿着在陡峭的山崖上凿出来的路来到断路的地方。

一块巨石恰好端坐着塞满整个道路，仿佛从那极高明的彼岸世界落在人神之间。周围是散乱的石头残骸，路边以下就是直落河谷的深渊，所幸巨石的中间有一个洞穴，可供一个人和他的背包通过。成群结队的朝圣者钻来钻去，大块头的沙赫莱和他沉重的背包颇费了一番周折才挤过去。

然而对面并没有车在等着，我们只能继续步行，转过一个弯后，另一个巨石卧在路中。这次人们只能从它的外侧爬过去。我再次遇见在雅木那河源遇到的那群朝圣者，和其中一位女士聊，才知道他们是从古吉拉特步行来的，已经走了四十五天。这次他们是穿森林小路从雅木那河源直接走过来的，比我们坐车也没慢多少。他们多数是经营大米的商人。他们的走姿有些僵硬，能感觉他们腿脚的麻木和疲惫，但节奏分明，步履匆匆。过了巨石，很快又看不见他们的身影了。我心生向往，想起很多藏族人的走路姿势，恍然明白其中的意味——多少的道路凝聚其中啊！对他们来说，根本就没有道路阻断这回事。挡住汽车的地方，挡不住人的腿脚。

石头边过人的地方危险陡峭。我把自己的背包顺过之后，接替了另一个人背靠着悬崖站在路的边缘，扶那些年老的人越过石头。但年轻的人们却不相让，大概因为我扶的老人太慢，一个穿着朝圣者橙色衣服的年轻人竟然推了我一把。我的那把从斯里兰卡带来的伞插在石缝里，不久就不翼而飞了。维尼德知道后非常生气，去找也没找到。

天从时晴时雨变为绵绵不绝的阴雨。我们步行了大约10里地后，走下河谷，过一座军绿色的铁桥，从河西转到河东，来到一个滞留着许多朝圣者的神庙下。这里叫作殑伽那尼，意思或许是“恒河奶奶”吧！据说这里离恒河源还有50公里，是著名的朝圣打尖之所，其建立的原因或许是因为这里有一个温泉，温泉的上面是一个小庙，刻着“Parashara Ashram”几个字。传说这里是吠陀里著名的星象天文之祖胁生仙人最后三十年待的地方。庙里一块被布遮起来的石头据说是他的仙座，供香客朝拜。温泉其实在也许比庙还高的高处，但巨大的露天石头浴池（印度英语称之为tank）却坐落在庙前方的下面，浴池的左侧是一个政府开的旅馆饭店，右侧是卖茶和朝圣用品的商店等。浴池前陡峭的台阶向下通向大路，路的对面紧沿着陡峭的堤岸搭着各种棚子，是饭馆和卖印度式甜奶茶和叫作撒摩挲的油炸土豆泥包的摊子，却挤满了无数前行的人们，马路也人挤人像个集市。

我们挤在一个茶馆里喝着热茶避雨等车。车没有像想象的那样不能下山就索性在这边拉客上山，因为油料供应不上。它们要么耗在这里，要么在山顶那边待援。有人已经步行上山了，但来车的希望还是有的，大家就这么等着。茶馆里没有座位，我们就各自坐着自己的背包。疲劳、沉闷的天气和等候的焦急让大家兴味索然。沙赫莱说这条路从古时候就常被洪水冲断，他为能否在恒河源过三十岁生日担忧。也是三十岁的维尼德向其他人问着信息，宽慰他说今晚到山上问题不大。

茶摊三面开放。长得像藏族兄弟的当地年轻摊主在前面沉默地烧着茶，把热气腾腾的茶汤来回倒得哗哗作响，和淅沥的雨声、路上的人声以及背后远处的涛声遥相应和。几个来自中央邦、留着小辫的乡村婆罗门模样的人高高低低地坐着，谈着话，大家点上一根叫“比儿利”的印度草叶卷烟，手捂着猛吸，使嘴不挨烟蒂，轮着抽。香苦干燥的味道就在潮湿的空气里弥漫开来，和着不知谁在嚼着的槟榔味道，以及隐隐的被水冲过的粪便的气味。大家面色凝重，若有所思，有人把头巾就横搭在头上，从我的角度看去，颇似画像里的耶稣基督。

一个缠着橙色头巾的中年人就在我眼前呼呼睡着了。他的半大的儿子百无聊赖，捻了一根线伸进父亲的耳朵。父亲梦中抹了几下，被弄醒了，一巴掌把线给打掉又继续睡去，儿子也不说话，挨打之后又找到一根线头捻起来。我看着这一切，把它记在正写着的本子上。

对面山坡上夯筑的路边墙顶上也搭着一排铁皮棚子，伸出的屋檐下晾着衣服，摆着桌子，旁边放了一串简易椅子，墙皮斑驳，前面一溜蹲着母亲和儿女样的三个面孔黝黑的人，分别在黑影里披着红色、白色和黄色的衣巾。穿廉价纱丽披长红巾的母亲站起来进屋去，抱出一个婴儿，递在披白巾的女儿手中，穿黄色汗衫的儿子逗弄着孩子。一双雨靴在不远处相对站着，仿佛在谈情说爱。

维尼德出去看车去了。我趁机在记这几天没有记下的事情。沙赫莱没事就端起他上山拄的棍子，当枪瞄着某个虚无的靶子。他凑过来看我的本子，就手指着一个地方问是否是他的名字。我说是。他于是拿过本子去在我错误的拼写上面写下了正确的。已经四点多了。整群穿着橙色运动短衫短裤的朝圣者喊着口号从山上下来，又继续走下山去。这时维尼德冲进来说车来了，我们就跟着他出门上坡，来到一辆大客车前面。一大群人已经挤在车门前了。我们基本没有可能挤上去。我于是急中生智就喊着他俩往车顶上爬。沙赫莱的大包可真叫沉，好容易搬到车顶，我们坐在雨中等着开车。但车最终不开了，不知谁误解了谁，还是司机害怕危险，有人说坐在车顶上违法，尽管我不是第一次坐在印度的车顶。几经周折，我们还是悻悻地爬下车来，跟着维尼德找住的地方。

地方都满了。我们上到水池周围。维尼德找庙里祭司说情想辙。我们在卖东西的地方转悠，在旅馆胡乱吃了些大概是塔利一类的东西。我终于发现了一种可买的东西，就是廉价薄雨衣，十五卢比一件，相当于三元人民币，遮雨没问题，就买了两件。

天色开始暗下来。我们上山拜见了还是个孩子的祭司，一概应承了他所说的条件。半懂不懂地对庙门里简单拜了拜，就被引到了庙右侧的走廊下。此前维尼德告诉我们可以给点布施，十个二十个卢比就行。他是吠檀多哲学信徒，信奉最终的梵或上帝，对形式的东西不以为然，或者说对那种靠仪式而敛财的方式不以为然。他大概以其婆罗门种姓和修道士身份，以及应当帮助外国人的习俗，说动了祭司而为我们争得了一方躺卧之地。

闲将下来，就着最后的天光，大家又有了讨论思想的兴趣。大家都用英语。这种他人的语言，反倒更容易理解。每当讨论到难解的问题时，维尼德都会说他自己说不好，请我去拜访他修道院里的古鲁（上师），他会解决我的一切疑惑。沙赫莱对西方人见万字符号就当成纳粹，或者按正反方向去区分是否纳粹的事儿颇为不忿。他认为十字和万字这些符号是普世或宇宙的，但当听我谈到东方的八卦和太极在西方的阙如就沉默了。他把印度的四种姓、希腊金银铜铁四个时代说和社会进化论结合起来，认为世界是按照种姓的统治先后而趋向衰落和毁灭的：最早是神圣至上的祭司——婆罗门统治、人天相应的黄金时代，其次是高贵至上的血亲贵族——刹帝利统治的白银时代，而后是利益至上、唯利是图的商人——吠舍统治的青铜时代，最后是暴力至上的群氓——首陀罗统治的黑铁时代，分别对应着奴隶社会、封建社会、资本主义社会等层级递进的社会演化。这种反其道而行的对应听起来颇为新鲜。

是真的睡在屋檐下了。我们睡在石板的斜坡上，屋檐上滴下的水带着冷气吧嗒吧嗒地落在身边两个巴掌远的石头水沟里，细细的水花偶尔会溅到脸上，而石板灼热，石板下水声潺潺，流着温泉里溢出的热汤。没有睡袋的沙赫莱被烫得无法入睡，和我换了位置。我把睡袋铺在地上，就像睡在姥姥家的热炕头上，睡了很久以来的第一个舒服觉。我做了很多梦，梦中的地方都是儿时住过的地方。早上起来时，浑身的湿衣服竟然干得像是刚被太阳曝晒过。

这是第五天。

一早起来，照例没有车，我们就决定先步行上山。感谢上苍把我滞留一夜，否则这一路震荡身心的景象会被走马观花地错过。

我先是被一路新鲜的粪臭搞得心情懊恼。沙赫莱走得很慢并说不用等他，但真要权当等他而稍事歇息时，却猛然发现要倚靠的路墩边有一摊新屎，不觉怒火中烧：这就是对待神圣的态度吗？

然而在不知过了多少时间之后，山路拐弯，猛一抬头之后，目瞪口呆将一切都一扫而光：河流轰响，云雾蒸腾，满溢的大水在巨石间暴跳，激起的水沫化身云雾，托着仙境。翠绿的树木在天云和水雾之间密集着隐现，仿佛无量天军行过。翠色欲滴，河流不情愿地绕过巨石向下跌落，巨石上疏疏落落的几棵挺拔的野树在上下左右叫嚣的云氛里洒洒落落，怡然自得，仿佛在做着美梦。

意境。我脑子在久久的空白之后跳出这个词来，在这雄浑广阔的喜马拉雅，在这狂舞的恒河上游，一境中国意象把这施设的我熔化。

我们再次走下河谷，过桥，从江左再次攀到江右，恍惚间抄着一条矿山般的弃路上的主道。这时，一辆车从山上下来，随后上来的维尼德拦住它，和司机谈了几句就把包塞给我们，边跳上车，边告诉我们他先占着位子，随车下山了。

我已没有心情和任何人讨论问题，完全沉浸在这股江河浩气当中，比任何曾经的经验都更淡定。我掏出相机，再放回又拿出来，不知该不该用这机械去记下这会徒留其影的境界。身边的山峰是一块巍峨的巨石，岿然不动，依然有拄着棍子、橙衣橙巾的人阔步下山，身上挂着塑料小桶。

不知多久之后，刚才的吉普车上来了。多亏了维尼德急中生智，在坐了十个以上的人的小吉普车上为我们占了座位。车门打开，车中间一个熟悉的印度声音自如地晃着脑袋，跟我打着亲切的招呼："Hello, sir！"罗摩拉里老头和蔼可亲的脸从暗影里浮现出来，让我心里幸福涌动。

大概这就是缘分吧！你一生会在哪里遇到什么人，与之如何交道，时间、地点、氛围、心境都是决定了的。我注定了要和这个虔诚的老婆罗门去朝圣这圣河的源头、文明的起源，就像人注定会沿着哪条道路和谁结伴去回归他自己的本真一样。

车离开河道一路蜿蜒上山。群山在放晴的天空下像放歌的藏女。高坡上逐渐出现了挂在陡峭小路两边的石片搭顶的房屋和成片的果树。维尼德和沙赫莱一路继续着谈话。我无心去分辨英语，心不在焉。但维尼德说的一个词分外清晰地沁入我的意识。大概是沙赫莱问他喜马拉雅的意思。维尼德告诉他是雪的居所。“居所”——abode，阿赖耶（alaya），胎藏，本真的所在，原始的住处，万物蓄势未发的状态，创造前的即刻。

车上到山顶，便看到前方山上的另一面。一片大水交汇，那是这支恒河的几条支流在平缓的河道的汇流。车向下进入一个小驿停下，开始从油桶里高价加油，而小馆子里坐着的当地人明显地带上了藏族人沉默安详的长相和神情。而后车折向东，在陡峭的山路上紧盘向下，过两次河，绕入一条极深极窄的峡谷，丛林密布，河水在极深的下方遥遥激荡，前方越加接近云彩。良久，一个建筑很新的镇子跃然眼前。

天空奇特地笼罩着一层白云，雪白的云气，稀稀落落的松树林托起的裸露石山伸在这奶一般的天空中不知其几千万丈高。一座桥从右岸伸向左岸。江涛夹着沙石浩荡咆哮，猛烈击打着河谷里巨大的石块，水花泡沫动荡着惊骇向前，被两岸黑森森的松林夹紧。而岸边就是寺庙和饭店馆舍。

我们正沿着行走的这段恒河，其实只是恒河在冲出喜马拉雅涌向平原之前，从附近的喜马拉雅高峰上汇流到一处的七条支流之一，叫作福车河。关于恒河的传说是个没有尽头的故事海，但关于这段恒河上游，大史诗和往世书上却都是这么讲的：当初人主甘蔗族之王娑伽罗有六万个儿子，曾经打败一切阿修罗。为了扬威，他命他的儿子们施行马祭，即放马漫游一年，大军随后，征服一切所到国土。但神王因陀罗出于恐惧和嫉妒而偷走了祭马，并把它拴在迦毗罗（释迦牟尼的祖国叫作迦毗罗卫，就来自这个大仙的名字）大仙的隐修所里。六万王子不知是计就引军来攻，结果除了一个王子外，都被从深密禅定中被惊扰的大仙双眼里放出的神光化为灰烬。后大仙在娑伽罗的孙子的百般哀求下应承：如果恒河从天而降，六万王子即可复活。再后来娑伽罗四世孙福车严修苦行，被取悦的恒河女神一高兴就向大地降落下来。大神世沃为了防止洪水泛滥，就用他的发结把恒河锁住。后福车王求情，他就把恒河分为七股，从发梢流下，于是六万王子复活，登天不朽。福车王修苦行的地方被认为是恒河之源。这一支恒河的水被认为有甘露在其中。然而，其真正的源头却是在一个叫“牛口”的地方。

我们随着沙赫莱过河去找一家属于一个英国“圣母”的静修所，但不幸的是她已经搬到后山去了。罗摩拉里凭着他瓦拉纳西婆罗门的身份请求一家黑天（音Krishna，意谓黑色，现代人多跟风美国音，译作克里希那或奎师那）静修所让我们寄存东西，随即准备直接步行18公里上山，去牛口。我立即附议，但沙赫莱已经不能再走了。维尼德决定和他一起留下来。等我们下山时，他们已经走了。后来我去过维尼德的静修所，但他还没回。一年后他到浦那时找过我，但我早回中国了。从此，我再也没见这两个朝圣路上的伙伴。

我们两人旋即就回头过河，沿着河右黑森森的松林里的步行小路上山了。我着实喜欢这种雷厉风行。在一个关卡处，两个神情阴郁的政府工作人员追上来收钱。尽管罗摩拉里为我力争了半天，申明我是朝圣者，不是游客，但还是按印度的习惯，我作为外国人交了一百五十卢比，他交了四十卢比。

路很快伸出森林，两面山岭上的植被稀疏起来，植被的上面是巨大的光秃秃的岩石，海拔大概接近了4 000米。天依然阴着，云气更低更近了，仿佛直接从天空的乳海里洒落。路比雅木那河的缓而直，几乎没有绿色，没有盘山，顺势而上，在巨大的山崖下面和乱石间穿行，路面也不是黏土，而是灰色的沙土，就和涂灰苦行僧涂在身上头上的骨灰一个颜色。河岸陡峭，岸下就是卷着泥沙、腾着水汽冲撞而下的灰色恒河水流。

我们沿着小路上行，一路避让着从山上呼啸冲下来的年轻朝圣者。他们多数衣着橙色，身上挂着装满河水的小塑料桶，累得根本顾不上你的安危，叫声世沃圣号就算是打了招呼了。这条路上的圣号也和雅木那河的不同，是世沃的各种简洁的名号，其中有“bombom”，听起来颇像是孩子们在玩着打仗游戏。

从恒河右手汇入的支流一个一个地出现了。白涛滚滚的河上，桥早已在滔滔洪流里不知去向，代替桥的是架在最窄也是最湍急的河流上的大木头，有的忽大忽小地隐现在水中，有的接续着横过宽阔的河水，而不太深的河道只能涉水而过。前面挽着半湿的裤腿的人们或蹬着弓步，或半蹲着身子，或叉腿伸手，仿佛戏台上作势或者史诗雕塑般互为接应。此情此景让明显习惯于静坐、行仪或安住办公室的婆罗门罗摩拉里怔然色变。那样子让我想起初中时初次跳木马前的情境，明显是始料未及。爬了很久的山，腿脚战战，抱怨管理当局只收钱不抢修已毫无意义，无法指望更多的救助，选择只有两个：向前或者向后。他脸上褪着血色，顾不得和我客气了，无助地按我的请求把他的包递给我，让我先过河，我能帮他做的也仅就这些了。过河之后，我简直不敢去看他，背过脸等着，而不知多久之后，他颤颤巍巍过了河，面色铁青，倚在或坐在一块大石头上眼睛直愣愣看着前方，呼呼气喘。但几分钟之后，他站起身来，努力从惊魂甫定、血色渐愈回转里挤出一丝微笑，摇摇表示肯定的头，说道："Let's go，sir？"于是我们就继续前进了。路上他告诉我，他有心脏病。

路边的石块越来越大，仿佛突然被施了定身法的某种蹲伏着的史前巨兽。灰浆的河水和河岸没有了明显的界限，很多地方的河床好像刚刚开辟，植物退在很远的地方，河水狂暴，摔打着乱石，水中的大石头骨碌碌作响，好像磨着牙床。陡峭处嚣张的雾气和河水连为一体，仿佛河流的骨头上长出的血肉，仿佛战斗中飞起的硝烟或血雾。

过第二条支流的时候，一大片巨石让我十分兴奋，我就跳到石头顶上。但随后的滑稽却如一盆冷水兜头泼下：那大石头的顶上是一堆堆新新旧旧的屎，而我穿着凉鞋，而且脚已经快磨破了。但这并不算完，上得坡来，刚在隐约的臭气中转过一块大石头，一个刚小解完的、长着典型雅利安面孔的黑胖年轻人转过身来，把槟榔嚼得满嘴血红，醉意醺醺的他嘚瑟着，张口问道："Where are you from？"（"哪儿来的？"这是著名的印度三问之首，后两问是"多大了？""结婚了吗？"）我毫不掩饰自己的厌恶，把他和他的嘟囔撂在身后。路上我见过无数的朝圣者在他们开来的大卡车下休息，用高音喇叭放着宝莱坞那具备一切媚俗因素的歌曲，扭动着他们的肉身，而在古代，歌是用心来唱的，何况这是在朝圣。

能感到罗摩拉里颇觉没面子，像所有有尊严的印度人一样，他颇想给外国友人造成一种美好的印度印象，但总令他失望的祖国免不了使他尴尬。到了大石群上面的坡上，那里竟有一家政府开的茶棚子。罗摩拉里便用印地语向老板一本正经地数落当局的失职，然后翻译给我听。我劝他停止这无益的抱怨。他更来劲了，就好像瓦拉纳西的政治清明似的。老实巴交的当地老板一个劲地点头，答应全数报告，好像自己犯了大错。

远处的支流从天云一色中冒着烟蜿蜒派生下来，天空开始露出些许蓝色的底子，巍峨高耸的巨石山渐渐在层峦之上的乳海中向上拔出。山路进入了一片宽阔的河床。我们坐下休息。罗摩拉里竟然从河边石缝里抱出一大块雪白的冰块！

薄暮时分，我们进入一片宽广的谷地，天黑前走到4公里以外的牛口已然不可能了，于是我们就到谷底的一小片房舍里去了。这是罗摩拉里提前问好了的一个静修所，名叫"巴巴的静修所"（"巴巴"是对圣人的尊称）。到的时候修道士们正在做礼拜。接待我们的年轻人英语不太熟练，说每人交一百五十卢比。这和罗摩拉里听说的不符。他们就交涉起来。他强调我是从中国来学梵语的，我也顺势亮了所在大学的证件，并说可以用自己的帐篷，住在屋檐下，小伙子就报告去了。不一会儿，一个中年修道士过来和我们和颜悦色地打招呼，说随便给点布施就行了，房间没有问题。他听说我是中国来的，就向远处一指，说到中国边境只有50公里。当然，50只是意味着很近，谁也没算过，但这突然让我生出翻山就可回家的感觉。

在静修所点着蜡烛的幽暗饭厅里吃了一顿手抓塔利后，我也无心再去和修道士们聊天了，就回到小屋里的地铺上盖上厚被子酣然睡去，除了隐约觉得雨声终夜未停外，一夜无梦。

这是第六天。

不到六点就醒来，旁边响着老罗摩拉里的鼾声。雨还下着，近山尚且沉睡在黎明的黑影里，而背后的远山却已挈着云气笼罩在一片明媚的霞光之中。清晨新鲜的寒气逼人，想到此刻的德里正处在酷暑之中，有恍如隔世之感，想起小时候姥爷常说的一句话："人真是活宝，夜来还在那呢，这阵就到这了！"我两腿酸沉，就趴在床上把几天的行程大致记下来。

门开着，形成风景的框子，远山是一块整石，头挂着雪线，高高耸峙在云间，云朵仙气从其身后向顶上的蓝天波涛状放射，好像万丈光芒，向遥不可及的高天奔跑，似乎听得见它们的高唱。接着，浓重的云气仿佛万千天军从雪山崖前的山谷里涌出，围拥着孤绝庄严的巨大山体。白云蓝天，但远山自己已在云雾的湿润中模糊了。

拔脚出来，裤腿已经全干了，开始被冷意一激。朝圣路上的人们基本来自炎热的山下，大多穿着拖鞋。我这双设计简洁的沙滩鞋跟着我在印度、斯里兰卡大半年了，出发前在德里尼赫鲁大学旧校区邮局门口找一修鞋老人加固，结果就被砸进去两颗钉子，直到在雅木那河源把脚扎破了，才想起来拿石头把钉子砸进去就行了。含了一粒丁香，神清气爽，分一粒给老罗摩拉里，他则发现了文化共同点，高兴地告诉我丁香的印度名字。昨天他曾分给我他的肉豆蔻和一把大概是草豆蔻的香草籽，让我口中生津，疲惫中神气一振。

颇尽地主之谊的静修所送来热气腾腾的印度甜奶茶，带着生姜、肉桂和丁香的香气。便装的小伙子拿来布施单，两人被建议共布施了一百卢比。

茶毕出门，在静修所中小驻。这里的房子都是搭成的简易房，许多房顶是用石头压着的圆棱铁皮，因陋就简的门和柱子都被刷成黄绿两色，油漆写的指示牌有英语的，以及天城体写成的梵语或印地语，还有孟加拉语。这个世沃朝圣路边的静修所竟是个维世努派的，但和恒河源小镇上的黑天静修所略有不同，供着罗摩。

罗摩是大史诗《罗摩衍那》的主角，曾经在流放中漫游了大半个印度，并有类似希腊人跨海攻打特洛伊的故事，在神猴哈努曼帮助下渡海远征斯里兰卡，抢回了被掠走的王后悉多。他和黑天一样被认为是维世努的十个化身之一，但罗摩与喜马拉雅关系密切，他的王国在喜马拉雅中部山脚下的阿逾陀，其王族世系属于甘蔗族，和马鸣菩萨为释迦牟尼在家时的王族追认的世系出于同门，而恒河正是他们的祖先福车从世沃那里求下来的。

从静修所出来，我们在山体巨大的阴影里上了巨大的乱石间的山路，在稍有绿意的山坡顶着的大团白云圈出来的明净深湛的天空下面前行，腿脚酸疼了好一阵子，也不太听使唤，但歇歇走走，目的地也渐近了。

背后的太阳时而隐没在云团背后，让云团在影子般的山体上面通体透亮。植被好像消失得很突然，地上已经没有草木的踪影，而山谷尽头，飘摇着白亮云彩的羽毛，雄健的雪山巍然挺立在群山之上。近处是善见山，远处就是须弥卢山在大地上的化身冈仁波切。

翻过一道乱石的山梁，在明亮的空气里，河谷在前方被山岭截断。水流看似又窄又浅，但凶猛之势不减。与山石一色的灰浆在水中骨碌碌地磨着巨大的冰块，轰响着顺流而下，河边的乱石间积着冰块儿。有人在把它们往岸上抱，有人正取着河水并往自己头上抹或往自己身上撩，还有人已经洗完，腰上围着布，把湿衣物搭在石头上晒。远处，一簇橙色的人和旗帜围在一起，走近看去，一些着橙色衣裤，如太平天国士兵那样披扎着橙色头巾的人们正在祭祀。一个留着稀疏的发髻、谢顶黑亮、胡子老长的老祭司在伺弄着祭火。人们在旗帜和花蔓间合掌祷告。

一对憨厚朴实的当地夫妇告诉我们这就是牛口了。疲惫不堪的老罗摩拉里晃着头表示同意。他已经说话都困难了。这就是牛口？难以置信。我执意又上了一个坡。罗摩拉里走不动了，就面色憔悴地坐在一块巨石的阴影里大口喘着气，并示意让我继续走，他在这里等我。不远处，一个白发苍苍的矮小白衣老人正坐在灼人的阳光里，叉着黝黑的胳膊打盹或沉思着。

小路在巨大的石块中间穿行。我突然觉得应该到河岸的崖边看看，就从石头上向那边并去。对面一片浅绿的绝壁豁然现在眼前：好大一块玉！温润的一座玉山！我目瞪口呆。

我迅速从巨石缝里向崖下拐去，循河而进，也不管被凉鞋磨破了的脚在流着血。身边是巨大的冰块，我才恍然大悟：这是一座冰山！一整块的巨冰，上方被高山上滚落的石块、尘土覆盖着，但河上的冰壁却陡峭兀立，巨冰不断脱落，咔嚓嚓响着，跌落在河水里面，随之一声轰鸣震耳欲聋。我在冰块中间向里跳进，从来都不知道自己还可以这么敏捷，然后，人间最奇异的景观就这样扑面而来：

一条大河，从一个巨大的拱形冰洞里，奔涌而出！

这就是牛口，世沃的神牛南丁的神奇之口，恒河的真正源头，一条在喜马拉雅——雪的胎藏深处浩浩荡荡、破冰而出的河流。文明从此处喷发，宇宙在此生起，还要回溯于此，就像我们这无穷繁复的大千情器世界从心的种子里发端生起，终归于心一样。

正呆愣间，身后骨碌碌巨响，成串的大石块从我曾经经行的地方砸进了河里，而我由于站在冰洞的洞口之内，安然无恙。冰间缝隙上方，巨石裸露的山体在白云的背景下分外明亮，滴水的冰体上面是蓝天，一朵浅云悠然自得。这时，对面一块巨型冰剑从冰壁上揭落，轰然在河里跌得粉身碎骨，轰隆隆向下滚去。顿时，我觉得自己简直是身轻如燕，从冰块间穿梭蹿跃而出。

河边的巨大冰块间的水流晶莹碧透，清流静谧，空气湛蓝。河水刺骨，然而清冽。我像一个印度人一样，以手舀水，覆头，饮下，清洗上身，心无杂念。

走出牛口，转身向下，便闻见了弥漫在河边的便溺味道，四散扔着朝圣者丢弃的衣服、塑料袋、廉价雨衣、槟榔杂拌和香波小袋以及食品的塑料包装等。这最神圣的地方留下的，是现代人造之物，里面附着的，是现代性的幽灵。

原路返回，老罗摩拉里还在巨石的影子里闭目养神。在这个人的脸上，我瞬间仿佛看见了自己的样子——也许是我某世以前或以后的样子，或者这就是我的另一个可能。

十二点半，我们准备下山了。我的脚磨出血来，走久了凉鞋就会被血污染脏，然后遇到一条水势已经弱下来的支流，冰凉的水把血污冲走，精神随之一振。为了防止太阳晒，罗摩拉里把围巾在头上缠成帽子，并教会了我。原来看起来如此复杂的东西竟是如此简单。

四点半的时候，我们回到了那家静修所。各自稍作休息之后，罗摩拉里就和我一起去了河对岸的建在恒河边的福车之石庙。庙是19世纪尼泊尔的一位塔坝族将军重修的，带着明显的喜马拉雅—尼泊尔风格，不知雕于何时的福车大胡子石像像一位中国老农，大概是照着尼泊尔人刻的吧！

我们这才有时间去打量一下这个小镇。整个镇子建在这夹河直上的峭壁落下的石头沙砾向下衰减的坡度上，水急山高，各种屋宇在坡上色彩斑斓，石崖下黑森林掩映着巨石，云雾缭绕，连着河上的雾气轻带缓飘，不觉就扭动身形。云和河流有着不同的时间。恒河更像是世沃大神，充满男性气概，浊流激荡巨石，就在铁桥下叫嚣奔腾，飞潮扬波，狂涛汹涌，激情怒张，摧毁着这些耽搁它、阻挡它的巨石；但云却睡意朦胧，对下面的怒吼漠不关心，抚着那些岿然不动的山崖和仿佛冻住了的松林，完全一副闲云野鹤的出世派头。

这就是福车王修苦行的地方，刚猛之气换来恒河母亲在大地上的流淌，意志和克制的力量创造了美好深邃的文化和五谷丰登的美好大地。

晚上我们在这镇子里住下，心里空空如也，一夜无梦。

这是第七天。

（原载《西部》2011年第15期）

随行塔什库尔干河

1

塔什库尔干河，帕米尔寸草不生的石头山顶上的冰雪华冠和太阳拥抱亲吻的孩子。

2

唐僧玄奘记载了这样一个故事，一个波斯王使迎汉公主回国，途经帕米尔（古称葱岭），因为前方战乱，就在山顶筑堡自保。然而不久公主怀孕，王使震怖，追问之下得知“每日正中有一丈夫，从日轮中乘马会此”。原来是太阳神下凡偷香，于是公主生下一世英主，立国于此，名“朅盘陀”。

3

帕米尔高原古代叫葱岭。不知是来自何种语言的音译，还是以讹传讹的意译，它用的是“郁郁葱葱”的“葱”。世界上没有什么比这更名不副实的了。这葱岭其实是由千万座鳞次栉比的秃山童岭组成的。这些干山终日暴曝在烈日之下，最缺乏的就是生命的绿色。然而帕米尔是个高原，有的是高处不胜寒的冰山雪峰。烈日和冰雪的紧张关系产生了流动在崇山峻岭缝隙间的河水，使这死寂的大山里有了几缕生命之线，有了生机和“生态”，生了一丝葱郁。

河流诞生在阳光下每一个积雪结冰的山顶。从海拔4 700米中巴边境上的红其拉甫达坂而下，我眼见那里冰雪融化成缕缕细流，沿山谷淌成小溪，然后无数的小溪在石头或绿草的丝缕间渐渐总为河流。

4

唐玄奘的时候，塔什库尔干河叫作徙多河。这个名字大概来自梵语。印度大史诗《罗摩衍那》里罗摩美丽的妻子就叫这个名字。河流到了塔什库尔干石头城下的时候，河谷已经变成了小小的草原，河水分散在牧草间，不时积起一些小水湾。眼睛常常向远方的苍天久久凝望的塔吉克人在这里放牧牛羊，耕耘田畴。比羊大不了多少的毛茸茸的小毛驴子是他们心爱的坐骑。

5

在塔什库尔干县城，我在车站对面的功德宾馆十块钱一天的标准间里遇到了一位来自浙江的背包旅行者。他决定跟我沿塔什库尔干河而下，经大同乡到莎车去。这条路是我在喀什巧遇的一位走过新疆很多古道的兄长建议的。他说这条道"绝对值得一走"。山中古道一般都是沿着河流走。众说纷纭的玄奘法师的归国之路也许不是斯坦因所认为的去喀什的那条，而是这条经莎车国的丝路古道。

第二天一早我们就上路了。那是九月的光景，海拔3 200米的塔什库尔干已经到了深秋。路的两边是金黄的叶子，阳光无比清澈，路上不时闪出塔吉克姑娘火红的身影。我们在柏油路面的援巴公路上很容易地搭上了一辆武警的便车，车上英俊的塔吉克族军官脸上带着这个高原民族特有的庄严，和蔼而好奇地打量着我们。他镶着一口金牙。这是当地的时尚。这位穿着中国军装的印欧人颇让我感了一番兴趣。

6

车在三岔路口停下来。我们上了土路。不一会儿，衬在色彩单纯的干山间的河谷从南边展现出来。在极远的尽头，帕米尔雄壮的石头山峦戴着白雪，河谷里的草已经黄了，山的影子浮在被草地镶嵌的水湾上，影子包围着和头顶上一样幽蓝发亮的天光。河水在开阔的地方俨然成了一个小湖，可能是野鸭的水鸟漂在水面上。它们倏忽间纷然飞起，在空中懒散地画了一个圈儿，又扑棱棱落回远处的水面。塔什库尔干河在这里向东弯下去了。

7

四外一片寂静。我们的脚步踏在砂土的路面上沙沙响着。这是唯一的声响，所以分外响亮。路边上长着绒球一样的泛着浅粉红色的草丛，好像一群群毛茸茸的小动物在戏耍着。有的地方小水湾平静如镜，色彩变化莫测，浅绿和寸草不生的岸与山的红色影子交融，山的皱纹在水里拉直，好像冰凌在慢慢消融；或者就在山影里渗进一滴滴绿或蓝的底色，仿佛晶莹剔透的水晶杯子里的加冰的酒，让人有些微醺了。

8

到了峡谷的地方，水流湍急起来，哗啦叮咚地笑着跑去。也许是太晴朗了，阳光亿万年来终日这样鞭打、提炼这些山岩，使它们在无数绝望的号叫之后变得倔强而白亮，而阴影里，则聚集了一切黑暗的力量，是纯粹的眩晕。明暗之间没有妥协的余地。

9

偶尔有车驶过，轰隆隆巨响着卷起尘土，把我们完全裹住。慢慢地，随着烟尘的落定，空气恢复清澈，寂静再次在越来越沉重的脚步声里重新回转。我们的脸上却是一层粉尘。峡谷越夹越紧，山体越来越巨大，人越来越渺小，仿佛在井底。道路耸立在河岸上，顺着喧嚣的河水蜿蜒而下。天近晌午，我们搭上一辆地质队买菜回来的轻型卡车。烟尘于是开始像船尾的浪涛滚滚而去了。

10

坐在车斗里，我的眼睛开始得闲向上仰望。车在疾驰，但在无限高的高处，闪闪发光的巨大山峦却缓慢地、雍容地交错、游动，仿佛无风天气里的巨大云朵，仿佛诸神在天庭里散步。在这群山浩大的合唱中，我开始发懵，仿佛就要融化的冰块一样。有种渴望在身体里积聚，涌上喉咙、鼻子和眼睛，一种沉着宁静的旋律开始在头顶盘旋，一句话骤然在脑海里涌出：天帝的城池。

11

车出了峡谷，进入一片开阔地。河缓慢地环抱着开阔起来的草地、草地上的一两棵树或者一片矮灌木林、星星点点散布在草地上的悠闲的牛羊，以及收获中的农田。这里叫作下坂地，属于塔什库尔干塔吉克自治县的坂地乡。这是一块有古代人类定居的土地，水草丰美到足以养活一个小小的王国。此时塔什库尔干文化馆的展室里正展着不久前在这里挖出的古代墓葬里的遗物。这次抢救性挖掘出土了干尸、陶器、殉马遗骸，以及古代人类屈肢、直肢的土葬尸骨，还有火葬留下的人骨、炭块。不知玄奘经过的时候这里的情形如何，因为没有明显和这里相关的记载。相关的考古工作的缺乏和未来可能的工程也许会让这里的历史在人类视界当中永远消失。

12

我注意到周围秃山山腰的高处有一道很直的水平线。那是古道的痕迹吗？同车的地质队员告诉我，一万年前这里是一个大湖。那是湖的边缘。如此说来，湖水是在很短的时间里骤然消失的，也许是大地震将某座山豁开一道口子，让整个一湖的水奔涌着掠过群山，扫荡了塔里木盆地斜坡上的塔克拉玛干大沙漠，让罗布泊暴涨起来了呢！如果是这样，大洪水会毁掉多少人的家园！会怎样刻在幸存者子子孙孙的记忆深处，以及四处流徙的人们说故事的嘴里？又怎样造成一代代的部落迁徙，影响到后世的大漠边缘的城邦建构？两千年前的所谓“西域三十六国”的胚芽是不是从那时候就开始种下了呢？好个上帝之手！

13

道路与河流转向了东北，车在来自陕西的地质队营地停下来，前面正对着的山就是一整块有金属光泽的巨石。河谷里长着一种叫作仙茅的中药，由于没有人采，所以大得惊人。我们到的时候，一位地质队员正拎着两棵它的大根从河谷里走上来。我们被邀请在帐篷里吃了饭。地质队员们告诉我，我们已经错过了去大同乡的路口，据说往大同乡去的路上还有佛像。

玄奘提到在朅盘陀国（就在今天的塔什库尔干）东南“三百里”有“石室”，有“罗汉于中入灭”。当时此地佛教昌盛，或许会有些遗迹留下？

于是我们搭上了一辆吉普，在下坂地河谷开始处的“六号桥”边下了车，向东南步行。路是沿着山边弯曲着修的。为了省脚程，我们下到河谷里，踏着洪水和太阳曝晒的裂口在河床上留下的菱形格子向远处的山坡走去。这时，一个人从河边的房屋前远远地向我们走过来。这是一个表情纯净、目光深邃的塔吉克年轻人，长着一张罗马人的脸。他要与我们同路而行。我们欣然答应。就像常遇到的情况一样，当他看见我们的相机之后，便鼓励我们给他照相。数码相机屏幕里他自己的形象让他高兴得像个孩子。空着手的他看见我们背着大背包，就坚决要帮我们。在我谢绝之后，我的旅伴的一个背包便上了他的肩。

于是我们知道了大同乡还有很远的路，而“佛像”的事儿当地人也不清楚。关键是，河流是沿着地质队那边流下去的，不到大同乡。于是我决定放弃大同乡，走塔什库尔干河谷。和塔吉克朋友告别后，我们又搭车回到“六号桥”。在过午的烈日下等了半个小时的光景之后，一位好心的大翻斗车司机让我们上了车。橙色的车装满了石子，风开始从车窗外吹过，河谷的景色在橙色边框的后视镜里，分外旖旎。

14

翻斗车越过地质队驻地，在一个转向东南的峡谷口停下来。我要给这位四川司机一点钱，被客气地挡了回来，而当我刚刚把烟掏出来，他就说自己不抽烟。在新疆漫长的道路上，大卡车司机是最乐于助人、纯朴无私的人。无论开的是公家的还是自己的车，他们很少会接受搭车的报酬，但他会很乐意和你一起在路边小店吃一顿便饭，也不会介意一盒你默默放在挡风玻璃前的香烟，如果他抽烟的话。大概是广阔的空间也使人变得心胸开阔，而纯净的景物也会让人心干净起来吧！

15

我们面前就是河水在巨石间流过、河床和山坡寸草不生的无人大峡谷了。人们说有一辆大卡车会在下午穿过峡谷，而河谷那一头有几户属于库科西力克乡的塔吉克人家。

16

我们稍稍休整了一下，背好行囊，系紧了鞋带，然后在河水响亮的哗哗声里沿着河的左岸进入峡谷的阴影。没多久，我们遇到了几个施工的工人，其中有一个是塔吉克人。我们像久别的兄弟一般打了招呼，热情地寒暄，然后挥手告别。他们目送了我们很远。这是这个下午我们见到的最后几个人。

17

这应该是一段让古代行旅惊恐不已的山谷，山岩完全像是被镂空一般，整个山崖仿佛沸腾的泥浆瞬间凝固起来，而落在地上的碎块俨然是某种古代巨兽被撕碎的枯骨。我突然嗅到了西班牙建筑师高迪的作品里那种惊恐、神秘的气息。这种巨大、繁琐、违反思维逻辑的岩石就仿佛某种古代拜物教反人类的破碎偶像，每一个面的弯曲都在喃喃呼唤着人类的恐惧，连接着骷髅的想象和死亡的经验，就仿佛恐惧的缥缈雾气一下子凝结成了实体。以前我看见过新疆某地的“魔鬼城”的照片，有着类似的地貌。

为了把这些真正是鬼斧神工的事物看得更清楚一些，我爬上了一个小山冈。正着迷间，突然注意到一阵远远的马达声。一辆满载的大卡车已经绕过这座山冈，开出很远了。现在，只有步行穿过这条深不可测的、“千山鸟飞绝、万径人踪灭”的大峡谷了。的确连一只飞鸟也没见到。

18

然而也有许多平整的岩石被孔洞摆出美丽异常的图案，某些凸起的石块伸出各种卓然不群的形象，整个山谷就像一个指向无数不同具体形象的抽象世界。雕塑背后的世界无穷无尽，让人感到无比的羞愧——人的那点儿小小才情、小小想象空间是多么微不足道。

19

也许是由于狭长，峡谷两边的崖壁让人一下子明白了什么叫“高”，明白了高可以是个近似绝对的事物，而不是一个和“矮”简单相对的概念。对于高度的感觉被推上了无限。形成这一切不知要用多少亿年的时间，每一个弯曲的姿态都饱含着亿万时空的秘密，而我们这些小小的人竟在叫嚷着“人定胜天”了。

20

同行的小伙子大概累了，便和我讨论起玄奘在旅途中是否吃肉的问题：如果不吃肉，他的身体如何承受得了高原上稀薄的空气和旅途的劳累呢？我想这对于我也许不成问题，因为包里的馕正喷着香气，水壶和河里有的是水，何况我还有几包榨菜，又是沿河而下。我更好奇的是那位归国的法师经过这里时的感受，如果他走的真是这条路的话。这里没有石窟寺的痕迹。尽管传说有很多得了神通的人可以空中飞行、移山倒海，但就是大闹天宫、搅翻东海的孙悟空如果要去取经，即使借了小说的无穷神力，也得万里跋涉、历尽磨难。在这莽莽无际的葱岭大山中，可以住人的地方就像沧海中的孤岛，出世间的僧团也无法不建在适合居住、靠近世间的那点十分局限的所在。

21

走了许久，就在散落着许多从山岩上跌落的巨石的河道里，第一棵树出现了。那是一棵瘦小的胡杨，虽然在同一天，但它的季节却要比塔什库尔干的树木更靠近夏季。然后，是另一棵，然后，是两棵，三棵……我戏言道："树有这么多的组合。如果我要说我自己，就把一棵树的照片发过去。如果要祝福两个人，就发两棵紧紧相连的。如果给一帮朋友，就把这河道里的树丛发去。"路边和山坡上的草也多了起来。"枯骨"在身后远去，石崖渐愈嶙峋嶙峋着向天空伸直，不时地堆积着千百年间滑落下来的半锥形散土。对岸出现了一些朦朦胧胧的道路的痕迹，以及似乎是人砌起的模糊石岸，偶尔还有一些石头墙，仿佛是房屋的遗迹。那是玄奘走过的古道吗？

22

忽然，对岸的树和草中间竟然躺着一匹骆驼，在安安静静地吃草。太阳这时候已经到了山的顶上。在这山坳里天会黑得很早。尽管我们背着大包走得很热，已经出了汗，但傍晚的凉意还是丝丝地渗进体内。依然没有人烟。阳光和阴影的分界线开始在前方的山体上越升越高。我的心开始有些收紧。

23

天黑下来的时候，我们听到了发电机隆隆的响声，并远远看到了人影、路边简陋的房屋和帐篷。山崖上电灯连续着被扯到很高的地方，大概是私家采矿的吧！没人和我们打招呼。山谷渐渐开阔起来，道路也高起来。十几分钟之后，我们看到了一棵很大的枯树。另一个山谷从北方会合过来，并一起向东南方向倾下去。我们继续沿河而下，并在黄昏里加紧了脚步。

24

终于，在白天最后的光线里我们看见了一幢石头房子。在路的下方，房子的周围是棉花般挂着絮的树木。路的中间横着一条木杠。我知道一个村落到了。我们没有试图进入这个没有灯光的房子，而是继续往前走。但和内地的村落不同的是，第二幢房子却并不是近在咫尺。我的旅伴有些疲惫不堪了，开始抱怨，我也对自己的判断懊恼起来。

终于，我们看见了山坡上的电灯光，等走近到可以听到孩子的欢笑声的时候，狗也叫了起来。我们朝房子走近，狗也在向我们逼近。我打开了我的手提灯，开始喊："salam mercum！ 有人在家吗？"我清楚记得脚下湿淋淋的草地，而劳累本身也是克服惧怕的因素。坡下来了两个人影，几乎同时，女主人走下来赶开了狗。原来这家的男人不在家。坡下来人里的一个小伙子自告奋勇，带我们去另一家。这个塔吉克年轻人半维半汉地跟我们交谈，听到我们是从下坂地走来的，口气中颇有些赞叹之意。我们过了一座大桥，转到河的右岸。靠近房子的时候，小伙子不好意思地说，他今天刚刚和这家人打过架，便和我们亲切地告别了。

25

于是我们这两个不速之客走进这停着卡车的院子。一位柯尔克孜族的司机出来把我们带进屋子，里屋冲门的炕上坐满了人，对面是老人、女人和孩子。我弄清了谁是主人之后献上了砖茶和带"穆斯林"字样的方糖，然后到炕上坐下，被招待以馕和茶水。屋里的人们在看一盘塔什库尔干的歌舞宣传片，杂合着传统、现代媒体和政治宣传。在座的人们属于多个民族，大多是过路的司机。司机们的汉语带着很重口音，语法干脆不属于汉语，但却都非常流利。大家毫无遮拦地谈论着民族间的话题和县城里的新鲜事儿，没有一点儿忌讳。柯尔克孜司机的口才极好，而且颇知道些掌故，下坂地坟墓的事儿就是他讲的。可我实在是太累了，打起盹来。于是主人过来问吃饱了没有，并要我去"xi jiao"。"洗脚？"我问。他把脸侧在手背上，闭上眼睛，我才恍然大悟，原来是让我睡觉啊！

26

我们睡在外屋。在围着墙转了半圈的炕上，还睡着主人夫妇、一位来帮收麦子的戴柯尔克孜帽子的塔吉克老人，还有其他几个人。大概是看到了我的旅伴不安和不太适应的表情，主人反复地对我们说："不害怕，不害怕。我，塔吉克，不要钱！不要钱！"

27

这个晚上，我还是强打精神跟主人学了几个塔吉克语的词儿，但牢牢记住的只有"tinja 'tau"（你好）。塔吉克主人的维吾尔语很好，汉语可以进行基本的交流。毫无疑问他没正式学过汉语，但我可以搞明白他说的意思。他还说了很多有意思的事情，如这些沿着河边建立的乡在不同时期的分属，人口和民族的变迁，维吾尔族、柯尔克孜族和塔吉克族的不同习俗，这条道路所经过的地方的里程，等等，但我脑袋不太转了。就在上床前，我注意到主人的右手只有三根手指。

28

一躺下，我就进入了梦乡。我猜鼾声一定小不了。这是第一天。

29

天才蒙蒙亮，我们就起来了。主人还在床上，跟我们道了别，并挽留我们吃早饭，在我们谢绝后又说了很多祝福的话。我紧紧握了握他残疾的手，走出了屋子，鼻子酸楚得就像告别了一个亲人。我知道这应该是我这一生中最后一次看见他。戴帽子的老人在门口站着，而这家健康高大的女儿穿着一身红衣，已经在院子里的矮灶上点了火，烧着茶了。

30

我们在清晨湿漉漉的空气里，怀着对这家塔吉克人的美好记忆，惬意地听着河岸下哗哗的水声，沿着仲秋绿色的河谷向下走去。这里明显和塔什库尔干的其他地方不是一个季节。青魆魆的空气在响，而不是水声。我们腿有些酸，脚也有些疼，走了一阵，在太阳浓郁的金光抹上身后的山头的时候，我们便找到一些河边的大石头坐下，把脚泡在冰凉的河水里，吃了早饭，壶里刚才在塔吉克人家里装上的水还是热的。

31

河谷渐渐宽起来。河的对面是石头的断崖，偶尔还会有一些“魔鬼城”的石头浮现在崖壁上。胡杨树三三两两懒散地歪在河床上，那些已经死去的树在河水里毫不妥协。缓缓延伸到河床的河岸上绿草覆盖，稀疏的树木无拘无束地伸展在青色的光里，一些大白石错落着矗立在树和草中间，仿佛包藏着某种神秘含义的巨大纪念碑。远远可以看见在河边田野里堆麦垛的人们，一位戴白色头巾的老太太弯着腰在收割完了的田地里拾着麦穗，一个女孩子红色的身影远远跑过田野，横过道路，进到山坡上的石头房子里了。

32

山谷似乎到了尽头。巨大的山崖堵在前方。这时候，前面出现了一个熟悉的形象。一个坐得笔直的人向两边叉着双腿，跨在一头小小的毛驴上，一柄很长的大镰刀赫然横在座前，颠颠地迎面走来。我想，我遇到我们的堂吉诃德骑士了，可他骑着的却是桑丘的坐骑。这让我心花怒放。待他走近来，感觉就更对了。他的神色庄严豪迈，多少有些忧郁，眼光除了礼貌地看看我们之外，更关注着远方，举止说话也是高傲而不失和气与优雅，俨然一个忧国忧民、匡时济世的城主。他的兵器是把镰刀，很长，仿佛鹭鸶的嘴，尖利而弯曲，欧洲民间故事里的巫婆和死神总带着它；他的毛驴子长着一双俊俏的丹凤眼，辔头上系着鲜艳的红绳，身形娇小，让他的腿几乎要蹭着地面了。他对我用塔吉克语向他致敬很满意，诚挚地微笑着和我们打招呼，但始终极其有尊严地挺着脖子，昂着豪气万丈的头颅。我突然间感到无比的亲切，觉得他有点儿像我姥爷。

33

然后我们遇到了两个“公社里来的”戴着鸭舌帽的年轻人。他们好奇地和我们打招呼。但我们却被一间石头房子吸引住了。我的同伴说了一句哲理：只有在自己的环境里，伟大的东西才会显出它的伟大。那小房子在我们前面高处的山坡上，背后是巨大的山岩和涌向天空的闪光山谷，在阳光和雾霭的合唱里，就和一座城堡一样屹立着。我们于是走到了迎面而来的石山下。河谷在这里扭身向北直转而去。我们遥见一片绿洲的仙境在山口那边阳光的水气里飘浮着。这片小小的闪光的绿色，就这么安放在大山的脚边、苍天的下面。匪夷所思。

34

我们在河流拐弯处跨过石桥，转回河流的左岸，出了隘口，朝那仙境走去。我的嗓子发紧，正想着自己是不是做了什么好事得到了报偿，不觉一回头，便被身后的景象惊呆了。梦呓般，V字形山隘托起闪闪发光、浩然挺立、冰凌一般纯净、高歌一般畅快的大石头山，仿佛在冉冉升起，片片云彩好像冲口而出的歌声，在蓝天里清澈透亮。

35

已经不知道该看哪边了，我一步一回头，被旅伴落下很远，这样进了这绿树葱郁的村庄。树和房子就在石壁的底下，牛在阳光下吃草，人在麦田里、打麦场上忙碌着，女人们鲜艳的红装让劳作显得分外愉快。大概是不太有外人从这条道上经过，所以人们便会停下手中的活儿，静静地站着目送我经过，而大人的神情和孩子毫无二致。当我大声问“tinja ’tau”的时候，人们似乎等了许久，稍带些羞涩但却快活礼貌、不慌不忙地招手回答。我深恨自己的无知，除了打招呼之外，我无法听懂也说不了更多的话。

36

这些被大山小心珍藏着的、绚丽的人们穿得其实十分俭朴，甚至有些褴褛，而在劳作中也根本谈不上城市意义上的“干净”，但他们的装束是为他们的天地准备的，在这样的阳光下、巨石前，天空、河流、树木、田野、房屋、牛羊与毛驴、阴影与光亮，和他们活动着的身影相与往还、水乳交融，不会有更合适更纯净的了。人们的目光坦荡、直率、深邃而凝重。大概省去互相挤压、防备和隔绝的、用在相互间的劲儿，人都会不自觉地去关注更深远的事物吧！这大概是人性的一个方面。也许，这些人是活着的另一种可能。

37

我恰巧遇到三个拾穗者，站在一小块后面有洒满阳光的秋草的田地里。站在右边的老汉身上堆积了一切劳动者的特质，似乎就是人间全部劳苦的化身。他胡子拉碴，皮肤黝黑粗砺，苍老的手里提着一个写着“天山面粉”字样的编织袋，里面装着半袋被收割者遗落在地里、又被他们弯着腰捡起的零散麦穗。他的眼睛越过身边的两个女人，迎着阳光望向远方，若有所思，若有所盼。左边笑眯眯的老太太身体佝偻，衣着厚重臃肿，笑容在满是皱纹的脸上现出孩子般的顽皮和不恭，好像看透了一切道貌岸然、不可告人的伎俩，嘲弄着世间所有的诡计，却又好像怀揣着某种被禁止的秘密，以及一丝细细的尴尬、一丝细细的愧疚。在他们中间，是一个罩在红光里的女人。她一身红装，大红的头巾裹着头发向后披落，仿佛一头红发的浓云，让染了红晕的阳光在她的脸上映照着殷红的光泽；她那红彤彤的面容随着身体微微倾向一侧，带着某种忧伤的虔诚，脸上挂着某种惨淡、悲悯、感激或者不如说是无奈的微笑。她把手慢慢地合在一起，举到唇边，就仿佛生活是一次无尽的祈祷。那种柔弱至极的黯然神伤里带着母性的哀愁、幸福、思恋和柔肠百转，似乎暗藏着某种能让人出离苦海的无穷可能。而我，越来越清楚地知道一个急匆匆赶路的行者到底遇到又错过的是什么。

38

在这小小的村落里，我遇到几个站在路中间闲聊的人，一辆自行车停在他们身边。大人们对我的相机保持着不在意的矜持，而孩子们则不然。扶着车子的男孩子转过身来，并拢了两腿，摆出十足的“照相姿态”，而红衣小女孩，却像发现了相机正对着她的“秘密”，一面忙不迭藏在父亲的身后，一面又捂着嘴，窃笑着探出身来朝这边好奇地张望。旁边，一个几岁的孩子正坐在路边的田埂上严肃地玩儿着泥土。这里的孩子不必操碎了心、花尽了钱去养活，反倒茁壮健康，就像水边的野花一样。

39

出了白杨成排的村子，走不多远，路高起来，对面河谷里的田野、白杨树、人家、散在田里的牛羊和拾穗人夹在山崖和河水之间，让山谷显得十分空阔。河水在阳光底下闪闪发光，而流在阴影里的，则有了某种肉体的质感。可以不时地见到细长的木桥横在河上，也许其中大多早就废弃了，脆弱细瘦得叫人担心。阳光在对岸坚定的山顶上飞翔，群山层层高长，带着赞美的姿态，有着玉润的颜色，称这为“群玉之山”也许不算过分吧！

40

当年玄奘法师要是打这里经过，想必不会只是低着头走路吧！但是他见得太多了，而且有着让他感到人生苦短的事业，所以对这无数的路途，他留下的只是语焉不详的简短记载。这位远游万里的行脚僧曾有多少感触和感受不为后人所知，有多少酸甜苦辣在简括的古文里被概括掉了。

41

河水又转过一个凶险的山冈，开始在大得难以想象的巨石间跌落，喧嚣震天，而形状却不过是溪水流过石子的简单放大。但那是怎样的体积和声响的放大啊！不必去想象鬼神，单就在自然伟力本身的面前，人也是会心生敬畏的。在山冈尽头路边拐角处的一块巨石上垒着一个石头小塔，不知是不是当地人的一种古代风俗。这风俗里到底蕴藏着什么含义呢？是不是在玄奘时代就存在了呢？

42

由于落差太大，路不得不向下修成盘山路。两块路边的大石头倚在一起，交出一个可以看见石头那边河水的人字洞。这玩意儿要是放在内地的什么风景点，不知又要搞出什么"天生一个仙人洞"之类的"名胜"了。借着地势的落差，人们在河的边上开渠把水引出来。这在今天的新疆广泛使用的方法在古代也该是一个了不起的发明吧！不知它开始于什么时代，有过什么样的故事。

43

走到半上午的时候，面前的峡谷又开始平缓开阔起来。一块蓝底白字的里程牌映进我们的眼帘。令我们欣慰的是，这里已经离开塔什库尔干54千米了，但让人绝望的却是我们离莎车还有255千米！腿走得麻木、肩膀被勒得生疼的我们恨不得马上就搭上一辆车。不过很快我就暗自庆幸无车可搭，因为转眼就是一大片美景在眼前舒展开来。

44

接近正午的阳光让山谷里的霭气更重了。不时有河水积成小小的湖泊，和一两间房子、一小片田畴、几棵白杨树、一两条黄牛和毛驴出现在路边。坚硬巨大的岩石下湖光潋滟，不知几百千年的古树成阴，是歇脚的好去处。流水在狭窄处堆积，透过枝繁叶茂的古树去看，尤为肥厚柔软，呈现着生命荡漾的弹性，特别是当着那些大石块——山体的破碎残骸的时候。

45

和县城的塔吉克民居不同，河边的塔吉克房子都不大，比人高不了多少，一般是石块垒成，敷上泥浆，四四方方的，单门单窗，往往背后就有一棵大树。见我拿着相机，一位差不多比旁边的房子要高的塔吉克妇女向我远远招手，让我给她、她的妈妈或婆婆以及几个孩子拍照。不知是不是风俗有了差别，这两位妇女的穿着的色调都是青蓝色的。她们戴着图案极其细致精美的桶状花帽，外面再裹上白头巾。她们长着高颧骨，有着十分明确的瘦高鼻梁，面目如这塔什库尔干河谷一样清晰。年轻的那位眼窝深陷，牙齿雪白，身材舒展修长，笑起来阳光灿烂。她长着一双与众不同的大手，走路做事像风一样利落。孩子们不太知道照相机意味着什么，似乎没有妈妈那么大的兴趣，照起相来有些不太情愿。而见到数码相机屏幕上自己的形象，妈妈倒更像孩子。可让我感到遗憾的是，他们不会写地址。我希望冥冥中会有某种东西让发在这里的照片回到他们手上，给他们增加一些欢笑。也许这不会打扰他们宁静的生活吧！

46

依然是时骤时缓的河谷和顽强而自在地生长在河谷里的胡杨，依然是时刚时柔的清澈流水和闪闪发光的山体，霭气在阳光里把群山变成欢乐的梦境。

将近中午的时候，路上开始有车开过，但几乎都是塞得满满的，即使停下来，我们也不好意思坐。终于，一辆吉普停了下来。开车的我竟然认识！他是塔什库尔干的一名警官，是个精明强干的快乐小伙。认识这位朋友的时候，我正在一家塔吉克饭馆里吃饭，而他和他美丽的塔吉克妻子就坐在我的邻座。我问了他很多关于这个地区的风土人情。人和人之间的事情就是这么奇妙，没想到在这远离县城的河谷里又遇到了他。他们这是例行巡查，先到库科西力克乡，然后再越过属于克孜勒苏柯尔克孜州阿克陶县的塔尔塔吉克族乡到另一个塔吉克乡去。

不知是由于高原本身对人的秉性的塑造，还是当地塔吉克人的悠久文化传统，塔什库尔干塔吉克县的治安非常之好，据说在塔吉克人住的地方掉了的东西不会有人要，而这里的监狱已经有五六年没关过人了。

47

本来就坐得很满的车上为我们硬挤出了地方。我们只能把我们的行囊抱在胸前。不一会儿，几个搭车的塔吉克人在一个有着树林的小绿洲里下了车。然后，库科西力克乡很快就到了。

48

一个院子里悬挂的一面国旗，和门口摆着台球案子的靠河边的小杂货店，大概算是乡政府驻地的标志了。杂货店是一对河南籍的夫妇开的，东西价格和它所处的位置相称。我买了两瓶啤酒，原想和同伴分享，但突然门外有辆拖拉机可搭，于是我们马上跳上了车，在车斗里按当地的习惯，和车上的人们把啤酒传着喝了。

拖拉机在一个大桥上停下来。浙江旅伴忙不迭地和同车的人合影。这些人都是到河谷里装鹅卵石的，几乎每人都戴一顶鸭舌帽。

49

大桥的北面，另一条河流过来和塔什库尔干河会合。这条河在一般的地图上都没有标出来。沿河而上的道路通过刀劈斧凿一般的巨大石门，据说是通向了阿克陶县。已经到了正午，就是说到了北京时间的下午三点，因为塔什库尔干的作息时间比北京晚3个小时。

我们继续沿河步行，不久又搭上了上午的那辆吉普。车上的一位塔什库尔干长大的小伙子说他要在几个月后骑自行车周游全国。我想他对我们这个国家的感受会和我这个海边长大的人很不一样。我给他留了地址和电话号码，希望他到北京后住在我这里，但至今他还没有来，不知道他此刻正在哪里骑行游荡，希望他找到了想要的感觉，在周游的时候感到幸福。

50

车在河边的几辆大卡车前停了下来。警察朋友和一个司机打了招呼，并嘱咐我们不要给钱。也许在塔什库尔干人看来，跟搭便车的旅行者收钱是不道德的事情，但别人未必把这个观念视为天经地义。山里的维吾尔族人在交易上有着自己一丝不苟的道德。

这是几辆空车返回的运煤车，说是到莎车去。在等发车的时候，我们和一位可以说流利汉语的塔吉克人攀谈起来。他的儿子和我在车师古道上见到的一个维吾尔族孩子很像，额头很大，沉默不语，若有所思，不同的只是这个孩子长着一头金色的头发。他是我这次帕米尔之行在地面上见到的最后一个塔吉克人。

51

塔什库尔干河继续向下流淌，但我们却进入了另一个民族的氛围。维吾尔族人的卡车沿河向他们族人聚居的塔尔乡开去。山的颜色开始发灰，河水也浓起来，水势越来越盛，桥也越来越大，有的地方还在修着跨河的大铁桥。人也越来越多，人家越来越密，女人渐渐由戴着塔吉克的裹头巾圆筒帽变成戴各种色彩鲜艳的头巾。草木的季节也在向夏天倒退，间或出现的树林和田野似乎也密集起来。

路开始向山体里缩，有时候直接就是半个山洞。站在车上的我们不得不时常蹲下，以防止脑袋被头顶上的岩石削去——这山洞的顶壁看起来实在就是在头顶上向后飞奔。不断有人搭车。塔吉克人搭车都是短途。维吾尔族司机招手即停，互相打着招呼，很亲热的样子。最后，车上除了我俩全是维吾尔族人了。

52

车在塔尔乡稍事停留。这个乡的街边上熙熙攘攘，很多人蹲在、站在店铺的门前聊天，人们被一种温暖融洽的气氛包裹着。出于对“免费”搭车的感激，我在维吾尔族商店里买了烟和糖果送给司机。这个年轻人很高兴地分了一些给周围的人。然后，车开始奔向它实际的目的地——库斯拉普乡。

53

我们在颠簸的车斗里打起盹来。煤灰在车斗里被风卷起，不断扑在我们的脸上、身上。车转弯了。河在下方和另一条河合流，清浊不同的水流在一起，可谓泾渭分明。塔什库尔干河就这样汇进了叶尔羌河，北下库斯拉甫，然后东下喀群，出山流过莎车。

今天的莎车当地人就叫作叶尔羌。那里曾经是成吉思汗的后裔们建立的叶尔羌王朝的国都，帕米尔高原群山之顶的雪水也是从这里涌向了塔克拉玛干沙漠。沿着这向北倾斜的大漠的西北边缘，叶尔羌河时而潜行大漠地下，时而现出地面，一路直下，穿过古疏勒国的地盘，到达了光辉灿烂的古国龟兹，然后总纳了昆仑山顶那时断时续地从于阗国越过大漠的诸水，以及天山雪峰南下的诸水，会合成了塔里木河，最后在两岸胡杨丛林的浩大仪仗陪伴下，造访了焉耆国的土地，涌进了古代的罗布泊，滋养了一个说印欧语、写佉卢文、昙花一现的古国楼兰。罗布泊在古代叫作“盐泽”。今天在它干涸的湖心，也许某些白花花的碱硝颗粒还会记得千百年前睡在帕米尔山崖体内的日子，也许还会记得阿波罗和汉公主幽会的时光，如果物质也有记忆的话。

54

傍晚，车开到一片河边的果园外停下。所有人下了车，司机招手让我们也一起下去。大家进了一片桃树林摘桃子吃。司机大概是怕我们拘束，便示范似地摘给我几个。桃子很小，但冰凉甘甜。大家吃足了，便回到车边抽烟。几位司机对聚在路边闲聊的每一个人都按照维吾尔族的礼道，左手按着胸口，伸出右手一一躬身握手，就像到访的国家领导人一样。古风犹存，果园没有篱笆。但不懂当地语言和礼貌的外来人，却被隔在外面。

55

车继续在艰险的道路上行驶，不知什么时候离开了河道。在黄昏的时候，车在一个没有人烟的地方停下。驾驶舱里的人们爬到车斗里收车钱。有人用维吾尔语讨价还价。大概是因为答应塔什库尔干的朋友不收我们的钱吧，司机始终背对着我们。一位"巴郎仔"（少年）有些尴尬地用生硬的汉话朝我问："多少钱？"仿佛要交钱的不是我们，而是他。我们交了一百元。如此艰险遥远的路，这车钱也不算贵，如果能到莎车便更是如此。但我的浙江旅伴露出惶惶不安的神色，产生了"信任危机"。

夜幕降临之后车又走了很久才到库斯拉甫乡。司机把我们安排在一家小旅舍里，指着憨厚的老板说："这个嘛，我的哥哥。"并要我们"饱饱地吃，好好地睡觉"。住宿费是每人5块。老板先招待了我们免费的茶水和馕，而我们想"好好地"吃一顿，就到了一家幽暗的小饭馆里，每人3块钱饱饱地吃了一顿拌面——就是内地人知道的"拉条子"。

在新疆，吃拌面是可以无限制加面的，而这里还免费加菜。女主人在幽暗的灯光下默默地、一丝不苟地拉着面条。另一辆车的司机后来也来了。他和这家里的老妈妈热情地拥抱、交谈，像一个自信、温情而礼貌的儿子。吃饭间，他和善地问起我们的情况，问到收了我们多少钱时，他摇了摇头。他告诉我们车要等到后天才能去莎车，并说我们可以在这里"haamas"（全部地）看一看。

56

回到旅舍，我们的四人房间里又多了两个人，走道里放着他们的老式自行车。他们是花两天的时间从塔什库尔干骑过来的。我们要来热水洗了脚，带着满头满身的煤灰入睡了。这是第二天。

57

醒来的时候，同屋的两个骑车人已经起来了。他们说自己是青海的藏族人，房子在阿克陶。虽然很小的时候就分别独自闯到新疆来，但游牧的性格又让他们走遍了“除了阿勒泰”的新疆几乎每一个有人的地方。他们以收头发卖给做假发的人为生，除了翻越天山是坐车，几乎都是骑自行车走的。听说我去过甘南和青海，他们脸上挂满了“他乡遇故知”式的兴奋，请我们在挂着毛主席像的饭堂里吃了手抓羊肉。

58

这里也许就是玄奘所说的奔穰舍罗、意为“福舍”的地方吧！从朅盘陀“东南行三百余里，至大石崖”，再“大崖东北，逾岭履险，行二百余里”才到这里。按玄奘所记，当年有一个商人，带着随从万人、骆驼千匹、资财无数途经此地，结果遇到大风雪，“人畜俱丧”。朅盘陀国的一位大罗汉远远看见了，出于慈悲要运用神通拯救，怎奈等他到了，商人已经完了，于是罗汉就用这笔资财“构立馆舍”，“买地邻国，鬻户边城，以赈往来”。今天的库斯拉甫在这群山之中、百里无人的河谷里，正是可供行旅恢复体力、躲避雨雪的实实在在的“福舍”。

库斯拉甫常常笼罩在一片雾气当中，其大小相当于内地的一个大村子，但在这帕米尔高原交通不便的深山里，已经是很大的人类聚居点了。戴花帽、长胡子的老人们悠然自得地在大街边坐着蹲着。年轻人走过，要一一恭敬地按着胸口向他们握手致敬。羊在街上走，孩子在街上嬉闹，马和骆驼还被当作交通工具使用着，一位老人骑在马上依然威严得如同一个古代将军。

59

另一位司机过来告诉我们车下午才能出发，我就问老板，他“弟弟”怎么能不履行诺言。在新疆，饭店叫“食堂”，他的小旅舍就叫“食堂招待所”，用维汉双语写在一块绿底中间画着白菱形的木牌上。

60

我们等不及下午走，就坐了一辆收费的旧“皮卡”车去莎车。这辆双排座、后斗至多也就1.5平米的老爷车上竟然坐了十几个人,还不算成了座位的东西在内。车就这样颠簸着开上了尘土飞扬的灰色戈壁,越过红山的达坂,驶过卵石和砂土混合的远古海底地貌的山谷,离开帕米尔的群山,从干枯的河床开上高耸的戈壁河岸,路过一个典型的大漠边缘白杨环抱的绿洲,傍晚时分迎着路边放学回家的维吾尔族少男少女,驶进了一个绿洲里白杨夹道的柏油马路上。这是喀群乡。

61

路上,车不断停下来。修路、抛锚,要么就是司机和对面过来的汽车司机寒暄,或者帮助修理他人抛锚的车。我的浙江伙伴在中途差不多要意志崩溃了。他在一次停车的时候跑到远处的戈壁滩上,出拳打着虚空,然后又往地上击打。每个人都灰头土脸。我对面一位长得像好莱坞明星的维吾尔族朋友的头发、眉毛上已经结了一层尘土的"霜"。我骤然感到了鸠摩罗什、法显、玄奘、悟空、慧超们所经历的一切磨难艰辛,并深感庆幸和羞愧。在当行乃玛孜[①]的时辰,我看见一位车里的老人趁司机给车加水的时候,把身体探出车窗,完成了他的拜功。

62

城市近了。我们在喀群换了一辆出租车,趁着夜色进入了叶尔羌河环绕的大城叶尔羌,这著名的西域三十六国之一,也许就是玄奘所说的乌铩国——莎车。

塔什库尔干河的水也在向这里奔流,在叶尔羌河里和我们会师了。不知道我们谁比谁更快,不知道她还能否认得我这和她一路相伴、见过她深藏在大山深处未示人的美貌的行者。

帕米尔每一个冰雪的山头上消融的水滴在塔克拉玛干边缘的夜色里呢喃,滋润着大漠下面被白昼的烈日蒸得干渴难当的无量砂粒的嘴唇,让这个悠久的绿洲古城温润饱足。阿曼尼莎汗[②]饱蘸了爱情的忧伤嗓音如同这塔什库尔干河从遥远的过去缓缓流来,在每一丝空气里酝酿,让这里一切在此世纷扰里疲敝不堪的行旅安然睡去,不再被虚无攫取,不再死于心碎。这是第三天。

(未刊稿)

---

① 指穆斯林做的礼拜。——编者注

② 阿曼尼莎汗(1526—1560),叶尔羌汗国王妃,维吾尔族古典音乐《十二木卡姆》的编创者。——编者注

香象渡河

每一个事物都是它的反面
——2015年江芳个展《逝像》

每一个事物都是它的反面，就像刺里的柔软，刀锋里的脆弱。与其说自相矛盾，不如说是它的完全。这使四两拨千斤成为可能，使世界变得生动。

这是一批照着图案画的画，大部分是照着蕾丝画的。图案由画布上大大小小、密密麻麻的芒刺组成。

但芒刺却不是硬的，实际上它们只是一些在重力中弯曲、在光影里凸起的油画色，没有骨头，没有硬度，是些虚无的芒刺。

作为范本的蕾丝图案是线连结出来的，画儿却用油画色的揪儿排列。在蕾丝空的地方，在画上却被刺儿排满。

画上本没有图案。图案是你自己看出来的，就像大地上的植物本是随意生长，航拍照片里却可以看到图案。植物不知道自己原是图案的一部分。而图案上看不见草的萌生。

草从地里钻出来，它们从画布的底子里发芽，色调是转瞬即逝的心境，渗透着基因里的“记忆”积淀，在时间的流逝里慢慢长出肌理，铺成蔓藤。

就像桌子的构成先于桌子存在一样，图形存在于草芽之外，草芽缓缓生长，逐渐把图形体现出来，不守规矩，自由散漫，调皮随意，打着瞬间情绪的烙印。

颜色的倾向性关乎祖先记忆，关乎族性与血。那是世世代代的祖先眼里见的，嘴里尝的，鼻子里闻的，皮肤触的，心里想的。它们沉淀在骨子里，潜移默化在家族习惯里。它在自己的人生历史之外，是逐渐被自己发现的。

江芳的色彩叫人惊异。这里找不到那些尊贵的、深沉的、曾在画布上出现过的色彩。而日常里觉得“怯”的色儿，在这里重新找到尊严。

它们让人想起森林、草甸、鲜花、天空、云影和白山黑水，想起金与清，想起狩猎和放牧的生活。

这些感觉也不仅仅存在颜色上，在单纯而放松的笔下，它们同时会在肌理、图形和结构上出现，并在由它们带来的氛围上。

单纯能把本性透出来。单纯意味着真实。

图案、重复、机械、抽象给画儿蒙上了一层理性与秩序的冷冰冰的光，但冷光之后却是对冷的反叛。就像在洗脑的教育下却能产生免疫力一样。在手的温度下，在情绪化的画笔下，严明的格式上发出芽来，机械的排列里扭动着逃逸的肌理，金刚杵一经卖萌就成了螃蟹，而尖锐的芒刺，却是软的。

这对于画者和观者或许都是一种平复，就像伤害在时光中渐渐软化，慢慢抽去凶狠，转变为对事儿的记忆。记忆没有锋利的刃。

这种"人情味儿"也提示着某种现实，事物总不是表面、应该或想象的样子。比方说，凶悍的愤怒，也许恰恰出于内在的软弱。

这些油画不同于传统的油画，画面既不同于平面，也不同于色彩的堆积。它们没有画的面。但它们又不是浮雕，因为没有雕。在自然的光线下，在晨昏的转变中，光和影变幻着时时不同的景象，与变化着的心境相应。

所谓"一念三千"，情绪千头万绪，流转不驻。时间，空间，光，影，从早到晚，瞬息万变，永不停息。"子在川上曰：逝者如斯夫！不舍昼夜。"

这些变易透过画笔，体现在颜色的变化里，体现在肌理和图形的转化中，细微绵密，谁也无法抓住。画儿朝向许多方向，它无穷开放，而观者的心境也许会在某一时刻与某处契合，见其所见，达成跨越时空的共鸣。

在从未存在过的色调变幻中，长出了一个个、一丛丛的芽儿。这色调的变幻就是难以扑捉的心境。芽儿在时间里生长，在重力里弯曲，各各不同，长成先于芽儿存在的图形，以调皮的姿态。

眼里的画儿就是对这个不能把握的时空的记录。就像梦和幻觉，卟嘟卟嘟的水泡，影子。就像朝露，就像闪电。就像一切人类的创造。

光里的阴影，阴影里的光。心绪变幻，也意想不到。人类在遗忘中无法扑捉的转瞬即逝，却留在了笔触之下，色差之中。

《金刚经》有偈云：

一切有为法，
如梦幻泡影，
如露亦如电，
当作如是观。
——大荒东

（2015年5月26日选刊于微信公众号AYE GALLERY）

曹仕邦《中国佛教史学史——东晋至五代》

中华佛学研究所论丛(21),法鼓文化,1999年

佛教史书的出现,可以视为佛教中国化的一个标志。[①]佛教史学无论在史料、治史方法方面,还是开拓新领域方面,对于中国史学来说,不管是过去[②]、现在还是将来,都是极其重要的。在对佛教史籍的研究方面,前辈学者已经为我们留下了许多成果,其中最为学者所熟知习用的是陈垣先生的《中国佛教史籍概论》[③]。然而,专从史学史的角度来对佛教史学进行探讨,曹仕邦的《中国佛教史学史——东晋至五代》(下称《史学史》),就像该书封底所说,应当是"破天荒的第一部"。而且,该书所涉及的年代正是中印文化交流史上的鼎盛时期,[④]处于印度佛教作为一种宗教形式的衰亡,而中国佛教走向独立发展之路的前夜,属于所谓"佛教征服中国"[⑤]的后期,所以对于中西交通史的研究,尤其是对中印文化交流史的研究,此书的意义十分重大。

全书分为沙门类传、别传、宗教传记、地理著述、纂集、目录共五篇,以及结论一篇。

在沙门类传篇里,作者先做了一番考镜源流的工作:从中国史书之首《史

---

① 11世纪到达印度的穆斯林学者阿尔-伯拉尼说过,"印度人十分不注意事物的历史次序:他们在述说国王的年代系列时是漫不经心的,当要约他们非说不可的时候,就困惑起来,不知说什么好,他们总是代之以讲故事"。(转引自辛哈等《印度通史》,商务印书馆1973年版,第27页)谈论古代印度人的史学是件荒谬的事,但佛教自印度传入中国之后,却出现了佛教史著作,而且蔚为大观,形成了一个传统,并且反过来影响了本土史学以至文化的发展。这些著作,无论从形式还是思维方式上说,都是地道中国式的。

② 陈垣先生在《中国佛教史籍概论》的每一所论的书下都设有"在史学上之利用"一条。

③ 宿白先生与马世长先生都曾在北大开过这门课,考证更加详尽,内容更加丰富,尤偏重于考古方面。

④ 见季羡林:《中印文化交流史》,新华出版社1991年版,第37—112页。

⑤ 语见许里和(Erich Zürcher),李四龙译:《佛教征服中国》,江苏人民出版社1998年版。

记》的纪传体的“传”考起，寻得佛教史学的本土源头以及它的核心体裁“传”的起源与沿革，并论证了时代对佛教史学传统的形成的决定性影响，尤其强调了梁武帝的作用。接着，按照时代顺序，从作者事迹、著书动机到体制、编次、相关史料以及贡献得失等方面对《名僧传》《比丘尼传》《高僧传》进行了分别论述。然后，又以唐太宗、武则天、唐玄宗三朝的宗教政策对僧史的影响为提挈，论述了《续高僧传》《大唐西域求法高僧传》《宋高僧传》，以及现存的四种僧徒别传——《释迦谱》《隋天台智者大师别传》《大唐大慈恩寺三藏法师传》《唐护法沙门法琳别传》。其中，作者强调了时势对僧史的深刻影响，尤其是在灭法、崇道抑佛政策所激起的僧史作者们的危机感和护法的强烈愿望，以及统治者利用佛教时的宽松政策为佛教史家提供的直笔而书的条件方面，颇着笔墨。而且，作者以这种思路解释各书的特点，多有新颖的见解。

宗教传记篇，作者只以一章的篇幅，冠以《弱势的一环——梁至唐的宗派传记》之名，对已佚的十诵律宗的《萨婆多部记》、密宗的《两部大法相承师资付法记》和禅宗的《双峰山曹候溪宝林传》简述一过。

在地理著述篇里，作者把这些第一手史料[①]分成“以弘法为目的而撰的地理著作”“地域性的寺院记”“西行求法游记”三章，将《四海百川水源记》《世界记》《释迦方志》，以及《洛阳伽蓝记》《古清凉传》《天台山记》《寺塔记》《梁京寺记》，还有“已佚的西行求法游记”、《高僧法显传》、《北魏僧惠生使西域记》、《大唐西域记》、《往五天竺国传》、《悟空入竺记》一一道来，其中对《大唐西域记》述论尤详，从而发现太宗命玄奘作此乃是出于对突厥及其属国的领土要求，而且，灭突厥后，治理其故地的政策“多少参考了之所述”[②]。

第四部分是纂集篇，以总集性和专题性区分《弘明集》《国清百录》《广弘明集》三书与《集古今佛道论衡》《集沙门不应拜俗事》二书，论述此类作品产生背景，以为佛教为外来文明，为应付文化冲突之攻守进退而有此类纂集，专以佛道论战与沙门不应拜俗为例做详细探讨。

末篇是目录篇，对《出三藏记集》《历代三宝记》与《古今译经图记》《大唐内典录》《开元释教录》以及《贞元新定释教目录》各辟专章讨论，极其推崇《开元释教录》，以为“一部迄今为止最完善的佛家经录”，而《出三藏记集》是“体例未成

① 曹仕邦：《中国佛教史学史——东晋至五代》，法鼓文化事业有限公司1999年版，第363页，15。
② 曹仕邦：《中国佛教史学史——东晋至五代》，法鼓文化事业有限公司1999年版，第362页，6。

熟的佛家经录”。此外，作者结合政治史，认为这些经录无论是着重译经历史者还是着重辨别真伪者，皆以护教为鹄，而诸经录的一些特点以至为人所诟病的缺点多是时势使然，如《历代三宝记》之不辨真伪滥收经目，实乃出于对于法难之危机感，尽量多收，无暇考订者，留待来者。[①]《大唐内典录》多有方便阅读寻检之优点，而《贞元新定释教目录》虽有抄袭之弊，却是推广《开元释教录》的功臣！

最后，作者以一“结论”总贯全书，并指出此书只是原定计划的上编，因“遇上一段恶缘”[②]而只能留与后人完成，从而大略列出宋以后佛教史学著作，以资参考。

此书是一部较详尽的自东晋到北宋初[③]的中国佛教史学史，它的成书是建立在作者此前的一系列研究成果之上的，书中反复引用作者自己的《中国佛教史传与目录源出律学沙门之探讨》《中国沙门外学研究：汉末至五代》等文章和著作，许多结论乃是出于它们的论证。

作者认为：沙门虽好读史书，但出家人的天职不在修史，若无时代的刺激[④]、护教的需要，僧人修史是绝无可能的。[⑤]这关乎历史上的时势与政治，不是每个时代都有佛门史籍出现，所以，全书以典籍性质分述，而不依时代敷衍，更便于搜检，而且也符合僧传等佛教典籍的写作传统。此外，作者还仿陈寅恪先生旧例，前面章节详备论证的内容，后面再遇到时则多所阙略。

以修史源于时势的观点，该书为佛教史上许多颇受诟病之事正名，如第106页6以下，关于《续高僧传·护法篇》设立的原因以及将《感通篇》降至第六位的论述。[⑥]

---

① 曹仕邦：《中国佛教史学史——东晋至五代》，法鼓文化事业有限公司1999年版，第275页，5—6，言：“至于他是否不辨真伪便滥采博收？其实《长房录》是下了一点考据工夫的……”

② 曹仕邦：《中国佛教史学史——东晋至五代》，法鼓文化事业有限公司1999年版，第373页，1。

③ 尽管书的副标题是“东晋至五代”，但实际上已经涉及宋，证据容下细表。

④ 以第二章“梁武帝与中国佛教史学传统的建立”为例，作者在第29页，6，谈道：“这就是何以这四部那么重要的典籍都完成于南北朝时期的梁朝……”结合第33页中对梁武帝《断酒肉文》的论述，可以勾勒出中国佛教的一个重要特点：与政治干系密切，尤其是律的方面。这也许可以为解释中国佛教与其他地区的佛教的差异之一助。

⑤ 曹仕邦：《中国佛教史学史——东晋至五代》，法鼓文化事业有限公司1999年版，第8页，14以下。

⑥ 一备受迫害之宗教，不可能不打上被迫害的烙印，如北周毁佛期间，有僧自恨护法无力而自腐割于深山松石之间；另有僧虽获庇护仍自剜一眼以祈佛教早日恢复。这样的做法明显有悖佛教的精神。义净曾严厉批评此类做法（见王邦维：《唐高僧义净生平及其著作考论》，重庆出版社1996年版，第148—149页）。而作者看到：“宣公所以在道教的唐太宗撑腰而气焰高涨之时而立本篇，是有意标树抗衡道教的护法沙门底事迹。作为后辈除馑众的榜样，用振颓风！”同时又通过《护法篇》置于《锃律篇》之后，论证宣公虽深为之感动，但并不主张此等烈举。道宣深信感通是有名的（见曹仕邦：《中国佛教史学史——东晋至五代》，法鼓文化事业有限公司1999年版，第229页，10以下），而《感通篇》又在《护法篇》之后，说明他并非过分迷信神通。另，作者在第236页14，肯定了道宣的“史家求真精神”。

此书在结构上的另一特点，是将与行文无十分密切关系的考证置之注释中，并约之以小标题，故每一此类注释便是一微型考证之文。其中，有的属于名词解释，如第7页11，“所谓‘处国宝王’”等，使此书变得浅显易懂；有的属于掌故、常识，如第143页9，“关于《笋谱》”。林林总总，不一而足。

书中的考证，大多详备可信，证据充分，细致入微，如：第56页9以下23、24两注对《名僧传》中“外国法师”与“神通弘教外国法师”的比较，以及“中国法师”与“高行”“隐道”中的“外国法师”的比较；第64页8以下“比丘你们所遇到的麻烦举隅”；第235页6，“《国清百录》所收文献的数目问题”。另如第295—297页对道宣披阅佛经的七个原则的归纳；第311—312页对《升录·总括群经录》里加添《内典录》所无的各项及其分析，是颇下功夫、颇有见地的。而且，作者常常能自人所忽略处发覆，表现出缜密的思维，见人所不见，使人有“思细如发”之感，如：第18页2，“杜维运硕士对《史记》的误解”；第25页12，“《隋书》对三种僧传的记载”①；第39页6，“何谓‘躬制赞序’”；第69页3，鼓励好僧人高蹈，“希望自己将来也有机会被写入史册”②；第70页1—2，《高僧传》分十科，恰与《史记》同③；第104页10以下对比《高僧传》与《续高僧传》分科的差异，以证时势之变化④；第113页注4“僧祐、道宣两僧行事相似之处”的考证；第298—299页8中对疑伪经成因的分析；第315页有关《开元录》分大乘经为五大部来源于智者大师的“五时说法”说的论述。

作者在注释里引了许多对典籍名的英文翻译，以旁证其本义，这多有表现，如：第16页的注12，“西方汉（学）⑤家对‘传’字的翻译”；第265—266页注9，“‘出三藏记集’一名的英译比较”。这种由内及外、自外见内的方法既展现了古文英译的得失与趣味，又“他山之石可以攻玉”，使古汉语的文意在对比之下更加明了清晰。此外，如第352页注45中对“阿质达霰”梵名的还原，很能体现作者作为一个佛教研究者的梵语功底。

此外，作者还运用了一些颇有特色的论证方式，如第81页6，“‘唱’字在粤语中的一种用法”，证“宣唱法理”之“唱”乃是“大声讲”之意，以方言证古；

---

① 言：“《隋志二史部》是将它们放在已佚的《童子传》《美妇人传》的后面……”，这种本土传统史学对僧传影响的重要线索的发现，往往需要有心人。

② 这是在说《高僧传》的标准其实是名士的标准，高蹈与留名，而非解脱觉悟，见诸法无常。

③ 此是僧史源于本土史学的又一旁证。

④ 《续高僧传》有《护法篇》乃灭法所致。

⑤ 原文脱“学”字。

反复运用以今证古的方法，如第128页12，“今古留学生的近似遭遇”；第283页注11“费长房未重返僧团的原因推测”；第301页注19“用折叠纸张来保存文献的方式”等。

然而，此书亦有可商榷之处，分述如次：

书的副标题为“东晋至五代”，但是，书中又单辟专章述《宋高僧传》。此传为宋时作品，而且也颇关北宋时势。作者自己在书中对此论之颇详。另外，第十三章附论《梁京寺记》（第198页）亦宋代作品。

虽然作者在正文和注里对许多佛经中的译名都注以梵语或巴利语原文，①但却没有在书后附上一个译名的对照表。相应的人名、书名、地名、寺名、年号的索引也应是必需的。

《出三藏记集》是现存最早的“融佛典目录、译经文献、译人传记于一炉，以译经为中心，相互联系”的“一部综合而完整的佛教书录”。②它在中国佛教史学史上是一部开风气之先的著作，其后的僧录、经录无一不以之为范式楷模，后世汗牛充栋的汉文《大藏经》亦以之为源头，而《史学史》的一大特点就是较忽视《出三藏记集》。

《长房录》《升录》已经具备了汉文《大藏经》的基本框架，此书作者却对它们与《大藏经》的关系未置一词。

在第十八章论及《长房录》与《祐录》异同优劣时（第279页），言“《祐录》仅记佛经经目，不收华人佛学著作的书目”，而《长房录》收有僧祐以下汉僧著作，以为高明。此似有失公允。《长房录》所收，《祐录》著时尚无，如何收入？况且，《祐录》卷三中有“新集安公古异经录第一”等四部道安著作，③怎是“不收华人佛学著作的书目”？

第306—307页，有关密教“在智升眼中被视作异端”的论述所引证据（《升录》序中的偈语）不足以为证，其后的解释似有“过度阐释”之嫌。

第70页9以下，解《高僧传·义解篇》“慧解神开”为“古时佛经译本以饱学的高门大族中人为阅读对象，因此，僧伽在翻译之时故意将经文译得似儒门五经的遣字行文，以谋适合大族中人的阅读兴趣，因此译经者④往往通过训诂学⑤

① 如：第284页13，“悉达（siddhārtha）太子”；第210页9，“萨婆多律（Sarvāstivādavinaya）”；等。
② 《出三藏记集》序言第5页，中华书局，1995。
③ 《出三藏记集》目录第3页，中华书局，1995。
④ 原文作“译本的”，明显为排版错误。
⑤ 原文作“训话学”。

在大堆汉字之中选一个最古奥、最合适的字来翻译原本的梵字……”这个结论略嫌武断。[①]

第24页1—2，“刘宋范晔（三九八——四五五）《后汉书》卷九四《赵岐传》末，有唐章怀太子李贤（六五三——六八四）《注》引《三辅决录》的《序文》略云……”其中李贤的引文当是后世附入。作者此处应当交待清楚，以免横生误解。

第40页7—13，多个注“参”一未刊论文（《颜博士论文》），而又不把内容引出，不利读者。

第39—40页，“古人无著作权思想”，第145页13，“赞宁‘另谋自我发挥’给予仕邦的灵感”等的注中为文迂腐啰嗦，且多用春秋笔法，大发感慨牢骚，多与主题去之千里，实无必要，又害文风。而且，在第309页9—10中言：“可惜子注散见全书，既不易加以归纳研究，而且仕邦不愿从事此类琐碎的工作。”[②]恐非学术态度。

第44页2—45、4，昙无谶犯波罗夷事，[③]《北史》成书于唐，远较《高僧传》为晚，不足为据。

第95页1以下，“老子与道教的关系”，只说“据近人研究”，未注出处。

第253页的边眉与内容不符。

以下是我于读书时信手记下的拼写、标点与文句错误。

拼写错误：

第16页1，汉学家—汉家；第20页7，Account—Acconut；第22页7，益都—益部；第23页12，钱宾四博士（一八九五——九九零）—钱宾四博士（一八五九——九九零）；第45页6，至—玉；第76页1，隋字错；第86页15，一股——般；第92页1，玄奘—玄装；第125页11，仅关心国内的佛教—仅关国心国内的佛教；第131页6，徙居—徒居；第153页15，慧皎—慧的；第155页7，

---

① 因无法见到作者论证此论点的《外学》杂志，所以不能了知此结论之所从来。不过，佛经的翻译经历了一个极其复杂的过程，如此一概而论明显不妥。作者可能没有注意到大陆学者的有关译经的一些研究，如朱庆之的《佛典与中国汉语词汇研究》（文津出版社1992年版），其中的论点也许更加接近事实。

② 而在此句的注中，又以“归纳别人注解并加研究的价值”为标题，列陈垣、牟润孙对注的研究，而后又指称他人剽窃牟润孙的讲义而为博士论文，“可惜牟师自己不肯执笔，平白成全他人”。情绪太过，有妨学术。

③ 引《北史》九三言昙无谶与鄯善王妹淫通，并“以男女交接术教授妇女，蒙逊诸女、子妇皆往受法”。

悰—琮；第161页4，张曼涛—张漫涛；第175页13，颖—类；第197页7，第204页14，酉阳—西阳；第217页8，dharmadhatu—dharmdahatu；第259页1，未—末；第211页5，多印一“载”字；第315页3，《开元录》—《开元释》；第318页6，“关内容”前脱一“有”字；第326页，研究—趼究；第334页2，Grdhrakuta—Grahrakuta；第357页6，主—王；第360页16，记—寺；第368页16，若干—干若。

标点错误：

第137页4，多一“；”；第231页11，“寺主”后多一“；”；第257页2，“地方”二字之间多一个“，”；第210页11，“和《长阿含经》”前脱一“）”；第311页7，“而对隋唐”里“对隋”二字间多一“，”；第327页10，〈论陈垣：中国佛教史籍概论〉或当为《论陈垣：〈中国佛教史籍概论〉》；第340页3，“不空”后应为“、”而非“，”；第369页6，“什么书？”之“？”当为“。”。

文句不通：

第96页6，“上引是唐初餐私度僧而政府以死刑来罚，这些躲避租税和服役的人”；第125页7，“然而从净公译出的确涵盖了经、律、论三类圣典，然则他的‘三藏’尊号真个当之无愧！”；第309页3—4，“迪公不开能先在神龙元年（七零五）到广州佐译《楞严经》，故连般刺蜜帝有否其人亦不敢相信，故改叙这部佛经的翻译于卷九《怀迪传》之中”；第356页16—第357页1，“因为俗人所撰僧史，其态度是从外观察，跟僧徒自行执笔的隐然有内省态度，彼此立场很不相同”。

（原载《华林》第二卷）

英国字的印度墨迹

——《印度英语文学史》和《印度英语写作》简述

阿尔文德·克里希那·麦赫罗特拉的《印度英语文学史》(*History of Indian Literature in English*)于2003年4月由哥伦比亚大学出版社出版。该书布面精装,320页,有150幅趣味盎然的插图。它回顾了从罗姆·摩罕·罗易到阿鲁德蒂·罗伊近二百年间日益重要的印度英语文学传统。这个传统广泛涉及1800年以来经典的印度诗歌、小说和戏剧。一些伟大的名字和这个传统紧密相连:吉卜林、泰戈尔、那罗延纳拉扬,以及颇有争议的拉什迪。此外,还有一些杰出的人物,他们是科学家、社会改革家,以及人类学家等,也为印度英语文学的进步作出了卓越的贡献。该书以编年顺序排列,同时在结构上兼顾作者群体和流派。

编者麦赫罗特拉是著名诗人、评论家和翻译家。他在印度的阿拉哈巴德大学教英语。他的作品有《脱胎换骨之地》《旅者的缺席》《〈七百咏〉里的俗语爱情诗》,此外还编过《牛津印度现代十二人诗选》。

无独有偶,新德里的大西洋出版社同年出版了由专门研究、翻译印度英语文学的摩希特·K·罗易教授编辑的文学评论集《印度英语写作》(*Indian Writing in English*)。该书236页,由不同作者的19篇代表性文章组成,涵盖印度英语文学广阔的范围,涉及众多的作者和主题。全书首先评论了被认为是20世纪最伟大的思想家和最有争议作者的尼拉德·乔杜里,重点讨论的是他的"双重身份"问题。接着,书中依次针对穆尔克·拉吉·安纳德、拉·克·纳拉扬、巴巴尼·巴达查里雅、马诺哈尔·马尔贡卡尔、那延塔拉·萨赫噶尔、卡斯图里·室利尼瓦珊、维克拉姆·塞特、卡玛拉·马尔康代耶、阿尼达·德赛、阿鲁德蒂·罗伊、A·K·罗摩努阇和卡玛拉·达斯等进行了评价。文章的作者各展机锋，以不同的风格和着眼点对这些印度英语文学的肇始者们所体现出的敏感问题，进行了颇有深意的探寻。

印度英语文学是印度许多大学的必修课。所以，这两本工具书既是大学师生学习和研究印度英语文学的参考用书，也是其他民族了解印度文学、管窥印度近世精神求索历程的一条捷径。

（原载《外国文学动态》2004年第2期）

印度出版《早期印度碑铭中的佛教和佛教文学》

在如今人们的观念中，文学大概只是小说、戏剧、诗歌之类的印在纸上、订成书籍的东西。而在两千多年前阿育王时代的印度，文学有着与今天完全不同的存在状态，人们将作品刻在石头上，其内容也与今天大异其趣。

与中国、中东和西方不同，传统印度思想相信“声常驻”——声音是永恒的，具有神圣的力量，一旦写为僵死文字，便会力量全失。所以，印度教圣典两千年来一直由婆罗门们口耳相传。著名的吠陀和大史诗文学的写定是近代的事情。然而，佛教作为传统婆罗门教的异端，反对“声常驻”的观念，更重视“佛法”的传播，而不是圣典的编撰。释迦牟尼就反对把自己的话当作教条。不过处在尴尬境地的弟子们最后还是“结集”诵出了佛的“语录”，以为见证（实际上应该叫作“听证”），直至希腊的影响到来之前。大规模地树立石柱，并在石头上刻下所想所为，始于与希腊殖民王国为邻的阿育王时期。这大概是印度最早的、有文字形式的文学了。

卡奈·拉尔·哈兹拉的《早期印度碑铭中的佛教和佛教文学》于2002年在新德里出版。这本204页的著作详细研究了孔雀王朝及其以前的古印度碑铭，探讨了阿育王碑铭的深远影响、部派佛教的教派及其文学等问题，为碑铭学作为早期印度社会、政治、宗教、地理、语言和文学史研究第一手材料的重要性，作了一个有力的证明。

该书是对该时期碑铭可靠性的文献学基础研究，文字资料丰富，特别是关于阿育王时期佛教发展的信息较为详尽。在书中，作者娴熟地运用材料，生动地刻画出阿育王的形象，重现了他对佛教的慷慨相助，以及他的佛教信仰的逐步深化过程。书中还探讨了佛教的第二次结集和僧伽的分裂。佛陀灭度之后，就像一切世间的宗教一样，佛教的僧团也由于见解不同等原因渐渐产生了分歧，先是上座部和大众部的分裂，然后是所谓“十八部派”的顺次产生。作者在这里采用了一些从未用过的碑铭材料，分析了这些小教派的核心信条和学说，向读者展示了它们产生的历程以及在当时统治者的影响下的发展变化。统治者在部派分裂和发展史中始终扮演着极其重要的角色。这在宗教发展史上并不鲜见。

该书拓宽并加深了佛教文学和早期印度文学的研究领域，对于佛教史家、印度史家以及相关领域的研究者来说，是颇具价值的。

（原载《外国文学动态》2004年第3期）

尺素寸心

与友人书
（2003年2月）

不知经过了多少时间，我回到这里，跌跌撞撞，就像一只夜猫。从废墟出来，我站在马路边儿不知所措，迟迟不敢过马路。那些汽车的车灯让我恐惧，而按照习惯和原先所预计的，我是要打的回家的。那些大厦、路灯、楼房、广告牌、霓虹灯，一切都像不断哐当关上的门，透着恶意。我尽量靠着路的左边走，避着什么，最后几乎要撞在墙上。这时我看到的是法院那白底儿黑字儿的大牌子。

我从朋友那在新开发的市政府附近的新买的房子打车回来，不知为什么在到了虹口路东侧的时候，我突然间让司机拐到海边去。大海正是枯潮，一大片海滩晾了出来。我沿着那泛着白沫的海边向西走了一会儿，便从一个石阶上了那石头的海岸路。我想，我可以沿着海岸路踱到烟台山底下再打另外一辆车回家，而穿过大马路那一带石头房子间的小胡同的幽静的青色路灯光，在张裕公司那儿打车也不是个坏主意。一大排广告牌慢慢从石岸的边儿上幢起来。我忽然意识到这一带已经拆了。这事儿曾让我上次回来时满怀悲情来着，我怎么就给忘了呢？那就沿着海岸路走吧！往前走，写着“与时俱进”的广告牌儿中间有一大片缝隙露出来，一大片挑着几棵老树和几栋老洋房的废墟从这缝儿里延展开来，几堆垒起来的石头突兀地杵在那儿。我让过一辆迎面开来的出租车，过了马路，犹豫了一下，就进了这遮挡物背后的废墟里。那几堆石头在夜晚的幽暗的光里像白骨堆一样。我突然感到这应当曾是一条我所熟悉的、为干净沉着的石头房子所夹着的街道。我把手贴在冰冷的石头上，不无嘲弄地想：这可是一二百年或者更早时候的石头啊！我想起去年比这早些时候，我们在这里拍这些老房子、老街道，还有个人停下来告诉我那一栋房子曾是一所孙中山题写校名的学校的旧址，他父亲在那儿消磨了几乎一辈子的时间，而那抹额上的字迹的确是隐约可见。从那房子对面的胡同进去，老式的楼房里有着幽暗的楼梯，让人不由得想起卡夫卡。一位朋友曾经在那里租了房子，画那些浸透着这些胡同和大海间的梦境和情感的画儿。而道东，便是四五十年代一中老校长杜思远的老宅。去年我们去它东面那条胡同拍照的时候，正赶上孩子们放学，到处都是唧唧喳喳的欢闹声……此刻，某种东西堵住了。我走到了这些土堆中间，这一堆堆骸骨中间，磕磕绊绊，跌跌撞撞，孤零零的枯树挑出来，仿佛某种不祥的符号。不知什么时候，我到了废墟里一条细细的路上，环顾四周。这该是大马路了吧！这里一向可是热闹非凡啊！鱼摊儿、菜摊儿，各种小吃、小馆儿，我们一度特别钟爱一家蜀中夫妻开的川菜馆。周围石头老房子里的人们在这里游荡。我去年曾注意到那些有意思的屋顶、墙角、院落、阳台，傍晚的光在上面留着它的记号。大马路的东头拐进德成巷，曾有我的一间小屋，我在里面喝着张裕的白兰地，望着窗户外湛蓝天空里烟囱的影子，读着阿赫玛托娃或者《黍离》或者陶渊明，晚上常常还可以听见大海惊心动魄的号叫。在那个有着石板地的干净小巷里，那大“巴豆树”(我认为那就是花楸树，因为它和记忆里小时候的楸树一样，而它和我读俄罗斯作品时对结着花楸果的花楸树的想象完全吻合)下，卫东曾经动情地高声吟诵《雨巷》——在那悠长、悠长的雨巷，我希望逢着一个结着丁香一般愁怨的姑娘……大马路的中间，是一个镶着彩色玻璃窗的天主教堂。我们曾在那里望过一次午夜圣诞弥撒(好像是烟台话的)。它那红石头的墙仿佛一次意味深长的追忆……突然，涌上来，嗓子揪住。我大张着嘴，痛哭失声，和个孩子似的。

周围没有一个人。远处高楼庞大的影子在夜光里无比炫耀，探照灯扫着就像小时候电影里鬼子的炮楼。边哭边走，什么也没有了。

我看到了在一堆瓦砾和断壁中间的那座天主教堂，同时也看清了四周远处几座大的、洋的、土的被保留的建筑，教堂边儿的断壁上写着一行红字：保护文物，严禁毁坏此房。

在瓦砾的堆里前行，远处废墟的边儿上，大红的灯笼映着大红的春联，今天是初五，鞭炮声远远地响着，城市的光在这一大片黑暗的边缘饥渴地闪着，脚下是瓦砾嘎吱吱的响声，好像咀嚼着骨头。

牙根发痒，对这烟台的一股刻骨的仇恨轧出汁儿来。

与周广荣书

（2003年7月3日）

广荣：

我现在在阿默斯特（Amherst），是下午，一切很好。我还从来没有这么放松过，除了昨晚上电脑出问题恼了一会儿，还真是一直心情舒畅，脑袋空空呢！好玩儿的事儿一直不少，所以没时间写信，见谅。这里有很多免费的英语学习班，老师们教起来像是做一件赏心乐事。我把前几天写的一点东西拷在下面。

（原来是写给柯小刚的，后来就觉得给大家也适用。请原谅。）

我现在在你的下方接近地球直径的距离的一台电脑前给你写信（坐的方向对于你来说几乎等于倒立，但并未感到不舒服），飞机傲慢地跨过黄海、朝鲜半岛、日本岛（在小雨的东京短暂地停留）、太平洋、阿拉斯加、加拿大上空的奇幻的云层，落在了美国的西陲靠近太平洋的大城底特律（Detroit），最后又飞越帝国云气笼罩的大陆，换乘的小飞机停在了密林中的城市哈特福德（Hartford），然后被朋友的汽车带到了距那里一个小时路程的阿默斯特（Amherst），经过一天多的调整或昏睡，此刻想起来要写点儿什么了。

时隔几天，我又重新来写我的信了。人总是这样，初到一处，往往观感最多，可是却也往往最没时间把它写下来。

在飞机上的感觉十分不同（俺是土人，首次坐飞机）——难怪乎海德格尔在得知人类登上月球之后会那么震惊——当飞机穿过云层，我便进入了“云上的日子”，大地越来越小，在下方缓缓滑动，越来越像沙盘，越来越像地图（这可是名副其实的“地图”），而且蒙着一层梦的雾气——整个“云上的日子”就是一个梦境——这天几乎全球都覆盖着云层。小时候只是喜欢仰望着看云，此刻，云海却像是山脚下的雪原——这是上帝或者仙人的视角——人类多么狂妄啊！竟然可以这样俯视他赖以生活的大地，大地上的一切，无论美好的还是丑恶的，幸福的还是悲伤的，广大的还是拥挤的，在云上看来都是如此地遥远，如此地渺小，如此地微不足道！我想到了《约伯记》里的上帝、《西游记》里的玉帝、《现代启示录》里那段瓦格纳的《女武神》——对于那些在上者来说，芸芸众生意味着什么呢？可是这科技发达的时代的人类竟然可以坐在这上帝的或者类似上帝的位子上去俯视大地！透过云层的一些缝隙（那在地上看来是晴朗的天空！），大海不过是下方平坦的桌面上的一些蓝色的皱纹，而高山——在阿拉斯加的上空，我看见了它们，我想，那一定是些无比雄伟的山脉——也只不过是灰绿的皱纹，而且，很快，它们就被纱一般的云气、地上的千军万马一般奔腾而过的云团、凝固的冰奶油或刮脸膏一般的云层轻轻抹去。

如今我坐在这地上，回忆起那时的景象，想着人间的那些大事，想着前几天在华人教会里听到的关于人是万物灵长的自豪的谈论，不禁哑然失笑。是我，还是人类，或者世界，出了问题？或者这可以被看作一种病——“云上病”？

在东京换了一次机，直到底特律，除了降落和起飞，一直在云上度过。其间，我度过了我一生中最短的一夜，在东京起飞后，天色黑下来，时有灯光从远处下方透出来，3个小时之后，天色青冥，一看对面舷窗，又是彩霞满天了。在底特律入关的时候，我差一点儿被发回去：没带I20表格！当然，经过一番查证，还是顺利通过了，我还用我那磕磕巴巴的英语跟人家振振有辞地说没人告诉过我呢！现在想来，极有可能是在大使馆时我没听清楚。然后，换乘了一趟去哈特福德的小飞机。大概是因为在国内飞行，又是小飞机，所以可能不太高，让我看到了上天以来从未见到的奇观！先是出现了大团大团的凝固的奶油，然后，一个巨大的云气的蘑菇出现了，如梦如幻，飞机侧过身来，明显是绕过了它——我想，斯皮尔伯格一定是受了这种云彩的启发才编出了那一大套关于外星人的奇想。

穿过云层，飞机盘旋在一大片森林之上，偶有人的痕迹——建筑、广场之类——从中闪烁出来，一条大河横贯视野，这便是哈特福德。和底特律与东京不同，这里的飞机场就像火车站，不经意就走了出来，也没有什么检查。然后又在暮色里坐了1个小时的车，到了现在的这座1932年建的小木楼上。

这是在美国？这儿土极了——这个词在那些崇拜“美国文化”的90年代

后期到现在的北大学生或者一百多年来总是很洋气的上海人那儿可是个十足的贬义词。满眼是绿，也许因为是个小城，所以城市就是树林，人的房子穿插其中。大学没有围墙，图书馆随意进出，到处的设备都比较老旧，但必是可以有效使用的。所见的人们都憨厚和蔼，守着自己的距离和善意。房东家从不锁门，尽管已是“9·11”之后了，而房东太太又是犹太人。那次房东老吉姆带我们去看他参加演出的莎士比亚《一报还一报》(*Measure for Measure*)，停车时我习惯地摇上车门，被笑了一通：“有人偷了去，我倒真的高兴。”家里也是一切门都开着，除非有人在里面——而且，除了厕所，屋门都没有插销，车库也从没见过被锁住。还有土的呐！这倒真是在美国，人们富足，有房子有车有花园，可是我们房东节俭得很，衣物都是旧的，家具也几乎都是未上漆的旧货。屋里这么热的天儿不装空调(老头儿可七八十岁了，体重肯定超过200斤)，电扇整天开着，到basement(该是指地下室吧)和porch(门廊)去消暑。porch外是草地和大树，松鼠们在树间追逐，各种鸟儿在树上叫，porch里有个秋千椅。或者，他们还会骑车到不远的一个林中小湖里去游泳，或者到林中小溪边儿去漫步。他们什么都不舍得丢，除非它们有合适的去处。垃圾分类就不用说了。穿着不合适的衣物浆洗干净后，被送到一个叫survival center的地方。那儿东西随便拿，吃穿住用，各取所需。房东女儿Marah和她的男朋友Dylan搭车去西部前，就去那儿拿了一大堆东西。一次闲聊，我问Dylan怎么生活。他回答：I enjoy myself！他们大学都没毕业，先enjoy一下，等几年之后再去读完学位。

算了，写了太多，还是有些没写，速度太慢，时间有限。其实小刚，我更想说的是我们在晚霞和星光下的一个小牧场，看一点儿都没觉得是老外在演的莎士比亚剧。那个女主演虽然有着一个十足的美国姓氏，但我觉得她一定是个在中国度过了童年和少女时代的中国人。还有听着以老人为主的爵士乐队的演奏，喝着最浓的黑啤酒的滋味——麦当劳、肯德基都在高速公路边儿，downtown上有的是印度、中国、泰国菜馆，以及爵士乐酒吧和比萨餐馆，还有一个太极拳馆，俺还和那里的洋师父过了几招呐！

明天就是7月4日，独立日，想必会有好景看。

对了，广荣，我希望能在这几个月里把听力和口语好好提高一下，别的倒是次要。

《金光明经·流水长者子品》的Nobel本我已经加了进去，在加的过程中，发现了很多原先论文里的输入错误，有的是不可容忍的，想来是赶答辩时间所致，现在尽己所能，一一改正，给湛如和王老师寄去了，现在给你一份，请指教。

想给Max Deeg写封信，总打怵，怎么办？

我们两个问您夫人好！呼机给你添麻烦了，除了我同事的儿子的，别的不要理它可矣。

祝

夏日从容，心宁暑消！

与萨尔吉书

（2009年12月7日）

十年内个人梵学研究的初步设想

一、继续协助黄宝生老师编订《梵语文学读本》，现已完成了其中《鸠摩罗出世》部分的输入、单字拆分和解释，以及对该部分、一些其他章节和《金克木语法》部分的校对工作，正负责正文全文的统稿和调整。全书约七十万字，预计明年出版。

二、继续参加黄老师主持、始于2007年的梵语文学以及佛教梵语经典读书班，为进一步的梵语佛经研究奠定基础，目前正读《入楞伽经》。估计该班剩余时间为一年。

三、参加黄老师为带头人的梵汉佛典对勘研究项目。该项目以《菩提行经》《楞伽经》《普曜经》《十地经》和《金光明经》五部佛经作为首批研究经典，时限为五年。成果将形成系列梵汉佛典对勘研究丛书。我承担其中《金光明经》部分，这是我十年内的主要工作，在结项后还会有扩展研究。对《金光明经》的几个译本和梵本的逐字对勘是研究的基础，随后是给出一个简单的现代汉译，而研究的重点和基础是其中两个以故事为主体的章节《流水长者子品》和《舍身饲虎品》，涉及文本流变、故事讲述方法、故事结构和母题传播、概念传播和哲学宗教思想在故事中的实现、佛教混合梵语的表达法、语法和词汇的翻译方法、思维方式的传播、对汉语文学艺术的影响等。通过此经带出的译场翻译研究、四大天王研究、忏悔灭罪思想和放生习俗研究也将是着力之处。踏察有关中印古迹，寻找上述二故事的考古资料也是研究的重点之一。书后将附词汇表和佛教混合梵语词汇表。

四、可能承担未来的《佛经翻译史》的部分章节的写作。这是我兴趣所在之处。

五、可能参加未来的梵汉字典编纂。其基础是现有的梵语文献研究所做的词汇表,应充分体现最新研究成果,并充分利用古代佛经翻译。

六、如有余力则进一步踏察南亚和中亚古迹,搜集有关考古、中印文化传播以及西域南亚史地方面的资料,为新注法显《佛国记》做准备。

七、如有余力则尝试翻译全本《鸠摩罗出世》,并做相关湿婆派、佛教、毗湿奴派的文化、种族分野研究,以及和喜马拉雅古文化的关系研究。深入尼泊尔等国踏察古迹,考察民间信仰和习俗。

八、资料收集。日本保有南条文雄梵语《金光明经》的悉昙体底本,以及《金光明经》相关研究资料。英法德俄分别藏有其他《金光明经》的梵汉敦煌卷子等资料。印度、尼泊尔、斯里兰卡和巴基斯坦是《金光明经》和其他佛教大经的印、西研究资料的便捷获取之地。如有可能,当前往搜求。梵学资料库的建立也当以购书为始。

他山之石

评王邦维《南海寄归内法传校注》

〔德〕宁梵夫（Max Deeg）

对于研究公元第一个千年之中的印度与东南亚的佛教史来说，中国佛教求法僧们的著作，无疑是重要的资料之一。这些求法僧中最有名的是法显——他的年代最早，可以追溯到公元4世纪末、5世纪初——以及两位唐代的僧人玄奘和义净，前者因为留下了他所旅行过的佛教地区的详细记载——《大唐西域记》，后者则因为在他的《南海寄归内法传》（以下简称为《寄归传》）中详细地描述了在印度以及“大印度”的不同佛教国家中的佛教僧团。

东西方的学者们在翻译、研究这些史料上作了很多努力。只有义净的《寄归传》——与其《大唐西域求法高僧传》相比较而言——自高楠顺次郎所作的早期的英译本之后，还没有被重译过或被倾注以仔细的研究。[①]高楠顺次郎是在著名的印度学家Max MÜLLER门下学习梵文的首批日本人之一，Max MÜLLER本人曾对这个英译本给予了热情的欢迎。[②]

中国的佛教学者最近在这方面研究中作出了他们的贡献：章巽[③]和季羡林等[④]已经出版了《法显传》和《大唐西域记》的校注本；现在，在能阅读中文的

---

① 王邦维在1988年也出版了《大唐西域求法高僧传》的校注本，与《寄归传》在同一套丛书中。该书有一种英译本：Latika LAHIRI, *Chinese Monks in India: Biography of Eminent Monks Who Went to the Western World in Search of the Law during the Great Tang Dynasty*，德里，1986年，“佛教传统丛书”（Buddhist Traditions），第3卷。以及伊藤丈翻译的现代日语译本，收入近年出版的“现代语訳一切经”丛书的第一卷，东京，1993年。

② Max MÜLLER在为高楠顺次郎的*A Record of the Buddhist Religion as Practised in India and the Malay Archipelago (AD 671–695)*（伦敦，1896年［印度重印版，德里，1982年，1966年］）所写序言的第9页中写道：“我特别急切地等待着义净著作的译本；早在1880年我就表达了这样的希望：应该很快地把这位伟大的中国旅行家的印度行记译为英文，以使我们得以接触到。”

③ 章巽：《法显传校注》，上海古籍出版社1985年版。

④ 玄奘、辩机著，季羡林等校注：《大唐西域记校注》，中华书局1985年版。

西方学者们手边，又有了王邦维教授的研究成果以及他的苦心之作。[①]由此，三位最著名的中国求法僧的著作的校注本得以全部完成。

王邦维的工作分为两部分：第一部分是关于义净及其著作有关的几个问题的研究。王在陈述了义净的生平（第1—17页）与译著（第17—33页）之后，回顾了义净对中国文化和佛教文化的贡献（第33—38页）。接着在《研究之一》这一章中，他就大乘、小乘与当时印度佛教部派之间的关系问题进行了讨论，而后又用了数页的篇幅去探讨佛陀的反对者，也是其堂弟的提婆达多（Devadatta，见下）所引发的教派分裂。在随后一章《研究之二》中，他描述了义净时代印度佛教寺院和僧团的构成与状况，以及寺院的经济、宗教和教育活动。最后，他提出一个问题：义净在他的著作中，以（正统的）印度僧团作为对照（第147页以下），在什么地方，如何地批评了中国的僧团，尤其是律宗，就好像是在他们的眼前放置了一面镜子——所谓人类文化学著作中常见的"主题反照"。顺便应该说一下，这一主题也与最早的求法僧法显有关，法显也撰写有一部记载他的旅程和印度僧团状况的行记。[②]

对于专题论文的第一部分，我只想就前面提到的附论《提婆达多派问题》（第108页以下）补充一些意见。对于了解和研究所谓的"提婆达多派"，王邦维教授的一个非常重要的贡献是，他发现了《根本说一切有部律》羯磨文译本中的一段引文以及义净的注。[③]《根本说一切有部律》是义净从印度带回并自己翻译的一部非常重要的经典。这条短注为当时是否存在一个可以上溯至提婆达多的宗教团体这一有争议的问题提供了新的思路。义净对羯磨文中一条戒律的注释表明，甚至在那烂陀寺也有提婆达多的信徒，他们所遵循的戒律与普通的佛教徒仅有细微的差别。作为书评，为了使我的意见简要一些，我想对有关的资料提出以下的解释，这样也许可以回答王教授提出的问题。[④]这与著

① 据王邦维讲（第158页），该书是以他在北京大学季羡林教授指导下完成的博士学位论文为基础而完成的。

② 见本人即将发表的对《高僧传》的研究，将刊载于《东方宗教研究》（*Studies in Oriental Religions*），威士巴登，Harrassowitz。

③ 原本和译本参看汤山明，《律藏》（*Vinaya-Texte*，威士巴登，1979年），《佛教梵语文献概览》（*Systematische Übersicht über die buddhistische Sanskrit-Literatur*, ed. Heinz BECHERT），第一分，第17页以下。

④ 第114页。在提婆达多派与佛教发展的主流之间，尤其与大乘佛教之间，是否有什么联系？怎样重现从佛陀直到义净在印度的那个时代之间的历史？最后一个问题似乎表明王教授承认，从佛教的最早时期延续到公元8世纪，提婆达多派的传承可能一直未曾中断。

名佛教学者们所持的通行的观点形成审慎的对照。这些佛教学者认为，佛教的僧团从一开始，就一直存在一个提婆达多派。①除了王所讨论的这个羯磨文文本以外，我们只有另外两份关于提婆达多派的历史资料——这里不包括对于佛教文献中关于提婆达多的传说和故事的形成问题的讨论。在法显和玄奘的著作中有两处短的记载。法显报告说，在中印度有提婆达多派的僧众供养过去三佛，而不供养释迦牟尼佛。玄奘只提到了在羯罗拏苏伐剌那国（今西孟加拉邦）的三座僧伽蓝，居住有提婆达多派信徒，他们不食乳酪。②根据这三份材料时间和信息上的前后次序，我想提出这样的推测：在某个不确定的时期，出现这样一个宗教团体，他们在形式上依照佛教僧团而发展，但在某些方面则与由提婆达多所挑起的教派分裂中所讲到的以及各种戒律中所看到的不一样。③情况似乎是，那个最初多少显得结构有些松散的团体（法显所看到的），后来变得越来越制度化，信徒们在数量上也有限，形式上则与一般的佛教僧团相适应。他们发展到顶点，几乎被那烂陀寺的僧团作为常众而接受。④

该书的第二部分是一个在各种版本基础上完成的校勘本，校记中列出了不同版本所有的异文。在这一领域最主要的成功之一——不仅仅限于当代中国学术界——是从汉文佛经的《大正藏》本中"解放"了出来，而《大正藏》本身则主要依靠的是韩国的《高丽藏》的文字。⑤即使是这样，由于事实上没有一部

---

① 例如LAMOTTE和BAREAU。

② 对于这一段的解释，王教授持一种通行的观点，认为这个团体应位于Śrāvastī（舍卫国）。对此我不同意。这条有关提婆达多派的简短资料，是由对此前的九十六种外道的一般性讨论所引发的，而后者大体上是与中印度相联系的。所以，提婆达多派或许也是位处中印度的，至少不局限于Śrāvastī，也不仅是Śrāvastī所特有的。

③ 参见André BAREAU的书中对于这些传说的讨论，《提婆达多的行径：依据各种律藏中关于教派分裂的章节》（"Les agissements de Devadatta selon les chapitres relatifs au schisme dans les divers Vinayapiṭaka"），载《法国远东学院院刊》（*Bulletin de l'École française d'Extrême Orient*），第78卷（1991年），第87—132页；又载《古代经藏与律藏中佛陀传记之研究》，第三，（*Recherches sur la biographie du Buddha dans les Sūtrapiṭaka et les Vinayapiṭaka anciens*. III. Articles complémentaires），巴黎，1995年，第221—266页。

④ 对于该问题的一个更详细的意见请见M. DEEG，《提婆达多派僧团：佛教传承中异端的虚构与历史》（"The Saṃgha of Devadatta: Fiction and History of a Heresy in the Buddhist Tradition"），载《国际佛教学大学院大学研究纪要》（*Journal of the International College of Advanced Buddhist Studies*），第2号，1999年，第183—218页。

⑤ 一个"解放"的例子是《法显传索引》《东洋大学文献索引サンター丛刊，京都大学人文科学研究所，京都，1994年）。它根据的是章巽校勘的《法显传校注》（上海，1985年）。对于出版这一类文献，一个好的但是费用高昂的解决办法是在同时有一个影印本，如桑山正进，《慧超往五天竺国传研究》，京都大学人文科学研究所报告，京都，1992年；还有长泽和俊，《法显传译注解说》，北宋本·南宋本·高丽大藏经本·石山寺本比较研究，东京，1996年出版。

完整的经过校勘过的藏经，因此参考中国佛教文献几乎是不可避免——王本人也承认这一点——那么，《大正藏》的使用者就应该意识到这个版本的缺点以及对其作校勘的必要。[①]尤其是《大藏经》中的单本文献的版本，应该使用所有可能得到的刻印本与写本；王能够利用敦煌写本《寄归传》，就是这种学术作风的又一出色例证。

就与原文文献有关的印度的、藏文的或者是汉文方面的材料而言，王教授作了广泛的注解和提供了众多有用的、互见性的参考资料。举例来说，作者作为一位印度学家的特质，可以从他在《西方学法》一章里关于梵语文法讨论的注释中见到。[②]

一般讲来，对义净的《寄归传》的研究，必须遵循王教授在他的书中所指示的路径：必须应用一切有关印度佛教徒日常生活和宗教生活的文献资料，以显示《寄归传》中描写的细节的详实记载与历史的真实——当然或多或少经过重建——有多大程度是一致的。[③]为了尽量接近这一目标，在某些情形下，比如在《洗浴随时》这一章中（第133页以下），如果再参考考古学的研究，就会有助于支持文献上的证据。[④]还有，在其他情形中，例如在谈到僧人以及僧伽的财产时，可以利用碑铭方面的材料。[⑤]

本书有一个很可喜的细节，即无论是字母转写、西方人名还是印度词汇及引文，差错和印刷错误都非常少。[⑥]前者要归功于作者的学术作风，后者则显然要归因于精心的校阅。以使用日本的《大正藏》为主的西方学者同样会感谢这

① 参看第156页。

② 第187页以下。

③ 对于《寄归传》来说，虽然《根本说一切有部律》无疑是最重要的，但若是参考除此以外的其他律本，则可以使一些注释更完整；例如《客旧相遇》一章注释中可以引用《威仪法》(*Abhisamācārikā*)，Jinānanda校勘，巴特那，1969年。参考前引汤山明书，第41页，以及《比丘尼律》(*Bhikṣuṇī-Vinaya*)，Gustav ROTH校勘，巴特那，1970年，第44页以下。王书第148页：*āgantuka*客，*nevāsika*旧。

④ 参看von HINÜBER关于锡杖（khakkhara）的讨论，《语言的发展与文化史，一篇关于佛教寺院的物质文化的论文》（"Sprachentwicklung und Kulturgeschichte. Ein Beitrag zur materiellen Kultur des buddhistischen Klosterwesens"），Stuttgart，《美因兹科学与文学院集刊》(*Abhandlungen der Mainzer Akademie der Wissenschaften und Literatur*)，1992年卷，第6号，美因兹，1992年，第35页以下。这也可以用于义净对此事的议论（王书第217页以下）。

⑤ 例如在Gregory SCHOPEN 的文章中既使用律藏也使用铭文方面的材料；参看SCHOPEN《舍利、石头以及佛教僧人：印度寺院佛教考古、铭文以及文献论文集》(*Bones, Stones, and Buddhist Monks, Collected Papers on the Archaeology, Epigraphy, and Texts of Monastic Buddhism in India*)，檀香山，1997年。

⑥ 例如：第175页，注99：Śāntideva（另拼为Śantideva），*Śikṣamuccaya*，但在同一页，注100：Śāntideva，*Śikṣāmuccaya*；第266页：śramaṇera 而不是śrāmaṇera，stupa 而不是stūpa；第268页：*Viśāntara* 而不是*Viśvāntara*。

个校勘本，因为它在引用中国佛教文献时，给出了它们在《大正藏》中的卷、页与栏。再有的一个优点是，近年来中国的作者和古籍、佛教研究书籍的出版者们在校勘和引用古籍时放弃了使用那些令人恼火的简体字，王的这本书就是如此。简体字增加了这种工作的困难。简体字也使那些以研究古典文献为主的西方学者和日本学者们感觉到困难，而连中国古籍也用简体字印刷时，他们自然觉得困惑。①

对于这一类的书来说，还有很重要的一点，即不仅仅应该有以罗马化拼音排序的包括转写资料的索引——实际上这已经有了——而且还应该增加由历史语音学专家们构拟的汉字的古唐音。②

总而言之，王邦维的这本书是对佛教历史学研究的一个贡献。它将会激励更多的致力于佛教领域的西方学者去努力学习中文，以便能够分享近年来在中国研究中国佛教的优秀的学术成果。

（郑国栋、杨嵋 译，原载《书品》2000年第4期）

① 不幸的是，这种习惯依然在继续。见郭鹏，《佛国记注译》，长春，1995年。打一个不很贴切的比方：设想用现代德语的正字法出版一本中世纪高地德语文本，但是又要保持着所有古代的句法、形态学和辞汇的特征！

② 高本汉（Bernhard KARLGREN）的构拟现在虽有争议（《修订汉文典》*Grammata Seriaca Recensa*，斯德哥尔摩，1957年；《汉语及汉日语分析词典》*Analytic Dictionary of Chinese and Sino-Japanese*，巴黎，1923年），但仍被很多人接受。不过，人们或许更可以使用蒲立本（Edwin G.PULLEYBLANK）所作的构拟（《中古汉语语音构拟词典》*Lexion of Reconstructed Pronunciation in Early Middle Chinese, Late Middle Chinese, and Early Mandarin*，温哥华，1991年），以及藤堂明保所作的构拟（藤堂明保《汉和大字典》，东京，1978年，或《汉字语原辞典》，东京，1965年），以及李方桂的构拟（李方桂《上古音研究》，《清华学报》，第9号，1971年，第1—60页，由G. L. MATTOS译为英文：Fang-Kuei Li: Studies on Archaic Chinese，载《华裔学志》*Monumenta Serica*，第31号，1974—1975年出版，第219—287页），或者是周法高的构拟（周法高主编《汉字古今音汇》，香港，1974年）。与义净的书直接相关——但王教授显然无法见到的——是近年由W. South COBLIN（柯蔚南）所撰写的一篇论文“A Survey of Yijing’s Transcriptional Corpus”（《义净梵汉对音探讨》），载《语言研究》第20期，1991年，第68—92页。

印度英语写作

——一个时代的来临

旧瓶可以装新酒，新瓶也可以装旧酒，也许更重要的是酒，但对宴饮者而言，瓶子也并非毫无意义。用一种外来语言进行写作，对一个古老而有着深厚文化积淀的民族来说，意味着什么？这就像一种植物，或许是由于不可知的命运，从远方移植而来，扎根生长在这里的大地深处，接受着这里的水土、空气、雨露与阳光的滋养，经历着这里的寒暑昼夜，变成一种当地的植物。在时间的蔓延中，它生命的叶脉感受到怎样的微妙变化，这片大地的滋味怎样在它的汁液里变得淳厚，并在它的纹理间回旋，滋养着它的每一个细胞呢？

英语这种以前的岛国语言，在漫长的岁月中，或被迫或主动，一刻不停地吸取外来的成分以异化自己，最大程度地弱化了本语系屈折语的特征，最终又因说它的国家接连不断的强大影响力，而成为今天的国际语言以及国际学术的“普通话”。

英语在印度已经纠缠了几百年，这个进程当然是以这个世界自古以来通行的剥削压迫和血与火的方式开始的。其实，它在这个英国人到来以前从未统一过的国度里早就本土化了，而且已经成为超越地区与种族隔阂的通用语。然而，它真正成为一种文学语言，也就是说，成为这个民族古老而又年轻的心智与想象的承载之筏，却是在印度获得独立后的这五十年里。这仿佛又是一个英语文学大时代的开端，在其中，人们似乎还看到了某种印度文艺复兴的曙光。《纽约客》杂志把这种印度英语文学的繁荣拿来与辉煌的美国文学相类比：

在美国，英语从英国挪移而来，并开创了一个新的世界。今天，在印度独立五十年之后，我们有可能在印度作者中间，见证与此相似的事情：

在这片拥有十八种语言和文化种类多得仿佛是无穷无尽的土地上，古老的英语正在发现一种崭新的声音——一种独特的、明确属于印度的英语，它一经出现，便立刻乡土化，并且同时国际化了。

我们知道，在世界文学的蓝图上，印度古典梵语之后的写作曾被长久地忽视，而今这种冥途暗道走到了它的尽头。在五十年前，除了一点儿古歌、《奥义书》的翻译，以及泰戈尔的一些诗歌之外，几乎没有什么印度文学能够博得西方读者的青睐。但是现在，我们有了R·K·纳拉扬、穆尔克·拉伽·阿南达（Mulk Raj Anand）、尼拉德·乔荼利（Nirad Chaudhuri）等一大批实力派作家。当萨尔曼·拉什迪的《午夜的孩子》1981年在信赖他的西方世界发表以后，一扇通向魔幻现实的崭新世界的大门就这样洞开了。

《午夜的孩子》向印度作家们清楚地证明了一个事实：一本伟大的小说，乃至一本伟大的英文小说可以从印度故事里长出，扎根于印度的感受，而且，英语也是可以用明确的印度方式来驾驭驱使的。同样重要的是，它还让西方的书商明白，印度作者的书也可以好卖。用拉什迪自己的话说就是："英语业已成为一种印度语言，它的殖民地起源意味着它与乌尔都语一样，没有一个地区背景，这是它与其他的印度语言不同的地方。除此之外，在所有其他方面，它显然已经像那些印度语言一样，深深地把根扎了下来。"

新近获得成功的作品，就像维克拉姆·赛思（Wikram Seth）的《如意郎君》，阿鲁德蒂·罗伊（Arundhati Roy）的《卑微者的上帝》①，不仅证明印度的英语写作已经扎了根，而且还让书店的收款机卡拉卡拉地响起来：《如意郎君》收进了两千六百万卢比。接着，处女作《卑微者的上帝》1997年又达到了三千万，而罗伊本人在1998年作为印度第一位获布克奖的作家之后，又成了文艺圈聚会的中心话题，置身于媒体炒作风暴的核心。

作家们不仅仅富了，他们还同样受批评家和读者的尊敬。赛思混合着本土戏剧和历史场景的创作被评论家们比作简·奥斯丁和列夫·托尔斯泰；在罗伊身上，他们又窥见了后殖民文学保护圣人的踪迹；而萨尔曼·拉什迪呢，简直就成了威廉姆·福克纳和詹姆斯·乔伊斯。《如意郎君》这部萌发于20世纪50年代的北印度情境里的作品，是遵循着狄更斯的伟大传统写成的，而更有一种最

---

① 南海出版公司1998年出版中译本《卑微的神灵》。——编者注

典型的印度感觉。印度的感觉在“感知着”这个伟大传统，进而交融出一种奇异的味道。在这部小说里，赛思既没有打算去写一个关于宫闱王权统治的故事（这种故事从来就颇使西方人，尤其是英国人迷恋），也不去花功夫把环境与背景写得更能感染打动外国读者，印地语和孟加拉语的词儿他都不加翻译地保留着，而且对所参考的印度文献，他也不予解释。

老实说，用英语写作的印度作者从来就没这么走红过。这些印度背景的作者猛然在海外发现了充满热望的读者和闻名于世的出版商。这是一个全新的种群，事实上每天都会有新成员加入到他们中间来。在他们这些后殖民作者中间，最值得注意的是写《奋力成长》的菲尔杜斯·根戈（Firdaus Kanga），写《理智之环》和《阴影之线》的阿米达夫·高希（Amitav Ghosh），写《如此漫长的旅程》和《纯粹的平衡》的罗西顿·米斯德里（Rohinton Mistry），还有沙什·塔罗尔（Shashi Tharoor）、阿尼达·德赛（Anita Desai）、帕拉蒂·穆克尔吉（Bharati Mukherjee）、维克拉姆·钱德拉（Vikram Chandra）、阿尔岱什尔·瓦吉尔（Ardeshir Vakil）等，他们形成一个完整的跨文化、多种族的“世界小说”（不是“印度小说”，更不是为讨西方喜欢而作的“东方情调的印度小说”）营造者群体，为从内部重造英语文学以至英语语言本身而夜以继日。就像罗伊在一次访谈中所说的那样：“萨尔曼·拉什迪奉献给我们大家的礼物是这样一个事实：人们已经被印度迷住了。对于我们来说，不再需要去卖弄地弹腿旋舞以吸引他们的注意，我们可以只是叙说我们自己的故事。”

这个印度作者群在说故事方面的本领远胜于他们在比如情节、风格和人物性格的塑造等任何其他方面的驾驭能力。无论是对于外国读者还是印度听众，他们所编制的那无与伦比的故事的轻纱，从没有不令人喜出望外的。从《午夜的孩子》，到《羞耻》和颇不名誉的《撒旦诗篇》，直至那全然是以符咒惑人的传奇《摩尔的最后叹息》，拉什迪的作品都有着一种超人的可读性。他是把英语作为一种印度语言写作的第一代印度作者。他会自信大胆、毫不羞涩地把一个故事讲得半是自传半是隐喻。从彻底的渎神到愉快古怪的反复无常，他故事套着故事，在历史与想象的编结和扭曲中织进织出，混合着习俗与地方色彩，传送出比印度的生活画面更加丰富深刻的万有之影。

拉什迪讲故事的跳方游戏有着它自己的回声，这就是罗伊那华美讲究、充满炽烈想象的《卑微者的上帝》，曾在她散文里出现的那种强烈的感官刺激，交合着她对细节的摄影家般的关注，把她的小说编织成了一张绚烂华美、精致细密的绣帷。她用一种极其个性化的风格，展现了一个从南印度农场里长出的、关于爱情与死亡、种姓与家庭的令人赞叹的故事。这个故事是关于一对异卵双胞胎——一个男孩和一个女孩的，他们的生活在他们刚从英国来的表姐妹淹死在河里以后，便被彻底而无可挽回地改变了——“或许真是这样，事情会在一天内转变，进而影响整个一生。在这一段短暂的时间里，就像是在抢救一所烧毁了的房子里的遗存：烧焦的时钟，签了名的照片，熏黑了的家具，都必须从废墟里挖出来，检查测试，保存起来。”

阿尔岱什尔·瓦吉尔的处女作《海滩上的男孩》同样十分感人，它新颖、尖锐、滑稽，节奏很快。书以巧妙而率真的笔调写成，很快，读者就被迷住了。叙述者赛鲁斯·瑞地莫奈，是个有窥淫癖、好冲动、充满渴望却极其讨人喜爱的十几岁的少年。他出身于孟买信仰拜火教的帕西人的中坚分子家庭，在逃学的下午，他去探索这座热闹、神秘、充满魅惑的气息与景象的大都市。他去看好莱坞电影，参加网球比赛和海滩舞会，谈论着性与萨莫萨三角饺。

另一个在写孟买浮华的市区那又潮又热、蒸汽缭绕的魔力的作者是肖帕·黛（Shobha De）。她是全印度最走红的作家，被称为“印度的琼·科林斯”。她正忙着写最好卖的交际花传奇。她之所以名列于这个对印度现代写作的观察里，并非由于任何文学上的优点，而应当归功于她所象征的那种潇洒的调子和纯粹的厚颜无耻。不过无论她写得多么糟糕，却总是卖得很好。

如果不涉及写给孩子们的书，任何一篇印度文学纵览都是不完整的。印度的孩子是伴随着外国的童话长大的，而今他们可以找到植根于印度现实的故事书了。《对不起，好朋友！》是一本由吉达·哈里哈兰编辑的很好的故事集。吉达感到亟需让孩子们体会到印度的社会与种族冲突的危险和罪恶，然而不幸的是，这些读物只是写给那些“有特权的”，即能够读懂英语的儿童们的。

广阔巨大而令人迷惑的印度，无论是现实还是隐喻，都是令人难以置信的故事百宝箱，对孩子们如此，对成人也不例外。在《伟大的印度小说》中，沙什·塔罗尔苦心经营着“大印度”的隐喻。他以他的不知羞耻的勇气和卓越的才气，将两千多年前的大史诗《摩诃婆罗多》里的老故事径直取来，以20世纪的语汇重述出来，使大史诗主体故事与当代历史令人目眩地交织在一处，从而对二者都产生了一种全新的洞察。此外，这部作品暗藏机锋，比如他把甘地说成是毗湿摩转世，尼赫鲁是持国再生，真纳为迦尔纳化身，等等，颇具反讽的味道。这部作品在海外赢得了很高的声誉，被称为“印度的伊利亚特”。

另外，还有一些作者，写的书也展现了印度的一个片段——让国外感兴趣的那一部分。他们为市场写作。他们眼睛盯着国外的媒体，把手伸向针对国外电视频道的可获利的电影，吉达·迈哈达(Gita Mehta)的以生活的沉浮来比喻文明的兴衰的"最新奉献"——《蛇与梯子：现代印度观察》便是一例。用一种迷人的、温文尔雅的、机智的和色彩斑斓的方式，迈哈达呈现了几个与现代印度相关的"家庭真理"(home truths)。

比尔·伯福德(Bill Buford)在发表于《纽约客》上的一篇关于印度小说的文章里说道：

> 你怎样能够去谈论印度小说呢？它们太丰富了，也太贫乏。你既可以指出它的奢侈铺张，又可以指出它的空洞无味。它可以是寓言的、现实的、饶舌的、疯狂的以至异常古怪的。在它的语言里，有一种你永不可能在别的地方发现的特质。有时它会比在英美作家手中用起来更精确，音调更清晰。而有时，这种语言又似乎是故意弄出些陈词滥调来。这种语言里面有某种物质性的东西在，就像布面油画里有这种东西一样：读者总是以它作为媒介，去了解它背后的东西。然而，没有一种概括性的叙述可以状写印度作者们的小说。一种概括可以描述一个学派或者一种趋势，而事实是，我们正在见证落入我们视野里的更广阔的情境。

今天印度的英语写作充满了想象力，具有极强的活力。看来它的时代真的要来临了。或许这是印度这片炽热的土地对现代世界最有价值的奉献。

资料来源：*India Perspectives*, New Delhi, 1998, pp.18–22.

（编译，原载《外国文学动态》2001年第6期）

被写出的世界

——评阿米塔夫·高希的新书《伊玛目与印度人》

阿米塔夫·高希(Amitav Ghosh)是今天用英语创作的最知名的印度作家之一。作为小说家、人类学家和文艺评论家,高希在创作四本小说和三本非小说作品之后,于2002年出版了他的第八本书《伊玛目与印度人》(*The Iman and the Indian*)。

高希,1956年生于印度加尔各答,是牛津大学的社会人类学博士。在第一部小说写成之前,为了搞清一个中世纪埃及犹太商人的印度奴隶的身世,他曾在埃及查阅了大量的犹太教堂档案材料,并在埃及农民中间做过一系列的人类学调查。后来,这段经历催生了他那本备受称道的小说《在古老的土地上》。这是一本历史与游记交融的小说,把那位12世纪的印度教徒奴隶的生活与当代乡土埃及社会以及伊斯兰教文化叠印在他叙述的时空里。

高希的作品频频获奖。他的第一本小说《理智之环》曾获得过法国"美第奇外国文学奖"。讲述印巴分治时期一个被冲突毁掉的家庭的故事的《阴影之线》赢得了印度最有威望的娑诃德耶学院奖。科幻小说《加尔各答染色体》,赢得了1997年的阿瑟·C·克拉克奖,并被搬上了银幕。《玻璃宫殿》2001年获得法兰克福书展第一届电子书奖的小说类大奖,并由兰登书屋出版。这部小说讲的是来自曼德勒的一家三代人的辛酸故事,和他另一本书《在柬埔寨起舞》一样,都是以柬埔寨为背景写成的。此外,高希还当过第58届威尼斯电影节(2001年)的评审团成员。

高希现在是纽约大学比较文学系教授,教写作以及"电影与文学"。此前,他曾任教于哥伦比亚大学、德里经济学院、加尔各答社会科学中心和弗吉尼亚大学。他现在和妻儿一起住在纽约的布鲁克林,经常为《纽约客》杂志写稿。

新作散文集《伊玛目与印度人》收录了高希18篇不同时期的作品。这些文章和他以前发表过的那些长篇作品遥相呼应。这个集子里的三个篇章中的材料——《伊玛目与印度人》《巴格达的埃及人》《MS. H. 6的奴隶》——基本上都在《在古老的土地上》中被用过。

在这本风格活泼、满是小说家对景致的微妙感受的书里，我们可以发现这么一条旅行的路线：埃及、伊拉克、波斯湾、美国、克什米尔、斯里兰卡、波斯尼亚和柬埔寨。不过，高希更关注的倒不是这些单个的国家或地区，而是关系——它们相互间的关系尤其是它们和印度之间的潜在关系。

高希是印度作家里独一无二的世界主义者。他所有作品都在严密防范着民族主义习性里与生俱来的偏狭。尤其可贵的是，高希的世界主义决不只意味着在印度和西方之间的交接往还，更不是去取悦西方。印度的政治边界把它从它的邻居中撕扯开是独立以后的事了。在独立以前，打个比方，一个印度穆斯林从麦加到一个印度清真寺不会有丝毫的去乡之感。然而在摆脱殖民地地位之后的分裂中，樊篱竖了起来，印度人拱手西向，好像除了那个遥远的白人世界以外，就再无天地。不过，高希还奉行着另外一个准则。他不间断地关注着印度的那些贫贱的近邻，时时反思自省，以便更好地理解自己。好像还没有一个活着的印度作家能达到他这样的境界。

与该书同名的一篇文章是他写作方法的最好的例证，说的是当时在做田野调查的年轻高希和一个偏激的伊玛目发生的一次争论。争论最后演变为一次狂热的爱国主义交锋：双方都争着表白要以诉诸自己的西方宗主国的武力来实现自己国家的目标。于是，高希以其典型的方式——从对一个场景的生动描述，转向对这个场景的寻根问底，最后得出结论——发出了他悲哀的回响："这就是我们，伊玛目和我，两个哀颓的文明的代表，正竞相把我们的赌注押在西方的暴力之上！"

高希以自己的立场和风格，去直面西方的挑战，而不是随着时下的风习，一味求助于"传统"——因为那西方眼光塑造下的"传统"，早已不是传统自身了。作为一个人类学家，高希有一种有意思的视角：一个印度人类学家的视角。我们知道，人类学是那些"文化民族"（Kulturvolk）用来打量"野蛮人"（Barbarian）和"文明民族"（Civilization，在尼采那里，这"文明民族"可不是个好词）的。然而运用着西方的方法和规范的印度人高希，打量的却是一个在西方的视角刺激下的兄弟文化。这种身份使他收集处理材料的方式和观察事物的方法都有了一种特殊的意味。他讽刺地谈道，作为质询者，他反而因为自己文化里奇异的行为方式被受质询者质询，而泄气的是，他自己对此也无法解释。于是，他在他的研究之外找到了一种不同的叙述——12世纪的犹太商人和他的印度奴隶的叙述——文学的叙述。故事取代了人种学那先天不足的追求，而无名奴隶的系谱学小径，把他带进了有关起源、迁徙、历史、目的乃至终极关怀的视域，在加给那些被研究的人们的尴尬"对话"的彼岸。

他对东南亚倾注了很多笔墨。发表于此书之前的《在柬埔寨起舞》被认为是他最好的短篇。本书里与此相关的《全球维持》一文对于自然和国际维和提出了一个引起争议的说法。高希在书里提到驻柬埔寨的联合国维和部队如何利用一个美国翻译，通过口音去辨别作为"外国人"的越南人，然后把他们驱逐出去的故事。他谨慎地分析了种族清洗的经济政治原因，从而得出在国与国之间贫富悬殊的大背景下种族清洗不可避免的结论——就像大都市的繁华奢靡是以广大原野上贫穷悲惨的生活为代价一样，富国的快乐幸福也是建立在穷国的无量悲剧之上的。接着，他从邻居的经验里回到自己祖国的问题上。他曾在《阴影之线》里有过为什么在20世纪80年代"历史会在印度跌倒并且停滞不前"的追问，这里他又把对锡克教的屠杀和随之而来的对英迪拉·甘地夫人的谋杀称为"甘地夫人的阴魂"和"最大的悲哀"。正是这次可悲的谋杀把他推向了《阴影之线》的写作。在高希看来，19世纪的印度是一个民族博物馆，充满希望，似乎有着一个富足美好的未来。然而，这个未来却在朝夕之间烟消云散，陷入了冲突、恐怖和种族屠杀当中，再也无力克服那种"时间的非历史的力量"。而到了1984年，印度成为一个美好和平的共和国的梦想伴随着那次血腥的谋杀，彻底成了一个泡影。

高希的两本最受称道的小说《阴影之线》和《玻璃宫殿》有着神奇的魔力。他把主人公们活灵活现地置于具体的历史上下文中，让一部历史小说具有了一种现实的力量。这并不意味着高希只是个现实的简单观察者。相反，他的小说在一个广阔的视野里有着丰富的内容：中产阶级或小资们寻求着成功或者自我实现，无产阶级英雄则酣饮着他的生命穿越世间的原野，世界在半乔伊斯式的内在叙述里向意识当中倾塌。对于小说的写作，他在一个书评里谈到埃及作家马哈福兹时，从侧面表明了自己的态度：他认为马哈福兹的主题过于狭窄，只限于城市工薪阶层，缺乏悲剧的力量，"悲悯似乎完全是从被强暴了的上流社会那里涌出来的……（这样，）创造出一部超越沽名钓誉的悲剧几乎是不可能的"。

对感受的文字耕种乃是小说的野心。它清空世界的大部分只为了一点儿微小的回报。如果小说的功能只是描画从蒙昧到自省的个人旅程的话，那么，为了使英雄的个体脱颖而出，其他人就只能成了群羊、尘土、衬托或背景。传统的史诗文学是这种方法的典型代表：《摩诃婆罗多》动辄就让几十万人瞬间死去，得到的悲怆和眼泪却不及一个英雄之死的万分之一。高希懂得如何通过叙述他人的经验来避免这种个人或英雄崇拜。他把作品置于历史的光亮里，并有意地关注“他人”的感受。他擦亮想象以对抗被记录的生活自身的粗砺——每个人都有着通向他自己的目标的艰难道路，而生活正是每一个具体的个人跋涉的整体呈现。对这一点的清醒认识把小说带进此时此地的当下，但就在这个当下里面，被关注着的个人们却无视自身，倾心于那些特别的事物——大家把自己全部的目光都倾注在那些电影明星、政治戏子，以及高高凌驾于他们自身生活之上的英雄、成功者或大人物们身上。

《伊玛目与印度人》里有许多篇章关注着斯里兰卡、克什米尔、德里、阿逾陀和纽约的暴力、恐怖与悲剧。然而，高希却反对把暴力当作文学的材料，当成“一个不涉及善或真的美学现象”。在文学里呈现暴力的景象，而又无视一个邪恶时代里的善，就是去给已经很糟的人类处境雪上加霜：“那些操持着文字的人们应当对他们所说的话陪着小心，唯一恰当的是，要感到自己是有所约束的。”

高希的慎重根植于一个近似于宗教的观念。这是一句从波斯尼亚作家泽瓦德·卡拉哈桑那里借来的话：“这个世界乃是事先写就的——圣书上说，它是以言受造的。一切发生于其中的，先在语言里发生。”

（编译，原载《外国文学动态》2003年第2期）

郭峰画像

田沛(帕特·菲尔德)

我碰到郭峰是在2004年的夏天。那时我在新疆克孜尔石窟那荒僻的山沟住了两个月。自那以后,我们在新疆一起旅行,或者在北京见面,又一起消磨了很多时光。我们相互通信联络,并找来共同的朋友充当翻译,因郭峰说不了几句英语,而我又几乎不会汉语。但不管是语言不通,还是文化迥异,再加上代沟(我老得差不多可以当他奶奶了)都不能阻断我们思想与感情的交流。这个交流的过程常常让我振奋,有时也叫我困惑。

与郭峰真正的迎面相遇,却是在让他的艺术给淋了个透湿的时候。那东西几乎从不离开他的脑子,就藏在他眼睛的背后。他是个坚定的人,含蓄,对艺术却总是激情澎湃、迫不及待。他很沉静,连中国话也不怎么说。他实在,见识锐利而且幽默,从不对世界心不在焉,而是有点纠结缠绕,悬在边缘,时刻寻伺着机会凶猛地扎进他的内心世界……挥洒作画时完全是另一种景象。他画画可称得上多产。灵感从他内心涌出来,那刷子甩得可太快了。下一幅跟着还在画着的这一幅的后脚稀里哗啦就出来了。

郭峰在克孜尔的典型午餐是这么吃的:连跑带颠地奔向食堂,随便抓一盘什么吃的,坐在朋友、同事们当间(眼光一闪算是招呼,但话就不必说了),狼吞虎咽地扒拉进最后一口,从桌边跳起来就走,毫不犹豫而且目标明确,跳过渠沟和挖掘工地,穿过正午的热气,绕过岩壁赶到桑树林下,跳上楼梯冲进画室。他的画布正等在那儿,等着他爆发内心的渴望去倾泻更多的颜料和笔触,去探索或者完成一个个想法……在他到点必须上班之前。

郭峰以他全部的存在去画画。他的画室不管碰巧搁在哪儿,都是铁定地乱七八糟:画、刷子、手机、纸、衣服、画布、杯子、颜料、书、水壶都扔哪是哪,没地方插脚。它们都矗在那儿，被以前的和正在画的作品包围着。进了屋子，拿起一把刷子（这是本能的动作，眼睛就粘在展开的画面上），看也不看就在这堆迷宫一样的家伙什儿中的画布上涂抹，带起一阵阵能把沙漠灌木吹弯的风，画面从起笔到各种形式的疾速转化，有股子揪心的烈度和急迫，很是凶猛（但郭峰的外表可是一个温和的人），并有一种镇定的、专注的聚精会神。

这些油画很是让我费神，使我心乱如麻、困惑不解。我看了成百幅：在克孜尔，它们横在褐色戈壁和疏松砂岩的风物前，粗大、醒目而且冒失（和郭峰工作中所画的那些优美的佛教艺术临摹品一比，真是风马牛不相及）；在北京，它们在那些很多都处在一种让人迷惑的复杂构成里的作品们中间不同凡响。我还在洗印的相片上和电子邮件中的图片里看过许多。单个地看，我开始慢慢能跟上拍、着上调了。但成批地看，它们广泛的题材、横冲直撞的形式感和色彩让我目瞪口呆。多年来我一直试着去多理解些它们的那股冲劲。郭峰不解释，只是若有所思。我曾建议给它们起个名儿，点出线索，点拨一下，可他认为这其实一点关系都没有。我小心地问他这些画是不是直接从潜意识里出来的，而不是知识或感情经历的结果。他不肯定，也不否认。他只是……画。

他只是活着。旅行中，他眼光在景物上流连，与形形色色的人都息息相通，欣赏着他们的艺术和工艺品，但绝不多话——不知怎的他就搞明白了。有一次，我们在千泪泉的路上走着。我被一个胡乱架在深山峡谷上的独木桥吓得魂不附体，可他既不说我也不哄我，只是单腿一跳就过去了，还吹着口哨，是在告诉我那其实很简单。

有时候，在浮躁的北京，我会想起待在戈壁深处的静谧和明净里的郭峰，安住在苍苍岩壁下面的房子里，凝神定志，让它们从他的身体流向画布。我还会从画室想到外面的峡谷。那里有柳树轻拂着的溪水流淌不息，从古到今。那里玫瑰色的群山寂静地高耸着，俯瞰着广袤的塔克拉玛干……造化是实实在在的力量，是生生不息的大地的化现，是一个必然的个体存在的心相，难以言表。或许郭峰把它灌注在他的画里了吧！

2008年8月

（未刊译稿）

附录一：光影婆娑
——郑国栋摄影作品撷英

母与子

小伙子

顽皮的孩子们

欢笑的孩子们

安静的孩子们

街头乐队

掩唇少女

微笑女郎

农家

集市

车站

中年人

老者

附录二：郑国栋作品编年目录

郑国栋著述作品目录

01 郑国栋，《曹仕邦〈中国佛教史学史——东晋至五代〉》（书评），《华林》（第二卷），北京：中华书局，2002年1月，第345—350页。

02 郑国栋，《〈金光明经·流水长者子品〉梵汉文本浅探二则》，《华林》（第二卷），北京：中华书局，2002年1月，第148、170页。

03 郑国栋，《〈金光明经·流水长者子品〉的梵汉翻译及译法例释》，《东方研究2001年》，北京：国际文化出版公司，2002年11月，第398—427页。

04 郑国栋，《〈金光明经·流水长者子品〉梵汉对勘》，《华林》（第三卷），北京：中华书局，2004年1月，第135—152页。

05 石岸（笔名），《英国字的印度墨迹——〈印度英语文学史〉和〈印度英语写作〉简述》，《外国文学动态》2004年第2期，第35页。

06 石岸（笔名），《印度出版〈早期印度碑铭中的佛教和佛教文学〉》，《外国文学动态》2004年第3期，第33页。

07 石岸（笔名），《奔丧龟兹》，《读书》2005年第5期，第37—46页。

08 郑国栋，《鸠摩罗出世》第一、三、四章语法解析，载：黄宝生编著，《梵语文学读本》，北京：中国社会科学出版社，2010年8月。

09 郑国栋，《梵汉佛经对勘研讨会综述》，《哲学动态》2010年第9期，第112页。

10 石岸（笔名），《朝向圣河源》，《西部》2011年第15期，第141—156页。

11 郑国栋，《我们所不了解的印度文明》，《光明日报》2013年9月9日第12版《国际文化》。

12 郑国栋，《〈金光明经〉中的〈除病品〉和〈流水品〉》，载：黄宝生主编，《梵语佛经读本》，北京：中国社会科学出版社，2014年5月。

13 郑国栋，《每一个事物都是它的反面——2015年江芳个展〈逝像〉》（艺评），2015年5月26日选刊于微信公众号AYE GALLERY。

14 郑国栋，《马的故事与人类文明》，《光明日报》2018年2月7日第13版《国际教科文周刊》。

15 郑国栋，《应时与治疗——〈金光明经·除病品〉对“时节”的强调》，《百色学院学报》2019年第6期，第9—11页。

16 郑国栋，《轮回里的变形记——〈金光明经〉流水本生故事的构成》，*Acta Orientalia*，第80卷，2021年，第218—223页。

17 刘英华、成莉、郑国栋,《蚌巴奇本吐蕃医书所载于阗泻药方源流考》,《中医药文化》2019年第6期,第55—70页。
18 洛桑多吉(刘英华)、郑国栋、喀什纳塔·尼奥巴内、李希光,《尼泊尔梵文贝叶写本〈脉象〉初探》,西藏社科院贝叶经研究所编,《西藏贝叶经研究》2020(汉),拉萨:西藏藏文古籍出版社,2021年12月,第130—160页。
19 郑国栋,《〈金光明经·流水长者子品〉梵汉本浅探》(2001年,未刊稿)。
20 呼卢(笔名),《随行塔什库尔干河》(2005年,未刊稿)。

郑国栋翻译作品目录

01 郑国栋、杨嵋译,[德]宁梵夫(Max Deeg),《评王邦维〈南海寄归内法传校注〉》(原文为英文,载:《唐研究》第五卷,北京:北京大学出版社,1999年,第479—486页),《书品》2000年第4期,北京:中华书局,第46—51页。
02 石岸(笔名)编译,《印度英语写作——一个时代的来临》,《外国文学动态》2001年第6期,第4—6页。
03 石岸(笔名)编译,《被写出的世界——评阿·高希的新书〈伊玛目与印度人〉》,《外国文学动态》2003年第2期,第22—24页。
04 郑国栋译,田沛(帕特·菲尔德),《郭峰画像》(2008年8月,未刊译稿)。

郑国栋编辑作品目录

01 黄宝生译注,《梵汉对勘〈入菩提行论〉》,北京:中国社会科学出版社,2011年7月。(特邀编辑:郑国栋)
02 黄宝生译注,《梵汉对勘〈神通游戏〉》,北京:中国社会科学出版社,2012年12月。(特约编辑:郑国栋)
03 黄宝生主编,《梵语佛经读本》,北京:中国社会科学出版社,2014年5月。(特约编辑:常蕾、郑国栋)
04 黄宝生译注,《梵汉对勘〈佛所行赞〉》,北京:中国社会科学出版社,2015年5月。(特约编辑:郑国栋)
05 黄宝生译注,《梵汉对勘〈唯识论三种〉》,北京:中国社会科学出版社,2017年10月。(特约编辑:郑国栋、常蕾)
06 黄宝生译注,《梵汉对勘〈究竟一乘宝性论〉》,北京:中国社会科学出版社,2017年10月。(特约编辑:郑国栋、常蕾)
07 黄宝生译注,《梵汉对勘〈心经〉·〈金刚经〉》,北京:中国社会科学出版社,2021年11月。(特约编辑:郑国栋)

后　记

这本郑国栋老师的文集，是朋友们为纪念郑老师编的两本文集之一。我帮忙编辑的这本《光明一寸心——郑国栋文集》主要收录郑老师的学术论文、杂文、游记、评论、书信、译文等作品。另一本是朋友们合编的《向北 游西 旅东 图南——郑国栋先生纪念文集》。

郑老师的文集能够编辑并出版，首先要感谢郑老师在北京大学求学期间的业师王邦维老师！正是他的大力支持促成了郑老师文集的顺利出版。他在百忙之中为弟子的文集写了情深意切的序，相信对读者们理解郑老师从学生到学者的学术历程会有很大帮助。

感谢各位提供郑老师作品的师友们：王邦维老师转来游记、译文各一篇，中国社会科学院世界宗教研究所周广荣老师贡献书信一封，中国社会科学院语言研究所刘祥柏老师寻得讲座录音一份，北京大学外国语学院萨尔吉老师贡献笔记一则，江芳老师找到艺评一篇，我从中国知网等处搜得十四篇，加上郑老师在硕士论文基础上修订的未刊稿一篇，朋友提供的译稿一篇、书信一封，共计二十三篇。其中所涉梵语、英语、德语等均由我依郑老师原稿整理、核校，篇幅较大的梵语段落以原档截图形式插入，以最大限度保持文稿原貌。最后我顺带编辑整理了《郑国栋作品编年目录》。

在编辑整理过程中，感谢师友们提供郑老师作品的不同版本或相关资料：周广荣老师提供《〈金光明经·流水长者子品〉梵汉对勘》的Word文档，刘祥柏老师提供中国社会科学院语言研究所语言学沙龙第399次学术报告《印度传统与现代梵语教育》的讲座照片，中国社会科学院外国文学研究所唐卉老师提供《应时与治疗——〈金光明经·除病品〉对“时节”的强调》一文的Word文档，北京大学外国语学院罗鸿老师提供《轮回里的变形记——〈金光明经〉流水本生故事的构成》一文的Word文档，萨尔吉老师提供日记稿《朝向圣河源》的Word文档，中国藏学研究中心北京藏医院刘英华老师提供《蚌巴奇本吐蕃医书所载于阗泻药方源流考》一文的Word文档和《尼泊尔梵文贝叶写本〈脉象〉初探》一文的Word和PDF文档，西藏社会科学院宗教研究所金雷老师提供《轮回里的变形记——〈金光明经〉流水本生故事的构成》原稿的Word文档。没有师友们提供的这些文档，就没有这本文集。

感谢中国劳动关系学院文化与传播学院刘俊伯（现河北大学文学院研究生）整理学术报告《印度传统与现代梵语教育》的录音稿，并校对《曹仕邦〈中国佛教史学史——东晋至五代〉》《〈金光明经·流水长者子品〉梵汉文本浅探二则》《朝向圣河源》等文章。

本书能够顺利出版，还要特别感谢郑老师的友人们：刘翠凤、江芳、孙红梅、布拉哈米（Brahmī）、高平、歌洛莉亚、一帆、刘卫、徐学杰、金然、张彤、刘士猛、温海明等。是他们让郑老师没有离开。

张远

2022年12月9日，于中国社会科学院外国文学研究所、梵文研究中心